JN427552

한국어로 내려온
New Bible

새로운 성경

제87권

6부 | 총10부

하얀마음

하나님 말씀 중에서

1. 사랑의 하나님

- 세상을 창조하신 하나님은 모두를 사랑하신다. 인간만 특별히 더 사랑하지 않고, 우주 만물을 다 똑같이 사랑하신다. 그러니 하나님이 창조하신 천지 만물과 화친하고, 미물까지도 소중히 대하라.

- 하나님은 특정 종파나 민족만을 더 사랑하지 않으신다. 자기 자신만 구원받겠다는 욕심을 버리고, 자기 종파만 구원받는다는 편협한 교리에서 벗어나야 한다. 종파를 초월해서, 모두를 사랑하라.

- 원수까지 사랑하라 했으니, 이 세상에 사랑하지 못할 자가 누가 있겠는가? 종파가 다르다고 해서 부모 형제와 원수처럼 지내는 자는 인간의 근본을 모르는 자다. 가장 가까운 가족부터 사랑할 때 남도 진심으로 사랑할 수 있다.

- 한 사람을 원수같이 생각하던 마음에서 사랑하는 마음으로 돌리면, 자기 자신의 마음이 가장 기쁘고 행복하다. 하나님께서는 인간의 마음속에 무거움이 없이 기쁘고 행복한 삶을 살기를 바라신다.

- 이웃을 "내 몸처럼" 사랑하라 했으니, 마지막 한 장 남은 천국의 티켓도 이웃에게 양보하라. 자기 중심적인 신앙에서 벗어나서 남을 위해 살아야 한다.

- 독초도, 약초도, 이단도 사탄도 천사도 다 필요하기에 존재한다. 독초일지라도 극소량을 사용해서 생명을 살릴 수 있고, 약초라 하더라도 남용하면 생명을 잃을 수 있다.

- 세상 모든 것을 명약으로 활용하는 것은 인간의 지혜에 달렸다. 어떤 것이든 어떤 사람이든 적재적소에 꼭 필요한 명약으로 승화시키라.

- 사탄도 이단도 천사도 모두 하나님의 주관하에 존재한다. 진정한 하나님의 백성은 사탄과 마귀까지도 감화시켜서 천사로 거듭나게 한다.

2. 기도

- 하나님은 인간의 생각까지 모두를 다 알고 계신다. 우리의 소원도 이미 알고 계시기에, 소원의 기도를 할 필요가 없다. 우리가 받을 자격이 되면 내려 주신다.

- 죄를 짓고 아무리 회개를 해도 용서받지 못한다. 도둑질한 자는 용서해 달라고 기도하고, 도둑맞은 자는 도둑을 잡게 해 달라고 기도하면, 공의의 하나님은 누구의 편에 서시겠는가?

- 자기가 잘못한 것은 그 사람에게 직접 갚고 용서를 구하라. 그가 용서하면 하나님도 용서하신다. 땅에서 매면 하늘에서도 매이고, 땅에서 풀리면 하늘에서도 풀리는 이치다.

- "회당에서 기도하지 말고 골방에서 기도하라" 했다. 눈에 보이는 골방이 아니라, 골방과 같이 고요한 마음이다. 잡념을 버리고 하나님을 향해 마음을 집중하며, 사랑하고 용서하는 아름다운 생각만 나오도록 하라.

- "두드리면 열릴 것이다." 하는 것은 육의 소원을 위해 두드리라는 것이 아니라, 진리의 깨달음을 얻기 위해 두드리라는 것이다.

- 기도하는 방법: 생활 속에서 수시로 기도하는 삶을 살아야 한다.

- "저의 죄를 용서하여 주옵소서." 하는 회개의 기도를 하라.
- 범사에 "하나님! 감사합니다." 하라. 현재 가진 것에 감사하며, 과욕하지 말라. 자기 노력 이상의 것을 더 갖고자 기도하는 것은 도둑놈심보다. 공의의 하나님은 각자 노력한 만큼 주신다.
- "하나님 뜻대로 살아가겠나이다." 하며 마음의 각오를 다지라.

- 기도는 하나님의 말씀을 받아서 "행하는 것"이다. 하나님이 계심을 굳건히 믿고, 하늘을 향하여 한 점 부끄럼 없이 사는 삶 자체가 가장 위대한 기도이며, 삶이 곧 예배다.

3. 지도자

- 똑같이 사랑한다는 말을 해도, 순수하게 하는 말은 천사의 말이지만, 사기 쳐서 재산을 가로채려고 하는 말은 사탄의 말이다.

- 종교 지도자가 아무리 훌륭한 설교를 해도, 신도의 재물을 거둬서 더 큰 교회를 짓고 자기의 부귀영화를 바라며 설교하면 사탄의 가르침이 된다.

- "저희 교회는 만원사례요, 믿음은 다 같으니 이웃의 개척 교회에 가서 예배를 드리시오." 하며, 이웃 교회의 부흥을 먼저 생각하여 제 신도를 보내는 종교 지도자가 있다면 그를 따르라. 그가 하나님의 사랑을 실천하는 자다.

- "부자가 천국에 들어가는 것은 낙타가 바늘구멍을 통과하는 것보다 더 힘들다" 하였거늘, 지금의 교회에서는 부자가 되기만을 기도하고 소원하니, 이는 곧 천국을 포기하고 지옥 행 열차의 티켓을 사는 것과 같다.

- 예수는 빈손이었다. 종교 지도자가 예수보다 더 호화롭고 편안하게 살아간다면 잘못된 것이다. 부귀영화와 명예를 바라는 자는 절대로 갈 수 없는 좁고 협착한 길이 종교 지도자의 길이다.

- 종교 지도자는 유리로 비춰 봐 한 점의 부끄러움이 없이 살아야 한다. 의식주도 직접 일해서 해결하고, 예수의 가르침과 행함을 그대로 따라야 한다.

- 종말은 없다. 지금의 잘못 가는 종교 집단에게만 종말이 있다. 보이지 않는 하나님은 보이는 육의 종말은 관여하지 않으신다. 환경 파괴로 인간이 스스로 멸망을 자초하는 것이다. 종파끼리 싸우기 전에, 무너진 인성을 바로잡고 지구의 몸살을 해결하는 데 뜻을 모으는 게 급선무다.

4. 성전이란

- 이 세상 자체가 하나님께서 만드신 성전이다. 자연보다 더 아름다운 성전이 있는가? 보이는 건물이 성전이 아니라, 성스러운 마음가짐이 성전이다.

- 반석 위에 교회를 지으라 했다. 지상의 단단한 돌은 인간이 쪼갤 수 있으나, 마음속의 굳은 결의는 세상 무엇으로도 쪼갤 수 없다. 바르고 굳건한 믿음으로 성경의 가르침을 실천하는 것이 마음의 반석 위에 교회를 짓는 것이다.

- 손으로 지은 건물의 교회에 모여서 복음을 전하는 것이 아니라, 교회를 개인과 가정에 심어 주어야 한다. 무너지고 부서지는 건물을 짓지 말고, 마음속에 영원히 불변하는 참진리의 교회를 지으라.

5. 십계명

- 십계명은 인간이 죽어서 반드시 통과해야만 하는 열 개의 관문이다.

- 부모를 공경하지 아니한 자는 “네 부모를 공경하라.” 하는 제5계명의 관문이 열리지 않으니 구원받을 수 없다.
- 살인, 간음, 거짓, 우상 등의 나머지 계명도 마찬가지다.

- 십계명은 하나님의 친필이다. 모기소리만 한 하나님의 음성이라도 들어 보겠다고 여기저기 찾아 헤매지 말고, 십계명부터 암송하고 지키라.

- 십계명은 영혼을 구원하는 양식이며, 십계명을 지키는 것이 구원을 받는 길이다. 인간이기에 지키고자 노력하고 또 노력한다면 지킬 수 있다.

- 십계명을 지키고 천사처럼 아름답게 살아가는 그 마음 하나면 세상에 이루어지지 않는 것이 없다.

6. 보물

- 하나님은 재물이 아니라 우리의 마음을 받으신다. 사랑을 실천하며 천사처럼 변하는 마음이 하나님께 바치는 보물이다.

- 보이지 않는 하나님께 재물을 바치려 하지 말고, 너희를 길러 준 부모에게 용돈 드리고, 찾아뵙고, 효성을 다하라. 그것이 하나님께 효도하는 것이다.

- 하늘에는 선과 악의 창고가 있다. 자기 창고에 선이 많으면 천국으로 구원을 받고, 악이 많으면 심판받아 지옥으로 간다. 그것이 바로 “선한 일을 행한 자는 생명의 부활로, 악한 일을 행한 자는 심판의 부활로” 나오는 것이다.

- “선악과를 따먹지 말라”는 것은 양심을 지키라는 것이다. 선과 악을 구분할 수 있는 양심을 최초에 인간에게 주셨다. 선한 열매는 취하고, 악한 열매는 버리며, 양심에 비추어 부끄럼 없는 삶을 살아가라.

- 가장 작은 거짓말을 하지 않고, 가장 작은 죄를 짓지 않으며, 가장 작은 선행을 하고, 가장 작은 악행을 멀리하는 것이 율법의 일점 일획도 빠뜨리지 말고 다 지키는 삶을 사는 것이다.

7. 우상

- 박물관에 있는 불상은 하나의 예술품이다. 그 조각품에 대고 제 소원을 빌 때 우상숭배가 된다. 십자가라 하여도 그 앞에서 소원을 빈다면 우상숭배하는 것이며, 하나님께 소원을 빈다면 하나님을 우상으로 전락시키는 것이다.

- 지금 기복신앙에 젖어 있는 모든 사람이 우상 앞에 절을 하고 있다. 조각품을 우상이라며 파괴하지 말고, 네 마음속에 있는 욕심의 우상을 무너트리라.

- 생수를 약초가 먹으면 약을 만들고 독사가 먹으면 독을 만든다. 같은 성경을 봐도 선한 지도자는 신도를 천사로 만드는 데 활용한다. 그러나 욕심이 가득한 지도자는 재물을 거두어들여 제가 부귀영화를 누리는 데 악용한다. 그가 바로 성경을 우상숭배의 도구로 전락시키는 거짓 선지자다.

- 성경을 한 획도 빼거나 더하지 말라는 것은, 그 가르침을 빠트리지 말고 온전히 지키라는 것이다. 성경 속에서 자기에게 유리한 구절만 보는 것은, 자기에게 불리한 구절들을 빼 버리는 것이다. 믿음이 제일이요, 행함은 구원과는 관계없다는 것은 자신에게 유리한 쪽으로 성경을 악용하는 것이다.

- 진정한 종교 지도자는 종파에 관계없이 어떤 종파든 어떤 책이든 접하고 보고 깨우쳐 견문을 넓히도록 인도한다. 참진리를 모르고 자신이 없는 자가 남을 이단이라며 배척하고, 신도들의 눈과 귀를 가린다.

8. 예수

- 예수의 재림은 없다. 예수가 다시 온다 해도, 과연 누가 그를 예수라고 믿겠는가? 예수와 같은 삶의 행함이 곧 예수의 재림이다. 각자 모두가 "재림 예수"가 되는, 차원 높은 믿음으로 가야 한다.

- 예수는 "주여 주여 하지 말고, 아버지의 뜻대로 행하라"고 했다. 예수가 전한 하나님의 뜻이 곧 "길이요, 진리요, 생명"이며, 그 가르침이 예수의 보혈처럼 소중한 것이다. 예수를 믿는 것은, 예수의 가르침을 믿고 따르는 것이다.

- 예수는 낮은 자로서 만백성을 섬기고자 했다. 만나는 모든 사람을 다 하나님이라 생각하라. 돈을 벌수록 겸손하고, 높은 지위를 얻을수록 낮아지라.

▪ 예수는 종파를 만들지 않았다. 인간이 만든 종교와 인간의 교리를 따르지 말고, 예수를 통해 전한 하나님의 참진리를 연구하고 따르라.

▪ 예수가 2천 년 전에 만백성을 위해 죽었으니, 지금 이 땅에는 예수의 가르침대로 사는 천사만 존재해야 한다. 예수가 죽어 가면서 바란 것은 만백성이 천사가 되어 예수의 자리를 채워 주는 것이지, 지금과 같이 재물을 바치면서 중언부언 제 소원만을 비는 백성들을 바란 것이 아니다.

9. 구원

▪ 천사가 사는 천국에는 천사만 갈 수 있으니, 천사 같은 마음을 길러야 한다.

- "천국 열쇠를 네게 주리니 땅에서 무엇이든지 매면 하늘에서도 매일 것이라" 했다. 땅에서 천사같이 사는 자가 하늘에서도 천사가 되어 천국에 들어간다. 모든 사람에게 천사같다는 말을 듣는 삶을 살아야 한다.

▪ 천사의 곱고 아름다운 마음은 부모를 공경하고 어른을 어른으로 대접하는 데에서 출발한다. 효도하는 자는 형제와 화목하게 지내기에 가정이 화목해지고, 이웃과 화목해지고, 국가가 화목해지고, 온 인류가 화목해진다.

- 그러므로 지상의 아름다운 소왕국은 가정에서부터 이루어야 한다.

▪ 선택된 14만 명만 구원받는 것이 아니라, 천사처럼 변하고자 하는 14만 명을 기초로 온 인류가 천사처럼 거듭나는 영적인 개혁이 시작되는 것이다.

▪ 천 년에 걸쳐서 하늘에서 이루어진 것같이 이 세상을 낙원으로 만들어, 만백성이 지상의 천국에서 살다가 죽어서 그대로 하늘의 천국으로 들어가는, 영원한 지상 낙원을 건설하는 것이 하나님의 계획이다.

- **이것이 구약과 신약에 이어 "새로운 성경"으로 역사하시는 하나님의 창조의 완성이다.**

▪ 지금의 믿음으로 구원받을 수 있다면 그 길을 가라. 그러나 자신이 없다면 하나님께서 직접 내리신 160권의 "새로운 성경"을 읽고 구원의 길을 보라!

하나님 머리말씀

이 새로운 성경을 읽는 너희 모두는
이 율법에 따라 행하면 영원히 구원받을 것이니라.

너희 인간이 수년, 수십 년, 평생
성서를 공부하고 기도하는 것은
하늘나라 나의 곁으로 오고 싶은 소망일진대,

몇천 년 전의 너희 인성과 생각이
지금의 너희와는 판이하게 다르니,

꺾여 가고 병들어 가는 너희를 고칠 수 있는 길은,
오늘 내가 선지자에게 내리는 새로운 성경과 같이
너희가 변화되는 것뿐이니라.

나의 예수가 태어난 것처럼
내가 아들 선지자를 선택하여
나의 새로운 성경을 온 세계에 전하고자 하니,

묵은 것은 버리고 새로운 것은 취하여,
너희 모두는
'여호와 하나님! 저의 죄를 용서하여 주옵소서.'
하는 기도문으로 기도하고, 죄를 뉘우치라.

이 새로운 성경은
수천 년간 내려온 성서를 요약한 것이니,
너희는 이 책을 정독하여 쉽게 깨달음을 얻고,
이대로 실천하여 하늘에 오르라.

대역자 머리말

■ 하나님의 율법을 지키는 선지자로 선택을 받도다.

저는 남들처럼 그저 열심히 살아온 평범한 사람이었습니다. 그러나 50대 중반에 사업에 실패하여 많은 부채에 시달렸으며, 건강도 악화되어 눈이 잘 안 보이고, 걷기도 어렵고, 두통이 심해서 잠을 이룰 수 없는 고통의 나날을 보냈습니다. 그때 제가 선택할 수 있는 것은 육의 삶을 끝내는 길뿐이었습니다.

죽기 직전에 그동안에 죄를 지은 이들에게 용서를 빌고 인생을 끝내기로 작정하였습니다. 어려서부터 지은 죄를 빌고 빌다 보니 끝이 없었고, 죽음으로도 그 많은 죄를 용서받을 길이 없다는 생각에 하염없이 눈물이 흘렀습니다. 그 순간 '재래식 화장실의 구더기는 죄를 짓지 않는데, 나는 인간으로서 구더기만도 못한 삶을 살았구나.' 하는 생각이 들면서 괴로움에 몸부림칠 때, 갑자기 하나님의 음성이 들렸습니다.

"나는 여호와 하나님이니라. 너는 십계명을 암송하고 내가 내려 주는 메시지를 받아 책으로 만들어 만백성을 구하라." 하시며, 제 눈을 손으로 문지르게 하시고, 아픈 머리와 다리를 손으로 두드리게 하셨습니다. 그러고 나니 눈도 잘 보이고 걸을 수 있었으며 머리의 통증도 말끔히 낫게 되었습니다. 그때부터 십계명을 암송하고 나면 들려주시는 말씀을 기록하였고, 1999년 8월부터 2004년 7월까지 권당 288쪽, 총 160권을 받아서 "새로운 성경"이라는 책으로 펴내게 되었습니다.

그러한 저에게 죽기보다도 힘든 길이 시작되었습니다. 모든 교인들이 저에게 사탄이요, 이단이요, 악마요, 마지막 시대에 온 거짓 선지자라 하면서 공격하였고, 저를 짐승을 보듯이 대하는가 하면, 편협한 종교 지도자들의 선동으로 신도들이 이 책을 직접 읽어 보고 평가할 기회마저 막아 버렸습니다. 그래서 하나님의 말씀을 세상에 내는 데 많은 어려움을 겪으며, 피를 토하는 심정으로 책을 전하고 있습니다.

그러나 아무리 인간의 힘으로 막으려 해도, 하나님의 뜻이 세상에 전해지는 위대한 역사는 계속될 것입니다. 책으로 전해지는 "하나님의 말씀"은 세상 끝날까지 항상 우리와 함께하실 것입니다. 사람은 죽어도, 책에 기록된 말씀은 영원히 남으니까요.

■ 따뜻한 실천

하나님께서는 어려운 사람들에게 삶의 터전을 마련해 주고, 미래를 열어 주는 것을 기뻐하십니다. 어려운 이웃이 스스로 자립할 수 있도록 이끌어 주는 것이 진정으로 이웃을 돕는 것이라고 말씀하셨습니다. 그래서 일자리가 없는 제자들에게 작은 사업장을 만들어 주는 "달란트 사업"을 하고 있습니다. 식당, 반찬 가게 등을 차려 주고, 기존의 어려운 사업장이 자립할 수 있도록 돕고 있습니다(커피숍, 미용실, 의상실 등).

하나님께서는 교회에 나와서 모든 시간과 재물을 쏟기를 원하지 않으시고, 그 시간과 재물을 교육에 투자하여 스스로 미래를 열어 가기를 원하십니다. 그래서 제때 공부하지 못한 제자들에게 학업을 이어 가도록 하였습니다. 중화요리 주방장을 하며 초등학교 검정고시부터 공부하여 2012년에 방통대를 졸업한 36세 남성, 만학도들의 2년제 중학교에 입학해서 2007년에 명지대학을 졸업한 38세 여성, 중학교 검정고시를 시작으로 숭의여자대학을 졸업한 47세 여성 등이 있습니다. 그밖에도 많은 제자들에게 나이를 초월하여 배우고 깨우쳐서 사회 속의 당당한 일원이 되도록 인도하고 있습니다.

학자금 대출로 힘겨워하는 젊은이들을 위해 "따뜻한 바람 장학회"를 발족하여(2016년 12월) 대출받은 학자금 전액을 매월 갚아 주고 있습니다. 또한, 다문화 가정을 위해 "다문화 가족 랜드"를 조성하여, 각종 시설을 무료로 활용하도록 하고 있습니다.

이러한 따뜻한 실천이 아직은 미약합니다. 그러나 책의 수입이 늘고, 저와 뜻을 같이하는 분들이 늘어나면 계속 확대할 것입니다. 지도자로서 신도의 재물을 헌금으로 거둬들여 착복하는 것이 아니라, 하나님께서 기뻐하시는 일에 사용하도록 중매 역할만 하며 살아가고자 합니다. 이런 제가 과연 사탄이고 이단인가요? 하나님께서 기뻐하시는 일이라면, 저에게 사탄이라 하든 거짓 선지자라 하든 굽히지 않고 실천해 나갈 것입니다.

끝으로, 일상의 삶 속에서 "지금 내가 하는 행동이 과연 하나님께서 기뻐하실까, 슬퍼하실까?" 생각하고, 매사에 하나님께서 기뻐하시는 길을 택하기 바랍니다. 교회에 모여서 집단적으로 예배 드리는 것이 아니라, 개인이나 가정 단위로 새로운 성경을 읽어 스스로 깨우치고 그대로 행하면 충분합니다. 그것이 마음속에 성전을 짓고, 신령과 진정으로 예배 드리는 길입니다. 그러면 천국의 문에 들어서게 됩니다.

2017. 2. 1.

하나님 말씀 대역자 김 용 철

차 례

십 계 명

이 책은 십계명을 암송하고 나면 내려 주시는 "하나님의 음성"을 듣고 그대로 받아쓴 기록입니다. 하나님께서 십계명을 모세에게 내려 주셨지만, 그것은 만백성에게 내려 주신 것입니다. 마찬가지로 이 책의 모든 말씀도 저에게 내려 주셨지만, 만백성 각자에게 들려주시는 말씀입니다. 여러분도 이 책을 접할 때마다 십계명을 암송하고 나서 정독해 주시기 바랍니다.

제일은, 너는 나 외에는 다른 신들을 네게 있게 말지니라.

제이는, 너를 위하여 새긴 우상을 만들지 말고, 또 위로 하늘에 있는 것이나, 아래로 땅에 있는 것이나, 땅 아래 물 속에 있는 것의 아무 형상이든지 만들지 말며, 그것들에게 절하지 말며, 그것들을 섬기지 말라.

제삼은, 너는 너의 하나님 여호와의 이름을 망령되이 일컫지 말라.

제사는, 안식일을 기억하여 거룩히 지키라.

제오는, 네 부모를 공경하라.

제육은, 살인하지 말지니라.

제칠은, 간음하지 말지니라.

제팔은, 도적질하지 말지니라.

제구는, 네 이웃에 대하여 거짓 증거하지 말지니라.

제십은, 네 이웃의 집을 탐내지 말지니라.

나 여호와가 존재함을 믿는 그 자체가 구원의 길에 들어서는 기본이요, 근본이며, 나의 새로운 성경을 가슴에 안고 정독하는 자, 반석 위에 서서 하늘에 오르는 찬란한 빛을 보게 되는 영광을 얻게 됨이니라. 진정 나를 따르고 믿는 자는 감히 사탄이나 마귀도 근접하지 못하느니라.

〈하나님 말씀〉

2003년 6월

6,338 번째 하나님 말씀

2003년 6월 6일 0시 22분

1 사랑하는 나의 아들아!
2 "네, 아버님! 말씀하옵소서."
3 너희가 인간 세속에 살아나가는 집단
이요, 국가라 하는 것, 그 체제가 바뀌
며 그 통솔자가 바뀌며 지도자가 바뀔
때, 너희는 많은 변화를 이루며,
4 또 그 변화에 따라서 너희는 그 시대
에 맞춰 그 상황에 따라 수없이 잃고
얻는 것이 있음이니, 그것이 바로 무
엇이던가?
5 너희가 하나의 국가를 경영하는 자가
바뀌는 것, 또한 힘으로써, 무력으로
써도 바뀌는 것, 그 체제가 바뀔 때마
다 너희는 무한한 변화가 이루어지며,
그 변화에 따라서 잃고 얻는 자들이
그리 있음이니,
6 희비가 엇갈리는 것이 너희의 세상의
삶이 아니던가?
7 무력으로써 나라를 장악하며 한 집단
의 통치자가 새로 탄생할 때,
8 너희는 죽고 사는 그와 같은 피비린내
나는 갈등 속에서 그 작은 나라 하나
가 바로 서며, 또한 새로운 지도자가
바뀌는 그와 같은 변화 속에서 이루어
지는 것이 아니던가?
9 하물며 지금 수천 년 동안 흘러왔으며
이 지상에 많은 백성이 하늘에 오르는
길이라 하며 너희가 가고 있는 그 형
국에서 내가 나의 뜻이라 하여, 새로
운 성경이라 하여, 하늘에 오르는 길
이라 하여 성령을 내려보냄이니,
10 그리하여 그를 단죄하며 그를 덮으려
하며 새로운 역사를 이루고자 함이니,
너희는 머지않아 이 지상에서 두 가지
의 길로 갈라지게 되어 있음이니라.
11 하나는 나의 뜻을 따르며 나의 법전대
로 살고자 하는 백성과, 이를 부인하
며 지금까지 흘러왔던 그 습관이요,
관습대로 가고자 하는 백성, 너희가
이 두 갈래의 길이 갈라지니,
12 그 길은 하나로 갈 수 없으며, 그 두
갈래로 가는 백성이 서로 부닥치며
서로 옳고 그름을 시시비비하는 그와
같은 형국이 이루어졌을 때,
13 너희는 인간 세상에서 어떠한 전쟁보
다도 더 피비린내 나는 환란의 시대가
이루어질 것이니라.
14 그 무서운 환란이 이 세상에 생기는
것을 나 여호와가 막기 위하여,
15 그와 같이 환란이 생겼을 때 얼마나
무섭고 두려운 결과를 가져올 것인가
를 너희는 모르나 나 여호와는 알고
있음이니라.
16 그리하여 이를 내가 슬기롭게 다스리
고자 하여, 너희가 넘을 수 있으며 지
킬 수 있으며 행할 수 있는 새로운 법
전을 세상에 내려보내 너희에게 서서
히 전하여,
17 깨우치고 있는 백성 너희로 하여금
지금 깨우치지 못하는 백성을 인도하
고 깨우치는 그와 같은 변화를 이루고

자 하는 것이 나 여호와의 뜻임을 너
희는 알아야 할 것이니라.
18 나의 법전이 세상을 덮는 것이 서서히
덮어지며 서서히 전해져야만 그 두 갈
래의 길이 생기지 아니하며,
19 두 갈래의 길에서 서로 죽고 죽이는
대환란에 부닥치는 처참한 그와 같은
전쟁이, 어떠한 전쟁도 그보다 못한
그 무서운 역사의 소용돌이가 이루어
질 것이니,
20 그를 내가 다스리고자 함이요, 그를
덮어 너희가 죽음이요, 피비린내 나는
전쟁보다도 더 무서운 환란을 겪지 아
니하고 편안한 길이요, 이 고비를 넘
길 수 있는 나의 백성에게 내가 은혜
를 내리고자 함이니라.
21 그리하여 내가 나의 법전을 서서히 전
하는 것이며 서서히 역사함을 너희는
알아야 할 것이니라.
22 너희가 바라는 대로 나의 법전이 하루
아침에 세상을 덮으며 모든 기적이요,
역사를 이룰 때, 그 두 갈래의 길은 영
영 하나가 될 수 없음이니,
23 하나가 될 수 없는 그 두 갈래의 길을
가는 그 백성의 처절한 전쟁은 감히
누구도 상상할 수 없음을 너희는 알
아야 할 것이니라.
24 그리하여 너는 이와 같이 이루어지는
그 배경을, 이와 같이 너희가 고통을
겪는 그것을 다스리고자 하는 것이 나
의 뜻임을 알려야 할 것이니라.
25 이제는 나의 뜻에 따라서 사는 너희
가 되어야 할 것이니라.
26 지금까지 수천 년 동안 흘러왔던 종교
집단이요, 지도자 그들의 뜻으로써는
영영 아무도 하늘에 오를 수 없으며
너희가 바른길을 갈 수 없음이니라.
27 그리하여 너희가 지옥으로 가며 영원
히 한번 가면 나오지 못하는 그 지옥
으로 가는 것이 불쌍하고 가련하여 내
가 너희를 구원하고자 이 역사를 이루
니,
28 나의 법전을 읽고 깨우친 백성 너희는
내가 이루고자 하는 그 뜻에 따라 서
서히 변하는 그와 같은 삶을 살아야
할 것이니라.
29 지금 너희가 가고 있는 그 길이 너무
나도 잘못된 길이며 나와는 관계도 없
는 길을 가고 있는 자요, 그리고 너희
를 인도한다는 종교 집단이요, 지도자
들이 지금 나의 뜻에 따라 나에게 오
르는 길이 아니요,
30 나 여호와의 가슴에 너무나 큰 상처를
입히는 그와 같은 행위를 하는 것이
종교 집단이요, 지도자요, 구원을 받
았다 말하는 신도 너희가 하고 있는
짓이라는 것을 알아야 할 것이니라.
31 지금 너희가 살아가는 그 형국이 어
떠한 것이던가?
32 나를 믿고 나를 경배한다는 백성 너
희는 사랑이 없으며 베풂이 없으며 항
상 낯선 사람끼리 서로 갈등 속에서
살아가는 그와 같은 삶을 살아가는 것
이 너희가 형제요, 이웃과 더불어 살
아가는 오늘의 삶이 그러하니라.
33 그러니 너희가 형제요, 이웃과 같이
더불어 살아가면서도 너희가 매일 만
나며 매일 같이 생활하는 사람들도 너
희가 처음 만난 사람, 낯선 사람을 보
듯이 경계하며 의혹하며 그와 같은 마

음으로 살아가도록 너희 마음을 황폐
하게 그리 만들어 놓은 것이 지금의
종교 지도자들이 그와 같은 역사를 이
루었음이니,
34 그들이 바로 너희를 지옥으로 안내하
는 자라는 것을 잊지 말라.
35 그리하여 내가 그들을 다스리고자 함
이니, 내가 너희를 사랑함이요, 내가
너희를 아낌이요, 너희의 고통을 더
이상 볼 수 없기에 이를 이루니,
36 나의 법전을 거부하지 말며 십계명을
지킬 수 없다고 말하지 말라.
37 너희는 지금부터 십계명은 창조주 내
가 내린 직접 쓴 친필이요, 이는 너희
가 지킬 수 있기 때문에 지키라 내렸
으며, 지키지 못할 것을 내린 나 여호
와가 아니라는 그 믿음을 가져야 할
것이며,
38 160권의 이 대장정의 역사는 나 여호
와가 아니면 이룰 수 없다는 굳건한
믿음, 그 믿음으로써 너희가 굳건히
다져졌을 때 너희는 하늘에 오르는
그 변화의 길을 볼 것이며, 내가 너희
마음에 내 성령이 임하는 역사의 은혜
를 입게 될 것이니라.
39 나의 십계명을 지키고 살아야 한다는
믿음이 없는 자, 그리고 지킬 수 있다
고 믿지 않는 자, 나의 법전을 믿지 않
는 자는 나와는 관계없는 자이며, 너
희는 내 가슴에 상처만을 심는 불효하
는 아들딸이라는 것을 잊지 말라.

6,339 번째 하나님 말씀

2003년 6월 6일 0시 28분

1 사랑하는 나의 아들아!
2 "네, 아버님! 말씀하옵소서."
3 나의 아들 예수가 세상에 와 그가 죽
음으로써 만백성을 깨우치고자 하여
죽어 간 그 후 2천 년이라는 세월이
흘러 지금 나의 법전이 세상에 나오는
것은 진정한 나의 백성을 구원하고자
함이요, 이게 나의 뜻이라 깨닫는 백
성을 구원하고자 함이니라.
4 그러니 이를 믿고 따르는 자는 진정한
구원을 받기 시작하는 백성이요, 구원
의 길에 들어섬이요, 구원이 시작되는
것이니라.
5 그리하여 나의 법전 160권이 세상에
나오는 것은 나를 믿고 진정 경배하는
자는 구원이 시작됨이요, 이를 믿지
않는 자는 정녕 나에게 오를 수 없는
것임을 알아야 할 것이니라.
6 그러니 지금 나의 법전이 세상에 나오
는 것은 만백성을 구하기 시작한 심판
의 시대가 열렸다는 것을 알아야 할
것이며, 사탄과 마귀들에게는 멸망이
시작됨을 너희는 알아야 할 것이니라.
7 지금까지 진정한 깨달음의 길을 가지
못하였음은 바로 나의 법전이 나오는
것이 너희가 잘못 갔음을 증명하는
것이며, 너희에게 경종을 울리며 잘못
가는 종교 집단이요, 지도자들을 내가
다스리고자 함을 알아야 할 것이니라.
8 지금의 믿음이 사탄의 믿음이 아니라
면, 지금 내가 사탄의 믿음이라 말하
니 너희는 정녕 사탄의 믿음이 아니라

그리 말하며, 그리 말하는 나 여호와
를 너희는 사탄이요, 왕사탄이요, 사
악한 자라 그리 말할 것이니라.
9 그러나 내가 내려다보는 종교 집단이
요, 지도자 너희는 다 사탄의 믿음이
요, 사악한 자요, 마귀의 자식으로서
전락하여 있음을 알라.
10 너희가 정녕 사탄이요, 사악한 자의
마음이 아니라면 종교 집단이요, 그리
고 나의 피조물 만백성을 인도하는 종
교 지도자 너희는 그 믿음이라는 것
을 가지고 참진리를 연구하는 것만이
나에게 오를 수 있으며 진정한 종교
지도자의 길이거늘,
11 지금의 종교 집단이요, 지도자 너희는
진리를 가르치는 것이 아니요, 너희는
상업적이요, 상술적으로 지금 모든 것
이 변화되어, 장사꾼도 너희보다 더한
장사꾼이 없음을 알아야 할 것이니라.
12 너희는 직업인으로서 재물을 거둬들
이는 것으로써 수고비를 받아들이는
그와 같은 종교 지도자로 생활의 대책
이요, 너희가 살아가는 그 한 방편으
로써 지금 그 종교 지도자란 그 자리
를 지키는 것이 너희의 실정이 아니
던가?
13 정녕 진실한 믿음이요, 구원의 길이라
하여 가고 있는 종교 집단 너희가 지
금 나의 아들 예수를 갖고, 나의 성경
을 갖고 얼마나 무서우리만큼 상품화
시켜 만들어 팔고 있는가?
14 거기에 나 여호와까지도 상품화하여
나의 피조물 만백성에게 장사하는 자
들이니, 그러고도 너희가 사탄이요,
사악한 자의 후손이 아니라 말할 수
있단 말이던가?
15 그러니 너희가 바로 사탄이니라.
16 나 여호와의 이름을 갖고, 나의 아들
예수의 이름을 갖고, 그의 고통스러운
죽음을 갖고, 성경의 가르침을 갖고
그 모두를 최상의 상품으로 만들어 나
의 피조물 만백성에게 팔아먹는 그와
같은 짓을 하고 있음이니,
17 그러면서 너희는 마지막 시대에 나오
는 거짓 선지자요, 사탄이요, 사악한
자가 온다 하니,
18 지금 험악한 마지막 시대의 거짓 선지
자요, 거짓 종교 지도자가 바로 너희
임을 알아야 할 것이니라.
19 그러니 너희가 나의 법전이 나오는 것
을 두려워하는 것이며, 나의 법전이
세상에 나오지 못하도록 하며, 나의
아들까지도 존재하지 못하도록 갖은
수단과 방법으로써 그를 통제하며 그
를 중단시키려 하는 것이니, 그게 바
로 사악한 자들이요, 사탄의 후예가
하는 짓이니라.
20 이는 나 여호와의 뜻이요, 정녕 나의
성령임이니, 그리하여 이게 나오면 너
희 사탄이 이제 발붙일 곳이 없으며
멸망이 시작된다는 것을 알기 때문에
지금 발악하고 있음을 알아야 할 것이
니라.

6,340 번째 하나님 말씀

2003년 6월 6일 0시 33분

1 사랑하는 나의 아들아!
2 "네, 아버님! 말씀하옵소서."
3 너희가 하늘에 오르는 길이요, 나에게

오르는 그 근본은 무엇이라 말하느냐?
4 하늘에 오르는 길을 볼 수 있으며 하늘에 오르는 길이요, 나 여호와가 역사하는 것은 사랑이라 하였음이니라.
5 사랑을 너희가 실천하는 것이 나에게 오는 길이라 하지 아니하였던가?
6 사랑의 실천이 하늘에 오르는 길이요, 믿음 그 자체가 구원이요, 하늘에 오르는 길이니, 그 사랑만이 너희가 하늘에 오를 수 있으며 구원을 받을 수 있는 길이라는 것을 잊지 말라.
7 과연 사랑이란 무엇인가?
8 그리고 사랑이라는 것은 곧 어떻게 실천하는 것이며 어떻게 행하는 것이라 내가 너희에게 깨우쳐 말하였더냐?
9 너희가 그리 갈구하고 원하는 천국의 마지막 한 장의 표가 남아 있을 때 그를 남에게 주고 너희는 지옥으로 갈 수 있는 그것이 진정한 사랑이라 말하였으며,
10 그게 나 여호와가 원하는 사랑의 실천함이라 내가 그리 말하였음이니라.
11 그러니 너희가 세상사를 살아가면서 사랑으로 실천하는 자, 사랑으로써 베풀며 사랑으로써 그를 실천하여 나에게 오른다는 백성 너희는 사랑에 이유가 있다 말할 수 있으며 사랑의 변명이 있다 말할 수 있는가?
12 사랑에 이유가 있으며 사랑에 변명이 있는 것은 진정한 사랑이 아님을 너희는 알아야 할 것이니라.
13 너희가 어떠한 이유에 따라서 변명으로써 일관하며 너희를 변호하고자 하는 그와 같은 행위를 하며 그와 같은 행동이요, 언사를 쓰는 것 그것은 결국 사랑이 아니지 않던가?
14 과연 사랑이라는 것이 억울하다고 하소연할 수 있는가?
15 진정한 사랑이라는 것은 하소연할 수 없으며 억울하다 말할 수 없음이니라.
16 진정한 사랑이라는 것은 옳고 그름을 상대방으로부터 그를 구분하기 위하여 시시비비를 가리며 시시비비를 벌이는 것이 아님을 너희는 알아야 할 것이니라.
17 진정한 사랑이란 무엇이더냐?
18 자기 자신을 살리기 위하여 남을 죽이는 그와 같은 것이 사랑이 아니니라.
19 남을 살리기 위해서 내가 대신 죽어 가는 것이 사랑임을 너희는 알아야 할 것이며, 대신 저주를 받아 지옥으로 가는 길을 마다하지 아니하고 갈 수 있는 그것이 진정한 사랑임을 너희는 알아야 할 것이니라.
20 그렇지 않은 자는 사랑이라 말하지 말며 사랑을 실천하고 사는 백성이라 말하지 말라.
21 그러니 모든 종교 집단이요, 지도자 너희가 사랑이라 말하는 것은 과연 무엇이던가?
22 너희는 그저 육의 세상에서 누구나 이룰 수 있는 것, 누구나 베풀 수 있는 것, 누구나 주고받을 수 있는 그와 같은 것을 가지고 사랑을 실천했다 그리 말함이니라.
23 내가 너희에게 다시 말함이니, 나를 살리기 위해 남을 죽이는 행위가 사랑이 아니요,
24 남을 살리기 위해서 내가 죽어 가는 것이 사랑이요,

25 남이 저주받을 것을 내가 대신 받아
지옥으로 갈 수 있는 것이 사랑이라는
것,
26 진정한 사랑은 믿음에서 이루어지는
것이니, 진정한 믿음이란 무엇이더냐?
27 나 여호와의 뜻에 따라 행하고 살아
가는 것이니 실천하는 것이니라.
28 진정한 믿음에서 진정한 사랑이 이루
어지며, 진정한 사랑 속에서 진정한
믿음이 이루어짐이니,
29 진정한 사랑이 아니면 진정한 믿음일
수 없음이니, 진정한 믿음의 길을 가
지 못하는 것은 나 여호와의 참진리의
길을 가지 못하는 것임을 너희는 알
아야 할 것이니라.

6,341 번째 하나님 말씀

2003년 6월 6일 0시 39분

1 사랑하는 나의 아들아!
2 "네, 아버님! 말씀하옵소서."
3 너희가 살아가면서 '눈물 젖은 빵을
먹어 본 자만이 그 진가를 알며 그 소
중함을 안다.' 하지 않았던가?
4 나에게 오르는 길을 가는 백성, 정도
의 길을 가는 백성, 선택된 백성, 너희
는 고난과 역경 속에서 진정한 사랑을
알 수 있으며 사랑을 실천하게 됨이니,
5 그리하여 내가 너희에게 고난과 시련
의 그 훈련을 연속시키고 있음을 너
희는 알아야 할 것이니라.
6 너희는 고난과 역경을 두려워하지 말
라.
7 고난과 역경 속에서 너희가 진정한
사랑을 알게 되며 그 의미를 알게 됨
을 알아야 할 것이니라.
8 너희가 여유로운 삶이요, 편안한 삶이
요, 고통과 시련과 그 역경을 모르는
백성은 진정한 사랑이 무엇이며 베풂
이 무엇인가를 정녕 모르느니라.
9 전쟁에 나가는 그 병사들이, 고된 훈
련과 도저히 견딜 수 없는 힘들고 강
도 높은 훈련을 받은 그 병사들이 전
우애가 더 돈독하며 포화가 쏟아지는
그 죽음 속에서도 그들은 전우애를 생
각하며 전우애의 정신을 발휘할 수 있
는 것이 그들의 마음이니,
10 극한 훈련 속에서 다져지는 것이 인간
의 형국이 아니던가?
11 극한 속에서 표현하는 것이 바로 진정
한 사랑이니라.
12 너희가 견디기 어렵고 힘든 그 속에서
사랑이 무엇이며 나눔이 무엇이며 정
녕 베푸는 것이 무엇인가를 뼈저리게
알게 되어 있음이니,
13 지금의 흔들리는 마음에서 너희가 고
된 훈련이요, 그리고 역경이요, 고난
을 겪지 아니하면, 너희는 영원히 나
에게 올 수 있는 그 길을 갈 수 없는
백성임을 알아야 할 것이니라.
14 나는 알고 있음이니라.
15 나는 그 모든 뜻을 알고 있기에 너희
에게 진정한 사랑을 베풀며 사랑을 전
하기에 너희가 오늘의 고달프고 힘든
길을 가도록 하고 있음을 알라.
16 나의 백성이요, 지금 나에게 오른다는
종교 집단이요, 지도자, 신도, 그들의
삶이 어찌 살아가는가?
17 나 여호와의 뜻이요, 사랑과 은혜를
베푼다는 자 그들은 정녕 사랑을 모르

는 것이니라.
18 나 여호와가 너희에게 내려 준 사랑
이요, 내가 너희에게 베풀어 준 그 사
랑 속에 수천 년 동안 살아온 것이 나
의 피조물 만백성이요, 그리고 종교
집단이요, 그 신도, 그들이니,
19 사랑이 무엇이며 내가 내려 준 그 사
랑 속에서 살며 내가 베풀어 준 은혜
속에서 살며, 나의 사랑을 모르며 내
가 베풀어 준 은혜를 모르고 사는 자
는 나를 부르짖으며 나를 경배한다는
백성이니,
20 그들이 제일 모르는 자이며 제일 실천
하지 않는 자들임을 알아야 할 것이
니라.
21 너희는 어떠한 백성인 줄 알겠는가?
22 아무것도 모르는 백성은 나에게 무엇
을 달라 원하지 아니하며 갈구하지
아니하며 이루어 달라 말하지 아니하
느니라.
23 그러나 사랑을 실천하며 나 여호와를
찾는 자들이 내 품이요, 내 사랑 속에
서 살면서 그들은 사랑을 베푸는 것이
아니요, 그저 받기만을 원하며 더 역
사하기를 원하니,
24 나로부터 받은 만큼의 사랑도 베풀지
못하는 것이 지금의 종교 집단이요,
지도자들이니라.
25 그리하여 그들을 내가 바로잡고자 하
며 그들을 깨우치고자 함이니라.
26 이제 너를 따르는 제자들이요, 나의
법전을 읽는 만백성 너희는 알아야
할 것이니라.
27 너희가 살아가며 너희가 존재하며 역
사하는 그것이 내가 내려 준 사랑 속
에서 너희가 나의 사랑을 먹으며 내
가 내린 은혜 속에서 나의 은혜의 이
슬을 먹으며 너희가 살아가는 것이니,
28 나로부터 받은 만큼 너희도 베푸는
삶을 살도록 그리하라.
29 모든 것을 나로부터 받아 너희가 존재
한다 생각하며, 모든 것은 나로부터
역사하며 그 감사함을 안다 하면, 너
희는 감사하는 만큼 나의 피조물 만백
성이요, 너희 형제요, 이웃에게 베풀
며 사는 삶을 살도록 그리하라.
30 그것이 바로 나의 뜻임을 잊지 말라.

6,342 번째 하나님 말씀

2003년 6월 6일 0시 48분

1 사랑하는 나의 아들아!
2 너를 따르는 제자들이요, 법전을 읽는
백성, 그리고 믿음이라는 그 길을 가
는 백성에게 이 대목을 기록하여 전
해야 함을 잊지 말라.
3 나 여호와가 성경에 기록하여 일찍이
너희에게 뭐라 전하였더냐?
4 '세상을 이처럼 사랑하는 나 여호와
라' 너희가 그리 말하지 아니하였는가?
5 '세상을 사랑하는 나 여호와이기에 독
생자 나의 아들을 너희에게 주었음이
요, 이는 곧 나를 믿고 나를 따르는 자
는 멸망치 아니할 것이며 영생을 얻게
하려 하심이니라.' 너희는 그리 기록
하여 전했음이니라.
6 내가 너희에게 멸망치 않고 영생을 구
하는 것이 아니요, 너희가 구원을 얻
게 하려 함이라 내가 그리 말하였음이
니, '함이라' 전한 그 뜻을 너희는 알

아야 할 것이니라.
7 너희는 여기서 깊이 깨우쳐야 하며
성경에서 가르치는 그 뜻을 알아야 할
것이니라.
8 나의 아들이 나를 믿는 자는 영혼을
구원하려 함이요, 구원하는 것이 아니
라는 그 뜻을 이제 너희가 확실히 알
고 넘어가야 함을 잊지 말라.
9 구원하는 것이 아니요, 구원하려 함이
라 하였음이니, 너희는 여기서 그 의
미를 알지 못하면 아니 될 것이니라.
10 그러나 너희는 뭐라 말하느냐?
11 나 여호와를 믿는 자는 내가 너희를
구원하려 함이라 했으니, 너희는 어찌
하여 믿는 것이 너희가 손으로 지은
교회라는 곳에 와서 재물을 바치며 울
고불고하는 그것만이 나 여호와가 존
재함을 믿는다 그리 말하는가?
12 내가 나를 믿는 자는 멸망치 않게 한
다 했으니,
13 너희가 가정에서, 직장에서, 들에서
나 여호와가 존재함을 믿으며 나를 찾
으며 너희가 나의 계명에 따라 살아
가고자 하는 그와 같은 백성이 바로
무엇이던가?
14 나를 믿는 자이니라.
15 그러나 너희는 나의 피조물 만백성이
생활 속에서 나를 믿는 것은 믿는 것
이 아니며, 너희가 손으로 지은 교회
에 와 재물이요, 헌금을 바치며, 노동
력을 바치며 너희의 노예요, 종과 같
이 그리 살아가는 자들만이 구원을 받
는 것이라 그리 말하며,
16 그 믿음만이 하늘에 오르는 믿음이요,
나를 믿는 믿음이요, 나에게 올 수 있
는 믿음이라 그리 착각하는 것이 너
희이니, 지금 너희가 가고 있는 그 형
식적이요, 외형적인 믿음보다도 더 위
대한 것이 어떠한 믿음인 줄 알겠는가?
17 일상생활 속에서 나 여호와를 찾으며
나의 계명을 의식하며 그대로 살아가
고자 하는 평범한 백성 그들의 믿음이
진정한 나를 향하는 믿음이요, 내가
원하는 믿음이라는 것을 너희는 알아
야 할 것이니라.
18 '나를 믿는 자는 멸망치 아니하며 영
생을 얻게 하려 함이라.' 하였음이니,
이제는 어떤 방법이든지 나를 찾으며
나의 아들 예수를 찾는 자 그들이 바
로 내가 존재함을 믿는 백성이라는 것
을 알라.
19 너희가 손으로 지은 성전이요, 교회에
오는 자만이 나를 믿는다는 그와 같은
오만과 자만 속에 빠져 모든 악행을
저지르는 그 종교 지도자의 모습을 못
보니,
20 그들로 하여금 너희가 구원을 받으며
그들로 하여금 은혜를 입는다는 그 착
각 속에 젖어 있기 때문에 감히 그들
이 잘못 가는 것조차도 단죄하지 못
하며 그저 끌려가는 지금의 형국이니,
21 교회라는 성전에 가지 아니하며 내가
존재함을 믿는 그 백성의 믿음이 나
를 향하여 나를 더 기쁘게 하는 믿음
이라는 것을 잊지 말라.
22 내가 성경에 기록하여 너희에게 뭐라
또 전하였는가?
23 '나 여호와가 예수를 세상에 보낸 것
은 너희를 심판하려 함이 아니요, 예
수로 하여금 세상에 구원을 받게 하려

함이라.' 내가 그리 전하였느니라.
24 예수로 하여금 세상에 구원을 받게 하
려 함이라 하였음이니, 이 기록 또한
너희가 어찌 전하는 의미인가를 깊이
깨우쳐야 할 것이니라.
25 나의 아들 예수로 하여금 너희의 구
원이 아니요, 너희가 구원을 받게 하
려 함이라 내가 기록하여 전했음이니
라.
26 이 대목을 알라.
27 나 여호와가 너희를 구원하는 것이
아니요, 나의 아들 예수의 이름을 부
르는 것이 너희를 구원하는 것이 아
니요, 너희에게 성서를 보내며 나의
아들 예수요, 독생자라는 나의 아들을
보낸 것은 나의 아들이 행하는 것을
너희가 보고 깨우쳐 너희가 구원을
받을 수 있도록 구원을 받게 하려 함
이지,
28 내가 너희를 구원해 주며 그리고 나
의 아들의 보혈로써 구원됐다는 기록
이 아님을 너희는 알아야 할 것이거
늘, 어찌하여 너희는 그저 손으로 지
은 너희 교회에 와 재물과 헌금을 바
침으로 인해서 나의 아들 보혈로써
구원해 주었으며 구원을 받았다 그리
가르치는가?
29 그것이 잘못되었음을 알라.
30 성경에 기록되어 있는 이 대목의 내용
을 읽고 너희가 깨우쳐 들여다보면,
너희가 얼마나 어리석은 행위요, 사악
한 방법으로써 나의 피조물 만백성을
노예화하고 있는지 알게 될 것이니라.
31 나의 아들이 세상에 와 너희에게 전
한 것은 너희를 구원받게 하려 함이
라 내가 그리 전하였으니, 그 의미요,
뜻을 깊이 알도록 그리하라.

6,343 번째 하나님 말씀

2003년 6월 6일 0시 53분

1 사랑하는 나의 아들아!
2 "네, 아버님! 말씀하옵소서."
3 너희가 한 획도 빼도 안 되며 보태도
안 되며 고쳐도 안 된다는 나의 성경
에 내가 뭐라 기록하여 전했느냐?
4 나는 예수를 통하여 너희에게 일찍이
깨우쳐 주었음이니라.
5 저를 믿는 자는 나 여호와를 믿는 자
요, 예수를 믿는 자는 심판을 받지 아
니하는 것이요, 믿지 아니하는 자는
나 여호와의 아들로부터, 또는 나로부
터 심판을 받는 것이라 너희가 그리
말하고 있음이니라.
6 그리하여 너희가 예수를 믿지 않는
자는 벌써 심판을 받은 것이라 그리
기록된 내용을 가지고 너희가 어찌
장사를 하고 있는지 알겠는가?
7 너희는 심판을 받고 받지 않은 것을,
너희 손으로 지은 교회라는 곳에 와
재물을 바치며 헌금을 바치며 너희가
말하는 각종 재물을 갖다 바치며 종과
같은 생활을 하는 자요, 하늘에 많이
쌓아 놓는 것이 은혜를 받는다 그와
같이 가르치는 자, 그리 행하는 자만
이 믿는 자이니,
8 너희 손으로 지은 그 성전에 가지 않
는 자들은 이미 심판을 받아 지옥으로
가며,
9 믿는 자, 너희를 따라 재물을 바치는

자는 천국에 가며 심판을 받지 않는다
그리 착각하고 그리 가르치느니라.
10 여기서 믿지 않는 자는 심판을 미리
받았다고 말하는 것은 그와 같은 뜻이
아니니라.
11 내가 불로써 직접 내린 친필인 십계명
을 지킬 수 없다고 말하는 자, 율법대
로 살 수 없다고 말하는 자, 그와 같은
자가 믿지 않는 자들이니, 그들이 벌
써 심판을 받은 자이니라.
12 그와 같이 말하는 자가 심판을 받아,
나에게 오르는 것이 아니요, 지옥으로
가는 자이니라.
13 그리하여 너희가 심판을 받은 자요,
14 나의 십계명대로 지키고 살며 율법대
로 지키고 살아야 한다 하며 그리고
내가 마지막에 내리는 나의 이 법전을
지키고 살아야 한다는 백성 그들이 바
로 구원을 받는 길에 들어섰으며 나에
게 오를 수 있는 자들이니, 그들 또한
심판을 받지 아니하고 나에게 오른다
는 그 의미이니,
15 바로 나의 십계명을 지킬 수 없다고
말하는 자는 이미 심판을 받은 자요,
지옥으로 가도록 정해진 자요,
16 십계명을 지키고 살아야 한다는 자는
천국에 올 수 있도록, 심판을 받지 않
는 자이니,
17 그러니 여기에서 심판을 받은 자와 심
판을 받지 않는 자의 구분이 십계명을
지키며 나의 율법대로 지키고 못 지키
는 그 백성을 가르는 것이라는 것을
잊지 말라.
18 너희는 손으로 지은 성전에 나오기만
하면 심판을 받지 아니하며 천국을 가
며,
19 나오지 않는 자는 이미 심판을 받을
것도 없이 지옥으로 간다 그리 가르침
이니,
20 그 뜻이 잘못되었음을 내가 기록하여
전하니, 그것이 나의 뜻임을 알라.
21 나 여호와가 있는 것을 믿는 것으로써
만 너희는 구원을 받았다고 그리 생각
하며,
22 행함은 어찌 가든 간에 너희는 그저
나의 아들 예수요, 내가 존재함을 믿
는 그것으로써 너희가 어떠한 사악한
행위를 하든 구원을 받았다 말하는 자
는 여기서 두려움을 알아야 할 것이
니라.
23 내가 존재함을 믿으며 나의 아들 예수
의 보혈로써 은혜를 받았다 하는 자들
이 살아가며 사악한 사탄의 짓을 하고
있다면,
24 천국의 열쇠는 너희가 어찌 살았느냐
에 따라서, 너희가 받은 점수에서 얼
마만큼 아름답게 살았느냐에 따라서
받아서 오는 그 열쇠가 천국의 문을
연다 하였음이니,
25 너희의 그 열쇠는 천국의 문을 열 수
없는 열쇠임을 알아야 할 것이니라.
26 성서의 비유를 알지 못하는 자, 구원
의 길을 볼 수 없는 자들이 구원의 길
이라 그리 인도하는 것이 얼마나 어리
석고 잘못되었는지 알아야 할 것이니
라.
27 나 여호와가 존재함을 믿는 그 자체가
구원의 길에 들어서는 길이라 내가 그
리 말하였으나,
28 내가 존재함을 믿으면서 나의 뜻에 따

라 살아가고자 행하는 자, 그 백성이
나로부터 선택된 자이니라.
29 말로만 나 여호와가 존재한다 하며,
나의 아들 예수의 보혈로써 구원을 받
았다 하며, 너희가 욕심을 버리지 못
하며 사탄의 짓을 하는 자는 바로 심
판을 받아 지옥으로 가는 자임을 잊지
말라.

6,344 번째 하나님 말씀

2003년 6월 6일 09시 05분

1 사랑하는 나의 아들아!
2 "네, 아버님! 말씀하옵소서."
3 내 아프고 저린 가슴을 너희는 과연
아는가?
4 내 가슴의 쓰라림을 너는 아느냐?
5 나의 가슴에 대못을 박는 것이 내가
만든 나의 피조물 만백성 너희가 하
고 있는 짓이라 그리하였음이니, 나
여호와의 가슴이 뻥 뚫린 그와 같은
것을 알겠는가?
6 너희 마음이 너무나 참담하며 너무나
도 어이가 없을 때 너희가 하는 말이
무엇이더냐?
7 너희는 가슴이 뻥 뚫렸으며 아무것도
알지 못하는, 아무것도 생각할 수 없
는, 그리고 그 아픈 가슴의 상처를 달
랠 길이 없는 그와 같은 것을 인간 너
희도 당할 것이니라.
8 너희가 사랑하는 자식을 먼저 잃었을
때, 그 자식이 죽어 갔을 때, 도저히
있어서는 안 될 일, 그리고 너희가 남
들보다 더 불행한 일, 너 혼자만이 가
장 불행하고 슬픈 일을 당한 것 같은
일을 당할 때, 너희의 그 황당하고 가
슴 아픔은 과연 어떠하던가?
9 지금 나 여호와의 마음이 그러하니라.
10 내가 구약 시대에 모세를 통하여 역사
한 것도 나의 백성이 바로 살며 바로
사는 백성으로 하여금 하늘에서 이룬
것같이 지상에서 이루고자 하였으며,
11 나의 아들 예수를 내려보내어 너희가
또한 그와 같은 백성으로서 하늘에
올 수 있는, 나의 아들이 제자리에 올
수 있는, 제 고향에 올 수 있는 그와
같은 삶을 살도록 하기 위하여 나의
아들 예수를 그리 보냈으나 그 또한
어찌 처참히 죽임을 당했더냐?
12 그것이 바로 무엇이던가?
13 지금까지 흘러온 그 세월 속에 모세의
역사가 다 수포로 돌아간 것, 그리고
나의 아들 예수가 죽어 가면서까지
부르짖었던 그 모든 역사를 하지 못한
것, 나의 아들 예수가 처참히 죽은 그
모든 가슴 아픔이 아닙이니라.
14 내가 너희에게 그와 같이 모세요, 나
의 아들 예수를 통하여 콩이라는 것을
가지고 메주라는 것을 만들며 장을 담
그는 것이라 가르치고 그 길을 보고
그를 배우며 그리 가라 이야기했으며
가르쳤거늘,
15 지금 너희는 콩이라는 것으로써 장을
담그는 것이 아니요, 팥으로써 장을
담근다 하여 그리 뒤집혀 있음이니라.
16 너희가 손바닥으로 하늘을 보라 하였
거늘, 너희는 손등으로써 하늘을 보는
것이라 그리 말하고 가르치고 그것이
뒤집혀 있으니, 그를 보는 나 여호와
의 마음이 얼마나 참담하고 고통스럽

고 괴롭던가?
17 그리하여 나의 뜻은 콩이라는 것으로
써 장을 담그는 것이라 내가 가르친
것을 그들이 팥으로 담근다 그리 말하
여,
18 모든 백성은 콩이라는 것은 잊어버리
고 팥으로써만 장을 담그는 것이라
그리 알고 있어, 그것이 2천 년 동안
세월이 흘러 그 뜻을 그리 아는 자들
이 이 세상을 다 덮고 있음이니,
19 내 뜻과는, 내가 가르치고자 하는, 내
가 원하는 것은 너희가 다 저버렸으
며,
20 내가 원하지 않는 길을 가는 백성이
세상을 덮었으니,
21 아들을 죽여 희생시켜 가며 바로잡으
려 했던 내가 콩이라는 것으로 장을
담근다는 그 하나를 가르치려고 그와
같은 모든 시련이요, 고통을 다 인내
하고 왔건만,
22 지금 백성이 팥이라는 것으로 장을
담근다 하여 이 세상을 다 지배하고
그를 통제하고 있는 모습을 볼 때, 내
가슴이 얼마나 아프고 터질 것 같으
며, 때로는 분통한 마음을 어찌 가슴
에 내가 담고 살 수 있다 말하는가?
23 오죽하면 너희가 나의 가슴에 대못을
받는 짓을 하고 있다 내가 그리했겠느
냐?
24 그리하여 지금 내가 2천 년 만에 나의
아들 너를 통하여 콩으로써 장을 담그
는 것이라 하여 이를 상세히 가르쳐
책으로 만들어 너희에게 전하는 그
일을 또 시작함이니,
25 내가 너희를 너무나 사랑하고 아끼며
나의 아픈 가슴을 내가 짓누르며 그
모두를 다 덮어 두고 너희를 위해 다
시 내림이니,
26 콩으로써 장을 담근다 하여 내가 상세
히 나의 법전에 기록하여 너희에게 전
하거늘, 팥으로써 장을 담근다는 것으
로 절고 절어 있으며,
27 그것 외에는 듣지 않는 백성이 이를
보지 않으려 하며 듣지 않으려 하는
것이니라.
28 그러나 너를 따르는 제자들이요, 나의
법전을 읽고 깨우친 백성 너희는 알
아야 할 것이니라.
29 내가 콩으로써 장을 담그는 것은 진리
요, 순리요, 정답이니라.
30 그리하여 내가 그를 가르치고자 했으
나, 팥으로써 장을 담근다는 그 백성
을 내가 지금 다시 뒤집어 바로 깨우
치고자 하니,
31 거기에 젖어 있는 자들이 그를 들으려
하지 아니하며, 도리어 콩으로써 장을
담근다는 나의 법전이요, 나의 아들을
세상에 존재하지 못하도록 하며, 이게
창조주의 뜻이 아니라 억지를 부리고
있는 것이 지금의 너희 형국이니,
32 그를 바라보는 나 여호와의 가슴이 그
리 아프고 쓰려 옴을 너희는 알아야
할 것이니라.
33 그러나 여기서 너희는 서서히 콩으로
써 장을 담그는 그 원리를 설명하며
그 뜻을 가르칠 때, 그를 보고 듣고 고
개를 끄덕이는 자가 있으며,
34 정녕 장이라는 것은 콩으로 담근다는
것을, 저의 어미가 담그는 것을, 저의
아비가 담그는 것을, 저의 조상이 담

그는 것을 보고 온 그 자식들이 그건
바로 그렇다는 것을 말하는 자가 있을
것이며 그를 따르는 백성이 있을 것
이니,
35 서서히 너희가 한발 한발 전진해 나
가는 것만이 뜻을 이룰 수 있음을 알
라.
36 그러니 너희가 그 정답이요, 바로 콩
을 가지고 장을 담근다는 것을 2천 년
전에 나의 아들을 통하여 만백성이 그
를 배워 하늘에 오르도록 하였으며 그
진리를 알도록 하였으나,
37 그를 역으로 가는 그 백성을 바로잡
아야 하는 것이 너희이니,
38 이는 서서히 가야 할 것이며, 너희가
강론할 때와 전할 장소를 알아 나의
법전을 전하여 그들이 깨우치는 그 역
사를 이루어야 할 것이며,
39 그를 뒤집어 놓음이 얼마나 힘들고
어려운 것인가를 알아야 할 것이니,
40 내가 너희를 사랑하며 너희가 그 고
통스럽고 노고를 함을 내가 아나니,
너희는 내가 항상 같이 있으며 모두는
내가 주관한다는 것을 알고, 괴로워하
지 말며 지쳐 쓰러지지 말며 포기하지
않는 그와 같은 삶을 살도록 그리하
라, 사랑하는 나의 아들딸들아!

6,345 번째 하나님 말씀

2003년 6월 6일 09시 12분

1 사랑하는 나의 아들아!
2 "네, 아버님! 말씀하옵소서."
3 내가 성경에 기록하여 전하기를, 악한
자는 빛을 보기를 두려워하며, 그는
어두는 곳에서 잠식하며 밝은 빛을 보
는 것을 두려워하는 자라 그리 말하
였으며,
4 믿음의 가는 길을 가는 자와 믿지 않
는 자의 그 백성의 차이가 거기에 있
다 내가 그리 말하였음이니라.
5 그러니 악으로써 이루어진 자들은 검
은 것을 좋아하며 어두운 것을 좋아하
며 악으로써 이루어진 백성은 빛을 보
기를 두려워한다 내가 그리 말하였으
니,
6 모든 종교 집단이요, 지도자 너희는
지금 말하기를 너희는 빛을 보기를
좋아하는 자이며,
7 믿지 않는 백성은 바로 악으로써 이
루어진 자이며 그들은 빛을 보기를 두
려워하며 어두운 곳에 존재하는 것을
더 좋아하는 자라 그리 말하여,
8 너희와 그들을 구분하여 너희는 구원
을 받을 수 있는 백성이요, 그렇지 않
은 백성은 지옥으로 가는 백성이라
하여, 너희는 다 심판을 받은 자라는
그 의미도 그리 해석하고 있는 것이
아니던가?
9 내가 너희에게 말하였느니라.
10 지금 나의 십계명인 내가 친필로 내려
준 나의 계명을 지킬 수 없다고 거부
하는 백성이, 아무리 믿으며 나를 경
배한다 해도 너희가 바로 악으로써 이
루어진 자이며,
11 그리하여 어둠을 좋아하며 밝은 빛을
싫어하는 자가 바로 너희라는 것을
잊어서는 아니 될 것이니라.
12 그저 평범하게 살아가는 백성, 그저
나의 계명대로 도덕적으로 실수하지

아니하고 살아가는 그 백성이야말로
바로 밝은 빛을 보며 당당한 모습으로
살아가는 자이니라.
13 너희야말로 내가 친필로 내린 그 십
계명을 지킬 수 없으며 이를 행할 수
없으며 인간이기에 역사할 수 없다 그
리 말하는 것이 바로 악으로써 뭉쳐진
자이니,
14 바로 종교 집단이요, 지도자요, 구원
을 받았다는 백성이 밝은 빛을 보기
를 두려워하는 자요, 어두운 곳에 독
버섯처럼 존재하는 자라는 것을 잊지
말라.
15 너희는 어두운 곳을 더 사랑한 자이
니라.
16 그러니 이 세상이 잘못되었다 내가 그
리 말하는 것이니,
17 그러나 너희는 그를 인정하지 않으려
하며 너희가 그리 젖어 있는 것을 생
각하지 아니하며,
18 너희는 정녕 밝은 빛이요, 밝은 태양
아래 하늘에 오르는 길을 오는 자라
그리 말함이니,
19 바로 십계명대로 살 수 없으며 율법대
로 지키고 살 수 없다는 자, 그리고 내
가 내리는 160권의 법전은 어렵고 힘
들어 인간은 이리 살 수 없다 말하는
자,
20 너희는 진리를 쫓는 자요, 진리를 따
라 하늘에 오르는 길을 온다 하나,
21 너희는 그를 역행하는 것이며, 하늘의
뜻을 알려 하지 아니하며, 내가 존재
하는 것도 믿으려 하지 아니하는 자이
며,
22 다만, 너희는 무엇을 얻고 구원하고자
육의 욕심이요, 기복 신앙에 젖어 있
는 자요, 그리하여 무엇을 구원하고자
하는 자이니,
23 너희야말로 구원의 빛을 볼 수 없으며
암흑 속에서 허덕이는 자임을 알라.
24 지금 나의 빛을 볼 수 있으며 하늘에
오르는 길을 올 수 있는 것은 아무것
도 모르는 백성이니라.
25 그러면서 남에게 누를 끼치지 아니하
며 남에게 부끄럽지 않은 행위를 하
고 살아가는 백성 그들이야말로 빛이
되어 빛을 볼 수 있는 자요,
26 지금 나의 십계명을 지키고 살 수 없
다고 말하는 자, 그리하여 죄를 짓는
것을 회개하며 금화와 은화를 바쳐 용
서를 받아야 한다고 가르쳐 그 재산을
갈취하는 사악한 자들의 집단 속에 속
해 있는 너희가 지금 암흑 속에서 허
덕이는 자요, 밝은 빛을 보기를 두려
워하는 자이며,
27 그리고 어둠을 사랑하는 것이 너희라
는 것을 잊지 말라, 사랑하는 나의 아
들딸들아!

6,346 번째 하나님 말씀

2003년 6월 6일 09시 25분

1 사랑하는 나의 아들아!
2 "네, 아버님! 말씀하옵소서."
3 지금 모든 백성이 참진리요, 아름다운
삶을 사는 것이 아니요, 진리를 연구
하며 하늘에 오르는 길을 찾는다는 백
성이 진리가 무엇인가를 연구하는 것
이 아니요,
4 집단의 크고 방대한 것에 모든 믿음이

요, 저 자신의 구원의 그 생명의 길을
갖다 바치는 자이니, 얼마나 너희가
어리석은 자란 말이던가?
5 정답은 그저 하나요, O(오)를 치면 되
는 것을, 정답이 아닌 X(엑스)를 설명
하기 위해 너저분하게 떠들어 대며
각종 설명을 다 하는 자이니,
6 내가 일찍이 말하였듯이 진짜 보석을
가지고 있는 자는 설명할 필요가 없다
하지 아니하였는가?
7 가짜 보석을 진짜 보석으로 둔갑시켜
남에게 거짓 하며 사기 치며 남에게
재물을 갈취하기 위해서 하니,
8 아름다운 수법으로써, 가장 유혹하는
방법으로써 너희를 그리 미혹하게 만
들어 그를 팔아먹는 것이 가짜 보석을
가진 장사꾼이 아니더냐?
9 지금의 세상에 흘러오는 것이 그러니
라.
10 너희는 지금 나의 뜻이요, 진리를 연
구하는 것이 아니라,
11 지금까지 성경이 수천 년 동안 흘러오
면서 내린 뿌리요, 그 집단들이요, 그
방대한 물질적이요, 그 조직을 가지고
있는 것, 거기에 모두를 다 바쳐 너희
는 믿음의 길이라 하며 하늘에 오르는
길이라 하여 그 뿌리에 젖어 있는 것
에서 벗어나지 못하며, 그것에 목숨을
바쳐 그 모두를 추종하는 그와 같은
너희가 되어 있음이니라.
12 그러니 너희는 진실을 원하는 것이
아니요, 크나큰 집단이요, 그 수를 위
하여 헤아릴 수 없이 많은 역사함을
가지고 있는 그 힘을 믿고 구원의 길
이요, 하늘에 오르는 길이라 가고 있
는 것이요, 믿음을 선택하는 자들이니,
13 그와 같은 마음으로 젖어 있는 만백
성 너희는 지금 나의 아들을 통하여
제3의 시대에 역사를 하여 내가 너희
를 구원하는 것이라 하여 나의 법전이
요, 새로운 성경을 세상에 내려보내거
늘,
14 이것이 진리요, 하늘의 뜻이라는 것을
바라보지 아니하며,
15 나의 아들이 이루고자 하는 하늘에 오
르는 길이요, 법전이 심판의 기본이라
하는 것을,
16 너희가 지금까지 온 성서의 그 뿌리
요, 너희가 믿음의 그 뿌리에 비춰 볼
때 나의 아들이 가고 있는 것이 얼마
나 초라하며 불쌍한 것같이 보이는가?
17 그러니 너희는 나의 아들이 전하는
것, 내 아들을 통하여 역사하는 것을
너희는 그저 한갓 미친 자가 세상에
와 헛소리하다 시들어질 것이라 그리
생각하고 있지 않은가?
18 그러니 너희가 나의 진리요, 참뜻을
알 수 없음이니라.
19 너희는 성서를 가지고 가르치며 지금
까지 추종자로서 내려오는 그 뿌리만
알며,
20 한 인간을 통하여 160권이라는 그 대
장정의 법전이요, 하늘의 뜻을 기록하
여 책으로 엮어 증거함으로써 세상에
내려보내는 것은 그 위대함이요, 무서
움을 알지 못하는 것이니라.
21 지금 너희 성경과 나의 법전은 비교
되지 못하며, 감히 비교할 수 없는 초
라한 모습이며 초라한 형태이니,
22 이를 역사하는 것을 비교하여 그 비중

을 두는 백성, 너희가 지금 어찌 깨우
칠 수가 있으며 하늘의 뜻을 알 수 있
단 말이던가?
23 너희는 그리하여 지나온 역사의 그 방
대함만을 위대한 것이며, 그것이 참진
리요, 그를 떠나서는 살 수 없는 것이
요, 그를 떠나서는 너희가 구원을 받
을 수 없다고 생각하니,
24 과연 나의 아들이 그 초라한 행색을
가지고 만백성을 구하는 것이요, 나의
뜻이요, 나의 아들이라 하여 지금 기
록하여 전하는 나의 법전 160권의 위
대함은 보지 못하며,
25 나의 아들의 초라한 행색이요, 그 집
단들의 초라한 모습을 보고, 그가 법
전을 만들어 전하는 그 초라하고 나약
한 모습을 보고 이것은 사탄이요, 이
단이요, 사악한 자가 그저 잠깐 반딧
불처럼 반짝거리다 없어질 것이며,
26 많은 만행을 저지른 너희가 말하는
이단이요, 사탄이 하는 행위라 너희는
그리 말하고 그리 생각하여, 나의 법
전을 보려 하지 아니하며 들어 보지도
아니하려 하는 것이니라.
27 그뿐이던가?
28 너희는 모세가 이루었던 수많은 기적
의 역사요, 나의 아들 예수가 그 모든
역사를 이루며 행했던 것과 지금 나의
아들이 가고 있는 것을 비교해 보고
있으며 그를 견주어 보며,
29 그리하여 너희가 지금의 나의 아들이
역사하지 못하며 기적을 이루지 못하
는 그 초라한 것을 비교하여 너희는
나의 아들이 아니요, 나의 뜻에 역사
하는 것이 아니라 그리 생각하니,
30 나의 아들 예수가 이룬 역사의 성경을
바탕으로 너희는 그것만이 위대하다
그리 말함이니,
31 너희는 그것으로써 지금까지 너희가
깨달음을 알 수 없으며, 새로운 성경
이요, 새로운 나의 진리가 내려가는
것을 모름이니라.
32 또한, 예수가 다르게 인간으로서 태어
난 것, 지금의 그와 같은 역사하는 것,
성령으로써 태어난 것, 그것만이 너희
는 위대하다 그리 말하며 예수가 이룬
그 역사만을 위대하다 그리 말하나,
33 나의 아들은 인간으로서 지금 60평생
을 너희와 똑같은 형태로 세상에 살아
와 그 60평생을 험악하고 험악한 그
인생을 살아온 그가 나의 아들이라 하
여 그 뜻을 받아 기록한다 함이니,
34 너희가 예수의 탄생과 나의 아들의 탄
생이요, 그를 비교하고 또 비교해 보
니, 감히 너희가 나의 아들이 진정한
나의 아들로서 새로운 역사를 이룬다
는 것은 너희가 볼 때 어떠한 장난이
요, 그저 풀벌레가 울다 사라지는 그
와 같은 지나가는 소리만도 못하다 그
리 생각하니, 그들을 어찌하여 깨우칠
수 있단 말이던가?
35 그리고 너희는 이것이 얼마나 위대한
것인가를 알겠는가?
36 너희는 정녕 알려 하지 아니하며 알
수 없음이니라.
37 더욱이 예수가 이루었던 성경이요, 너
희 종교 지도자들이요, 잘못된 자들이
가르치는 그 길은 하늘에 오르는 똑같
은 길을 오는 것을 그곳은 편안하며
넓은 길이고 너희가 그저 즐기며 올

수 있으나,
38 이 초라한 나의 아들이 전하는 그 길
은 험난하고 고통스러운 길이 하늘에
오르는 길이라 너희를 그리 가르침이
니, 과연 너희는 어느 길을 원하겠는
가?
39 즐거우며 꿀을 빨며 가고자 하는 것이
하늘에 오르는 길이라 하여 너희는
풀을 씹으며 풀뿌리를 씹으며 오는 것
이 나에게 오르는 길이라 지금 나의
아들이 그리 가르치니,
40 너희 자신이 나의 아들을 따르는 그
길을 싫어할 것이며 그를 역사하기를
꺼릴 것이니라.
41 너희는 지금 성서에 내려진 그 뿌리와
나의 법전과 비교해 볼 때, 나의 법전
이 초라함이니 그를 보지 않으려 하
는 것이 당연한 것이며,
42 예수가 기적을 이룬 것을 견주어 나의
아들이 기적을 이루지 못하는 것을 본
다 해도 너희는 나의 법전이요, 지금
나의 아들이요, 내가 역사하는 것을
믿지 않으려 할 것이니라.
43 그러니 그것이 타당하니라.
44 그리하여 내가 너희를 탓하지는 아니
할 것이니라.
45 그러나 너희는 여기서 알아야 할 것
이니라.
46 160권의 법전이 세상에 나오는 그것
을 들여다보라.
47 그것을 들여다보는 자는 역사할 것이
며 구원의 빛을 볼 것이며 하늘에 오
르는 빛을 볼 것이니라.
48 나의 아들 예수는 그 기적으로써 그
시대의 백성에게 역사했으며, 그들을
기적을 보고 깨우치려 했으며 그 기적
을 보고 역사할 수 있는 시대를 열려
하였음이니라.
49 그러나 나는 지금 나의 아들을 통하여
그리 이루고자 하는 것이 아니니라.
50 나의 아들을 통하여 예수처럼 그 기적
을 이루는 것이 아니요,
51 나의 아들을 통하여 너희의 미래를
알려 주며 미래의 역사함을 깨우쳐 주
며 미래의 불행이요, 미래의 중요하고
잘못된 것을 내가 너희에게 깨우쳐 주
는 그와 같은 역사를 지금 이루고 있
음을 알아야 할 것이니라.
52 내가 제3의 시대를 역사하는 것은 나
의 아들 예수가 기적을 보이며 역사했
던 것이 아니요,
53 나의 아들을 통하여 내가 미래를 볼
수 있도록 미래를 깨우쳐 너희를 구원
하는 그와 같은 길로 가고 있음이니라.
54 너희는 비교하는 것을, 이제 평가하는
방법을 바꿔야 할 것이며, 나의 아들
이 너희 미래를 위하여 역사하며 미
래를 깨우쳐 주는 그것이 눈으로 보이
는 기적의 역사보다도 더 위대한 것을
알아야 할 것이니라.
55 그리하여 너희 또한 나의 아들을 통하
여 이루는 그 역사를 비교하고 비교
속에서 어느 길을 선택할 것인가 그와
같이 생각하는 마음의 자세를 버려야
할 것이니라.
56 내가 제3의 시대요, 심판의 시대는 나
여호와가 주관하는 것이 다름이니라.
57 그러니 너희는 지금 내가 나의 아들을
통하여 미래를 알려 주며 미래에 역사
하는 것을 미리 깨우쳐 미래를 열고자

하는 그 뜻이니 그리하는 것이며,
58 그리고 예수를 통해서는 그 당시 어리
석은 백성을 위하여 눈으로 보여 주
고 기적으로 보여 주어 너희를 깨우
치고자 하였음이니,
59 예수가 역사한 그 기적과 지금 나의
아들이 가는 길을 놓고 갑론을박, 시
시비비를 할 때,
60 너희는 10이라는 그 점수 속에서 9.9
라는 것은 성경이요, 나의 아들 예수
가 역사한 것이며, 지난날 너희가 지
금의 믿음에 오르는 길이요, 지금의
관습대로 가는 것이 위대한 것이라 그
리 말하며 그것이 정답이라 너희는
다 그리 말할 것이니,
61 그러나 9.9는 그리하나, 0.1이라는 것
은 선택된 것, 그리고 160권의 법전이
나 여호와의 뜻이라는 것, 새로운 시
대에 새로운 역사를 이룬다는 것을 아
는 백성이 바로 너희이니라.
62 그리하여 너희가 선택된 백성이요, 소
중한 백성이라 내가 그리 말함이니,
63 모든 역사를 비추어 볼 때, 모세의 기
적이요, 예수의 기적이요, 또는 성서
요, 그 모든 것이 굳게 내려진 그 뿌리
속에서 초라한 나의 아들이 160권의
법전이 나의 뜻이라 하여 세상에 내보
내는 그 모습과 그리고 기적을 이루지
아니하며 미래만을 깨우쳐 주는 나의
아들이 오늘에 가는 그 행색을 비추어
보고,
64 너희가 어느 것이 내가 역사하는 것
이라는 것을 그것으로써 평가하며 그
것으로써 너희의 길을 선택하는 어리
석은 백성이니,
65 너희는 영원히 나에게 오를 수 없는
길을 가고 있다는 것을 잊지 말라, 사
랑하는 나의 아들딸들아!

6,347 번째 하나님 말씀

2003년 6월 6일 11시 42분

1 사랑하는 나의 아들아!
2 "네, 아버님! 말씀하옵소서."
3 수천 년 동안 믿음을 온 그 백성이 잘
못된 길이요, 나와는 아무런 관계도
없는 길을 가는 백성이라 내가 그리
말하였으나, 지금의 믿음의 길을 가는
모든 백성이요, 지도자 그들은 이가
사탄이요, 사악한 자의 가르침이요,
참진리요, 창조주 나 여호와의 가르침
이라 그리 말하지 아니할 것이니라.
4 너희는 인간 세상에 살다 좀 더 나은
집으로 이사하며 너희가 어떤 축복과
영광을 얻었을 때 너희는 그 영광과
기쁨을 무엇으로써 먼저 표현하는가?
5 너희가 손으로 지은 성전이요, 교회라
는 곳에 가 그 설교를 하는 종교 지도
자 앞에 감사 헌금을 바치며 감사의
뜻을 제일 먼저 거기에 표현해야만 너
희 마음이 편안하며 축복받는 것처럼
그리 착각하고 있음이니,
6 그와 같이 유도하며 나의 피조물 만백
성을 세뇌 교육한 자들이 어찌하여
나의 뜻에 따라 만백성을 깨우치는
백성이라 말할 수 있는가?
7 너희가 어렵게 사글세에서, 전세에서,
집을 사 가는 그 모두는 너희의 노력
이요, 너희 주변에서 도와주며 같이
노력한 역사의 보답이니라.

8 그러니 그와 같은 것을 이루었을 때
위로는 너희 가족끼리 손을 잡고 나
여호와에게 감사하다는 기도를 드리
면 그것이 너희가 천만금의 재물을 바
치는 것보다도 더 소중하고 아름다운
것이라 내가 그리 말하지 아니하였던
가?
9 너희는 그리하라 내가 함이니라.
10 그것을 너희가 손으로 지은 성전이요,
교회라는 곳에 가 가르치는 종교 지
도자 앞에 어떤 명분이든 감사 헌금을
바쳐야만 마음이 편안하며, 또 그를
제일 먼저 바치도록 가르치는 종교
집단 그들이 잘못되었다 함을 내가
여기서 지적함이니라.
11 나의 아들 너는 너의 제자들이 어떤
변화요, 크나큰 역사를 이룬다 하여도
감사 헌금이라는 명분으로써 어떠한
대가를 받을 자격이 없으며 받을 수도
없는 것이니라.
12 내가 너희에게 말하여 깨우쳐 주기를
뭐라 했는가?
13 나 여호와의 가장 큰 기쁨이 무엇인가?
14 너희가 나 여호와가 존재함을 믿는 것
이 나에게 가장 큰 기쁨이요,
15 그리하여 나의 뜻대로, 나의 계명대로
살아가고자 노력하는 너희가 나에게
순종하는 아들이요, 부모에게 효도하
는 자식의 마음보다도 더 소중하고 귀
한 것이 없으며,
16 그것이 이 세상에서 너희가 나에게
바칠 수 있는 가장 소중한 것이며 그
것이야말로 나 여호와의 가장 큰 기쁨
이요, 영광이라 하였음이니라.
17 그러니 너희가 변화의 역사를 얻었으
며 너희가 무엇인가를 성취하여 이루
고자 하는 그 뜻이 이루어졌을 때, 너
희는 가족 단위로 손을 잡고 감사하며,
18 너희를 도와주며 더불어 역사한 그들
에게 감사의 표시를 하며 나에게 감사
하는 것이 나에게 제일 큰 기쁨을 표
현하는 것이요,
19 그와 같은 마음의 감사를 표현하며 나
의 뜻에 따라 순종하며 아름답게 살아
가겠다며 나의 존재함을 믿는 것,
20 그것으로써 너희가 얻는 모든 역사에
감사함을 표시하는 것이 그게 바로 그
와 같은 뜻이니라.
21 그리하면 될 것을, 너희는 어찌하여
너희가 손으로 지은 교회에 무조건 감
사 헌금을 바치며 또 감사 헌금을 바
치며 하나가 변할 때마다 너희는 감사
헌금을 바치며 그를 나에게 바친다 하
니, 그를 거둬들이는 자는 누구며 그
를 쓰는 자는 누구던가?
22 그러니 저희가 신이 되고자 나보다 더
높고자 하는 것이 그들이니라.
23 예수가 나의 뜻을 받아 성경을 세상에
만들어 너희를 깨우치고자 하였으며,
24 지금 160권이라는 법전을 만들어 너
희에게 전하는 그 역사를 이루는 나의
아들보다도 더 소중한 자가 있으며 더
위대한 역사를 하는 자가 있으면 나와
보라 말하라.
25 너희는 감히 그 역사를 이루지 못하느
니라.
26 평생 종교 지도자요, 궁궐 같은 교회
를 지으며 그 안에서 제왕의 방보다도
더 아름답게 꾸미며 시설해 놓은 그곳
에서 너희가 설교한다 하나,

27 너희가 과연 나의 진리요, 나의 뜻이
무엇인가를 너희 스스로 역사한 것이
과연 있는가?
28 나의 성경을 가지고 재탕하고 재탕하
여 너희는 그를 장삿속으로써 지금
먹고 살아가는 데 급급함이니,
29 그것도 비유의 뜻이요, 진정한 뜻을
알지 못하며 가르치고 있음이니라.
30 너희는 여기서 알아야 할 것이니라.
31 인간 세상에 살아가면서 너희가 마지
막 그 대업을 이루었으며 인간의 삶을
마치고 가며 유언할 때 그 유언을 누
구에게 남기는가?
32 그 유언의 대상이요, 받을 자는 너희
자식이니라.
33 너희 아들딸들이 그 유언에 대하여 행
하며 그 유언의 은혜를 받을 수 있으
며 그 유언의 그 모든 것을 받아서 행
하고 못 하는 것은 너희 자식에게 명
하니,
34 내가 이 세상에 참진리요, 나 여호와
의 뜻을 전하는 것은 오로지 나의 아
들을 통하여 세상에 역사함이니,
35 2천 년 전에 예수, 나의 아들이 그 역
사를 이루었으며 지금 나의 아들이 나
의 아들로서 나의 유언을 받아 내 뜻
을 이루는 것처럼 내가 명한 그 모든
역사를 이루는 것이 나의 아들이니,
그보다 더 소중하며 그보다 하늘의 뜻
을 알며 진리를 아는 자가 있는가?
36 그 모두를 알고 나의 뜻에 가며 나의
아들로서 세상에 내려온 나의 아들도
그 제자들이 어떠한 변화요,
37 사글세에서 전세로 가며, 전세에서 집
을 사며, 빌딩이라는 것, 또 재물을 그
가 모았다 해도, 나로부터 어떠한 은
혜를 받았다 해도, 크나큰 역사요, 크
나큰 변화가 있다 해도,
38 저희가 자식을 두며 손자를 두며 그
후손이요, 육의 후계자를 두었다 해도
그 감사 헌금이요, 그 위대한 헌금이
라 하여 받아들이는가?
39 그러니 종교 지도자요, 지금에 흘러오
는 종교의 모든 행동은 무엇이던가?
40 그저 영수증 없이 감사 헌금을 받아들
이며 그것으로써 너희는 즐거움을 알
았으며 그것으로써 너희가 구원의 길
로 인도한다 하며 구원을 받는다 하
여 바치는 것밖에, 그리고 거둬들이는
것밖에 연구한 것이 없음이니라.
41 거둬들이고자 밤낮을 가리지 않고 연
구하는 자들 앞에 연구하지 않은 자
가 어찌 감당하겠는가?
42 그러니 거기에 너희는 이유를 달 수
없으며 변명을 댈 수 없는 것이니라.
43 거둬들이고자 좋은 머리에 좋은 생각
을 가졌다는 자들이 밤낮을 가리지 아
니하고 수없이 연구하여 너희에게 명
하니,
44 너희는 그것이 타당한 것으로 들릴 것
이며 그것이 맞는 것으로 들릴 것이니
라.
45 공부하지 아니하며 깨우치지 아니하
며 준비되지 아니한 자가 설명을 할
수 없으니,
46 선생이 제자를 가르칠 때 선생이 알고
있으며 그를 연구했기에 제자의 머리
에 시원하게 무엇인가 깨달음을 주어
그를 선생으로 존경하며 그 가르침을
받지 않는가?

47 그와 같이 너희가 사악한 쪽으로 연
구하고 또 연구하는 자들이 연구하여
그를 내려보내니 그리고 그를 행하도
록 하니,
48 거기에 대한 대책이 없으며 연구를 하
지 못한 나의 백성은 그저 그들이 끌
고 가는 대로 끌려가는 것이니,
49 그리하여 너희는 움직이는 대로 감사
헌금이요, 모든 역사하는 것에 감사
헌금이니, 그와 같은 사악한 자들의
말에 속지 말라.
50 너희가 가장 중요한 것은 내가 존재함
을 믿으며 나에게 기도하고 경배하는
마음이 나에게 최상의 큰 기쁨이라 말
하지 아니하였던가?
51 그저 그와 같이 기쁨의 역사가 있을
때 가족끼리 모여 감사를 하며 그리고
도와준 이에게 감사하며,
52 그리고 너희가 그 받은 만큼 세상에
돌려주는 그와 같은 마음으로 사는 것
이 나에게 가장 큰 기쁨이요, 너희가
즐거움이요, 기쁨이요, 행복을 얻은
것에 보답하는 길이라는 것을 알아야
할 것이니라.
53 너희는 몰라도 너무 모르는 것이니라.
54 모든 종교 지도자가 지금 가르치기를
뭐라 말하더냐?
55 나 여호와가 6일에 걸쳐 모든 것을 다
역사했으며 그 모든 것을 다 이루었으
며, 6일의 마지막 날에 내가 인간을
가장 아름다운 모습으로써 세상에 창
조해 그 모든 것을 끝냈음이니,
56 그리하여 내가 7일이라 하여 너희가
그 안식일을 휴식을 갖는 날이라 하여
너희는 안식일이라 하여 각종 행사요,
모든 것을 역사하고 있느니라.
57 7일의 안식일이 무엇인 줄 알겠는가?
58 내가 6일 동안 모든 것을 만들고 힘들
었기에 쉬고 정리하는 시간이라 생각
하는가?
59 너희는 여기서 그와 같은 이치를 가르
침이 아니니라.
60 나 여호와는 완벽하기에 6일 동안에
모든 역사를 했으며, 내가 원하는 대
로 만들었으며 내가 말하는 대로 모두
를 다 창조했으니,
61 나의 흡족한 기쁨이요, 나의 즐거움이
요, 나의 행복을 느끼는 것이 바로 내
가 느끼는 안식일 그날이라 그리하였
음이니라.
62 그리하여 내가 너희에게 뭐라 말하였
느냐?
63 그와 같이 6일을 온전히 살지 못하는
자, 그와 같은 안식일이라 하여 그날
을 소유하고 가질 수 없다 그리 말하
였음이니라.
64 너희가 지금 휴식의 날이요, 안식일이
라 하는 날 너희가 6일 동안 일을 하
며 하루를 쉬는 것을 안식일에 비유하
여 그리 가르치지 말라.
65 다만, 그날은 가족과 대화하며 가족과
얼굴을 같이하며 가족과 즐거운 시간
을 가지며 미래에 대한 너희 삶에 대
해 서로 의논하고 답하며 너희가 지
치고 힘든 그 삶을 재충전하며 정신적
인 것을 다지며,
66 너희의 육체를 다음 일을 위한 소생
을 위해 아름다운 시간을 갖는 것이
안식일이니라.
67 안식일은 내가 힘들고 어려운 6일 동

안의 역사를 하고 7일에 쉬는 것이 아니라는 것을 알라.
68 가장 큰 기쁨을 맞이하는 날이며 가장 큰 즐거움을 느끼는 것이 나의 안식일이니라.
69 그는 무엇인 줄 알겠는가?
70 내가 완벽하게 만들어 놓고 내가 창조했으며 내가 모두를 완성했을 때 그것이 완벽하게 이루어진 그 기쁨에 빠진 것이 나의 날이니,
71 너희는 그날 재물을 거둬들이며 사악한 짓을 하지 말라.
72 나의 피조물 만백성에게 고통과 시련을 주어 너희가 그 재물이요, 헌금이요, 십일조라 하여 거둬들이는 그와 같은 방법으로 쓰지 말라.
73 안식일은 가장 즐거운 날이니라.
74 그리고 부족한 자가 보충하는 날이니라.
75 그리고 잘못된 자가 반성하는 날이니 그리 알라.
76 너희는 고달프고 힘든 그 6일의 안식일이 아니라는 것,
77 그리고 나 여호와가 너희에게 명하는 안식일은 내가 하늘의 하루는 무엇이라 말하였느냐?
78 하늘의 하루는 지상의 천 년이라 했으니 지상의 하루는 무엇이던가?
79 존재하는 시간이 없음을 너희는 알아야 할 것이니라.
80 그리하여 내가 천 년에 걸쳐 완벽하게 만든 것, 내가 기쁨의 그 역사를 이루었던 것을 너희가 다 무너뜨렸으며 너희가 다 쓰러뜨렸으며 내 뜻과는 전혀 반대가 되는 삶을 살기에,
81 내가 최초에 6일 동안에 완벽한 백성을 만들었으며 이 세상을 완벽하게 만들었던 그 기쁨이 다 무너졌음이니라.
82 그리하여 내가 나의 안식일이요, 내가 그 기쁨이요, 즐거움을 느낀 그날을 내가 천 년에 걸쳐 하늘에서 이루어지는 것처럼 지상에 낙원을 이루고자 지금 시작한 것이 나의 뜻이니,
83 그리하여 나의 아들을 세상에 준비하여 내려보냈으며 내가 법전을 세상에 내려보내는 이와 같은 깊고 넓은 의미요, 뜻을 너희는 알아야 할 것이니,
84 너희가 가고 있는 길이 나와는 정 반대의 길이요, 정 반대의 행위를 하고 있다는 것을 알라.

6,348 번째 하나님 말씀

2003년 6월 6일 11시 50분

1 사랑하는 나의 아들아!
2 "네, 아버님! 말씀하옵소서."
3 너희는 나로부터 선택된 백성이요, 나의 아들을 따라 새로운 역사를 이루며 지금까지 잘못된 모든 종교 집단 그들을 단죄하며 다시 역사하며 새로 이룬다는 것을 너희는 두려워하며 겁먹지 말라.
4 내가 2천 년 전에 나의 아들을 통하여 콩이라는 것을 가지고 장을 담그는 메주를 만든다 하였으며 그 메주를 만들고자 하였으나,
5 저희가 지금에 와서는 팥으로써도 만들 수 있다 하며 그리고 다른 것으로도 만들 수 있다 하며 그리 나를 거역하는 그와 같은 행위를 함이니,

6 이를 바로잡아야 할 것이며 바로 가
르쳐야 할 것이 아니던가?
7 그리하여 나의 아들을 통하여 160권
의 법전을 세상에 내보내니 이를 만들
고 역사할 선택된 백성은 있어야 할
것이니라.
8 그리하여 너희가 나에게 선택되었음
이니, 너희는 나에게 선택된 것을 두
려워하지 말며 초라하고 없는 것을 가
지고 너희가 능력이 없고 부족하다
하여 근심 걱정 하지 말라.
9 내가 누구더냐?
10 창조주 나 여호와이니라.
11 6일에 걸쳐 이 세상의 모든 것을 만들
었으며 인간까지 내가 창조해 세상에
내보낸 나 여호와가 너희를 쓰고자
한다면, 그 능력을 부여해 주며 너희
가 그 책무를 다할 수 있도록 훈련시
키고 다스려 내가 쓴다는 것을 너희는
잊지 말라.
12 다만, 선택된 것이요, 길을 가는 것,
그것으로 영광이요, 축복이요, 너희는
나에게 감사하며 한 점의 부끄럼이 없
는 삶을 살아가는 것으로 너희가 변
하는 것, 그것만은 너희가 해야 한다
는 것을 잊지 말라.
13 내가 너희를 지도자로서 강단에 세울
자라 하였음이니, 너희는 오늘날 그
능력이요, 재능이 없다 할 것이니라.
14 그러나 그 능력은 너희 것이 아니며
나 여호와가 너희에게 부여해 줄 것
이니 두려워하지 말라.
15 내가 전사라 하였으면 너희는 전사로
서 역사할 것이니라.
16 그러니 너희가 전사로서 자질이 없으
며 갖춘 것이 없다 두려워하지 말라.
17 너희에게 모두 이루어지는 것을 너희
는 모르는 것이니라.
18 다만, 너희는 나 여호와의 성령을 태
워 새로 내리는 나의 법전이요, 이 새
로운 성경이요, 이를 진심으로 나의
뜻이라 믿고 나의 법전을 정독하며 그
강론에 충실하도록 너희가 변화되는
삶을 살라.
19 그것이 너희가 할 일이니라.
20 나의 법전을 읽을 때 정독하여 바른
자세로 뜻을 음미하며 읽어야 할 것이
며, 나의 아들을 통하여 내리는 기도
요, 강론을 충실히 들어 너희 것으로
만들고 가면 오늘의 고통이요, 시련
그 모두는 흘러가는 바람에 날리는 먼
지만도 못하게 다 사라져 갈 것이니라.
21 나 여호와는 너희를 쓰고자 할 때, 내
가 너희를 부르고자 할 때 내가 쓸 수
있도록 너희는 오늘을 준비하는 데 최
선을 다하면 되는 것이니라.
22 너희는 기다리며 준비를 하면 되는 것
이니라.
23 그 준비가 무엇인 줄 아는가?
24 나의 아들을 통하여 내리는 강론이요,
그 기도요, 나의 법전을 충실히 듣고
행하는 것에 최선을 다하라.
25 가장 소중한 보화와 금화와 은화를 너
희 손에 쥐었으니, 그것을 놓칠까, 그
걸 잃을까, 남에게 빼길까 불안한 마
음을 갖는 것보다도 더 너희가 정성
을 다하며,
26 네 마음을 모아 나의 법전을 가슴에
안고 정독하며 그 이치요, 의미를 하
나하나 깨달아 너희 것으로 만드는 데

최선을 다하도록 하라.
27 그것이 내가 너희를 쓰고자 불렀을 때 나로부터 쓰이고자 선택될 수 있는 백성이니라.
28 나의 성전에 오면서 너희가 법전을 정독하고 읽기를 게을리하며 강론을 게을리하며 강론을 듣고 갑론을박하며 너희 마음대로 너희 뜻대로 생각하는 자,
29 그 믿음이 없는 자는 내가 쓰고자 할 때 그를 쓰지 못함이니 절대로 쓸 수 없음이니라.
30 내가 뭐라 말하였느냐?
31 하늘에서 내리는 그 생수를 오물이 붙어 있는 그릇에 담으면 그 물을 버림이니,
32 너희가 마음을 비우고 나를 믿으며 나의 법전을 믿으며 나의 아들을 믿고 따라가는 것은 너희가 곧 그 그릇의 모두를 다 태워 깨끗이 비워 놓고, 나의 생수를 받아 만백성을 구하는 데 그대로 전할 수 있는 그 준비를 하는 것이니,
33 바로 나의 법전을 가슴에 안고 그 뜻을 하나하나 음미하며 깨달으라.
34 그리고 강론에 귀를 기울이라.
35 너희가 나의 계획을 알지 못하지 않는가?
36 너희는 창조주 나 여호와가 역사하고자 하며 내가 이루고자 하는 그 계획이요, 내가 하고자 하는 뜻을 알겠는가?
37 너희는 나의 뜻을 알 수도 없으며 모르지 아니하던가?
38 그것뿐이던가?
39 스스로 너 자신이 어떻게 변화될 것이며, 너희가 나에게 어떻게 쓰일 것이며, 언제 나로부터 부름을 받을 것인지 그것도 너희는 모르고 있지 않은가?
40 저 자신에게 이루어지는 변화요, 저 자신에게 이루어지는 환경이요, 어떤 것도 알지 못하는 너희가 어찌하여 창조주 나의 계획이요, 나의 뜻을 알 수 있단 말이던가?
41 너희는 선택된 백성이니 법전을 읽는데 최선을 다하며 정독하고 또 정독하라.
42 그리하면 그 속에서 가르침을 얻을 것이니, 그게 바로 너희가 내가 쓸 때를 대비하여 준비된 백성임을 알라.
43 오만한 자, 자만하는 자, 그리고 마음에 여유를 두는 자, 그리고 의혹하는 자, 너희는 이 순간에도 아니 됨을 알라.
44 너희가 마음속에 그와 같은 생각이 있다면 너희가 지금 이 순간에 모두를 털어 버려야 할 것이니라.
45 너희는 알아야 할 것이니라.
46 나 여호와가 너희를 쓰고자 하여 지금도 강도 높은 훈련에 훈련을 거듭하고 있음을 너희는 모르느니라.
47 내가 너희를 다스리며 강도 높은 훈련을 하고 있음이니, 너희는 지금 훈련 과정에 있느니라.
48 그 훈련 과정을 얼마만큼 충실히 이행하며 얼마만큼 너희가 받아들이며 열심히 끝까지 가느냐,
49 그리하여 영광의 훈련을 마치는 날 나로부터 부름을 받으며, 내가 쓰고자

하여 너희를 배치하는 그 순간까지 너희는 다 책임이 있으며 책무가 있으며,
50 너희가 세상에 나와 나의 아들에게 선택된 목적이 있음이니, 그 목적의 제자리에 쓰임을 받는 것이 가장 소중함을 알라.
51 그러니 그리 쓰이는 것은 나의 법전을 읽고 정독하며 나의 아들을 통하여 내리는 기도 소리요, 강론을 그대로 너희가 지키라.
52 이 세상에 가장 소중한 보물을 네 가슴에 안고 있는 그것을 놓칠까, 그를 잃어버릴까, 도적맞을까 불안하여 어찌할지 모를 만큼 네 손에 쥐고 있는 것, 가슴에 고이 간직하고 있는 것, 그것보다 더 소중한 마음으로 나의 법전을 읽고 정독하라.
53 너희가 쓰이는 길이 거기에 있음을 알라, 사랑하는 나의 아들딸들아!
54 그리고 너희는 선택됨에 두려워하지 말며 겁먹지 말라.
55 너희를 쓰고자 하면 내가 쓴다는 것을 잊지 말라.
56 그리고 너희를 쓰고자 내가 강도 높은 훈련을 하고 있다는 것을 잊지 말라, 사랑하는 나의 아들딸들아!

6,349 번째 하나님 말씀

2003년 6월 6일 12시 02분

1 사랑하는 나의 아들아!
2 "네, 아버님! 말씀하옵소서."
3 선택된 너희 제자요, 나의 법전을 읽고 깨우치는 백성 너희가 처음부터 나의 아들을 따르며 시작하는 그 역사가 얼마나 소중하고 위대한 자로서 선택된 것인가를 아직 알지 못함이니라.
4 나의 법전을 만들고 전하며 나의 아들과 처음부터 더불어 역사하는 너희가 얼마나 귀한 나의 아들딸이며 그 영광과 은혜가 얼마나 위대한 것인가를 너희는 생각해 보았느냐?
5 너희는 생각하지 아니하고 나의 아들을 따라가며 법전이 옳으려니 하며 그저 가지 아니하는가?
6 너희만큼 나의 법전의 내용을 알 수 없으며 나의 아들의 역사함을 알 수 없으며 내가 160권의 법전을 세상에 만들어 내는 것을 나의 아들과 처음부터 더불어 같이 가는 선택된 백성 너희만큼 아는 자가 없으니, 그는 바로 무엇이던가?
7 인간 세상에서 스승이 제자를 육성하며 그 모두를 제자에게 가르쳐 그가 가지고 있던 것을 만백성에게 전할 수 있는 후계자를 육성하는 것도 과연 어찌해야 하는가?
8 가장 선생을 많이 따라다니며 가장 선생의 뜻을 많이 알며 선생의 강론을 가장 많이 듣고 그리고 착하고 순종하는 그 제자에게 스승은 그 모두를 남겨 주며 후계자로 삼지 않는가?
9 너희가 기업을 운영하는 것도 무엇이던가?
10 그리고 부모가 자식에게 남기는 그 유업도 무엇이던가?
11 그 후계자를 임명하면 그 선생을 닮아가고자 저와 많이 닮은 자, 그리고 많이 아는 자, 그 뜻을 받아들이는 자,

그와 같은 자 중에서 후계자를 육성하
여 가르치는 것이 아니던가?
12 너희가 나의 아들과 처음으로 시작한
자, 처음부터 나의 법전을 만든 자, 그
리고 나의 아들을 따라가는 자, 그들
속에서 나의 아들의 후계자가 나올 수
있다는 것, 그 속에서만이 나의 아들
의 후계자로서 너희가 역사할 수 있
다는 것, 그와 같은 이치의 소중함을
너희는 과연 생각해 보고 깨우쳐 보았
는가? 물론 너희는 다른 사람으로서
다른 역사로써 그리 갈 것이라 하나,
너희는 처음으로 시작한 산 증인인 만
큼,
13 나의 아들을 너희만큼 아는 자가 없으
며 나의 아들을 통하여 내가 역사한
것을 너희만큼 알 수 없는 것이거늘,
14 처음부터 시작한 너희가 그 뿌리가
얼마나 소중한 것인가를 모르고 있음
이니라. 나의 아들이 다른 사람으로
하여금 그 후계 구도를 이어 간다 하
여도 그들을 다스리고 엄히 가르칠 선
생은 너희이니,
15 처음부터 시작한 너희가 얼마나 소중
한 것인가를 모르니,
16 이제 처음부터 같이 시작한 자, 그리
고 나의 법전을 만들기 위하여 이 어
렵고 힘든 길을 같이 가는 제자 너희
는 너희로서 끝난 것이 아님을 알라.
17 나의 아들의 뜻이요, 내가 이루고자
하는 역사요, 내가 160 권을 세상에
내려보낸 그 내용을 너희만큼 아는
자가 없음이니, 후계자의 구도는 반드
시 너희 속에서 이루어지지 아니하겠
는가?
18 그렇지 아니하고 다른 사람으로서 모
든 것이 이루어진다 하여도 너희는
그들을 가르치는 선생으로서, 그들을
관리하는 자로서 나의 아들을 대신하
여 그 역사를 할 것이며,
19 나의 아들이 죽음의 눈을 감을 때 후
계 구도와 그 모두를 장악하는 것은
지금 나의 아들을 가까이서 따라가는
너희 중에서 선택된다는 그 엄연한 사
실이요,
20 그보다 영광이요, 축복된 것이 없음이
니, 어찌하여 너희는 그리도 모르는가?
21 다음의 시대를 준비하고 이끌어 가는
제자들 또한 너희로부터 역사하게 되
며 너희로부터 계승하게 된다는 것,
22 그리하여 너희는 나의 아들을 대신하
여 가장 중요한 역사의 임무를 대행해
야 한다는 것,
23 그래서 처음부터 선택된 것이며 처음
부터 따라오는 자라는 것을 너희는
어찌 모르느냐?
24 그리도 너희가 어리석고 우매한 백성
이던가?
25 지금 나의 아들과 더불어 처음부터 가
는 백성, 지금에 그를 따라가는 백성
너희가 얼마나 선택되고 위대한 백성
이며 영광된 백성인가를 다시 한 번
깊이 마음에 새기도록 그리하여,
26 너희가 마음의 자세요, 행동의 자세
요, 타인에게 모범이 되는 한 점의 부
끄럼이 없는 그와 같은 삶을 살아야
할 것이니 잊지 말라.
27 나의 법전이 내가 모두를 태워 내려보
낸 나의 성령이라 하니,
28 너희는 나로부터 직접 선택된 것이며

나의 뜻을 행하는 자들이 한 점의 부
끄럼을 제거하지 못하며 악습 하나를
버리지 못한다 하면, 이 얼마나 불행
한 백성이며 어리석은 백성이란 말이
더냐?
29 무엇이 그리 힘들고 무엇이 그리 어려
워 악습을 버리지 못하며 천사와 같이
변할 수 없단 말이던가?
30 그보다 더 소중한 것이 세상에 있더냐?
31 너희처럼 불쌍한 백성이 없음을 알라.
32 어떠한 진리의 가르침이요, 말씀이 이
세상에 온다 하는 것이 나의 법전 속
에 기록되지 아니한 것이 없으며 이
속에 모두가 다 있거늘,
33 이것이 참진리요, 말씀이요, 너희를
구하는 길이라는 것을 알아야 할 것
이니라.
34 그러니 지금의 모든 종교 집단이요,
사탄의 자식들이 이것이 세상에 나오
지 못하게 그리 말하며 그를 현혹하게
하지 않는가?
35 그들은 말하느니라.
36 이것은 사이비 집단이라 하여 세상에
나와 재물을 긁어모으는 데 말썽을 부
릴 것이며, 인간관계에 말썽을 일으킬
것이며, 세상에 나와 물의를 일으키다
곧바로 사라질 것이요, 곧 그들은 꼬
리를 감출 것이며 뿌리를 내리지 못할
것이며,
37 저희가 가지고 있는 물리적인 집단의
형태요, 조직을 감히 넘볼 수 있는 것
이 어디에 있는가?
38 그저 발 하나 들어 뭉개면 개미 하나
죽이는 것만도 못한 것이며, 그들은
사이비 집단이니 머지않아 무리를 잃
을 것이니라.
39 재물의 무리요, 인간관계의 무리요,
세상에 사악한 무리요, 그리하여 사이
비 집단이라 하여 남들에게 손가락질
받으며 곧 없어질 것이니 저희는 기다
린다.
40 그리고 저희는 다 알고 있다,
41 저희는 수없이 경험을 해 와서 모두를
다 안다,
42 저희의 종교 집단이요, 저희의 가는
길 외에는 모두가 사이비 집단이니,
43 그들이 수없이 넘어지는 것을 저희는
보아 왔으며 경험을 했으며 체험했으
니, 아무것도 아닌 것이라 저희는 다
알고 있다,
44 그리고 사탄이 무엇인가?
45 사탄이기에, 사이비 집단이기에 잠깐
떠들다가 세상 어둠 속으로 사라지는
것이며, 추한 모습이요, 추한 기억만
남기며 그리고 저희에게 모든 백성이
모여들 수 있는 그와 같은 주춧돌로써
이용당하다, 저희는 저희를 위하여 역
사하다 사라지는 것이 사이비 집단이
요,
46 지금 160권의 법전을 내리는 나의 아
들도 그를 따르는 백성도, 나의 법전
까지도 사이비 집단에서 저희를 위해
잠깐 왔다 떠들다 꺼져 가는 그와 같
은 것이니,
47 저희는 다 알고 있으며 미리 알고 있
으며, 그리하여 그때를 기다리고 있는
것이라 그리 말하느니라.
48 그러나 너희는 알아야 할 것이니라.
49 나의 법전을 너희가 그리 생각하든
말든 나의 법전은 그리 역사하지 아니

할 것이고 세상을 덮을 것이며,
50 나의 아들이 너희가 말하는 사이비
집단이요, 교주요, 그와 같은 것으로
써 재물로써 말씀을 부리며 인간관계
의 말씀을 부린다는 것은 너희보다
열배 백배 그가 아름다운 마음으로써
하늘에 임하여 가고 있으며,
51 하늘의 뜻을 알고 있으며 창조주 나
여호와가 스승으로서 그를 가르치고
다스림이니, 그를 기다리고 그리 생각
하는 자, 너희가 얼마나 오만하고 잘
못된 백성인 줄 아는가?
52 그것을 기다리는 그 백성은 불행한 삶
을 살다 갈 것이니 그리 알라.
53 이제 너희가 사이비 집단이요, 사악한
교주요, 무리를 이루고 잠깐 있다 꺼
지는 그와 같은 집단이라 생각하는 자,
54 너희 중에 160권의 법전을 세상에 남
긴 자가 있으며, 그와 같이 대장정의
뜻을 전한 사이비 집단이 있는가?
55 너희 자신도 그리하지 못했을 것이니
그리 알라.
56 그러니 너희가 그 두려움 속에 떨 날
이 머지않았음을 알라.
57 어떤 것도 수용하지 않으며 받아들이
지 못하는 어리석은 백성 바로 대표적
인 백성이 무엇인 줄 알겠느냐?
58 지금의 종교 집단이요, 지도자요, 구
원을 받았다 하여 울고불고 그저 소리
지르고 광란의 짓을 하는 자, 그리고
말로써 나에게 회개하며 죄짓지 아니
하며 사악한 짓 아니하겠다 울고불고
약속하면서 저희가 재물을 바치고 나
와 은혜를 받았다 하여 그 교회 문을
나와 밝은 태양을 보면 저희는 다시
사악한 자로 돌아감이니,
59 그들은 사악한 마음이 뿌리를 버리지
못하여 밝은 태양을 무서워하며 두려
워하는 자이니라.
60 그리고 빛을 두려워하는 자이니라.
61 그리하여 저희는 독버섯처럼, 박테리
아처럼 어두운 곳에서 어둠을 즐기니,
또 저희는 어둠 속에 빠져 사악한 짓,
남들이 보기에 부끄러운 짓, 남들이
보아 창피한 짓, 저를 위해 남을 짓밟
는 짓, 그와 같이 어둠의 세계에서 사
악한 행위 속에 빠져들며 그를 즐거움
으로 하고 있음이니라.
62 그러니 그들이 얼마나 불쌍한 백성인
가?
63 저희가 믿음이라는 것, 교회라는 문을
나와 밝은 태양을 보는 그 순간에 저
희는 그늘에 숨으며 사악한 짓이며 그
저 음지에 사는 벌레들이 하는 그와
같은 행위로 전락하는 것,
64 그러면서 저희의 믿음만이 절대적이
요, 저희만이 모든 것을 다 이룰 수 있
으며 저희만이 나로부터 은혜를 받은
백성이요, 그리하여 저희는 천국에 온
다고 그리 가는 백성,
65 그들은 은혜가 없으며 영광이 없으며
구원이 없으며 축복이 없다는 것을 그
제자들에게 가르치라.
66 내가 오늘 다시 너의 제자들에게 전함
이니,
67 인간 세상에서도 후계자를 육성할 때
가장 많이 닮은 자, 가장 순종하는 자,
그 뜻을 많이 아는 자이니,
68 그러니 바로 그 후계자는 나의 아들과
처음부터 더불어 가는 자, 더불어 역

사하는 자, 고통을 이기며 가는 자, 시
련을 이기고 가는 자, 그 속에서 모든
후계 구도가 이루어짐이니,
69 너희는 이미 그 계산 안에 들어가 있
는 자이니, 얼마나 축복과 영광의 길
을 가고 있느냐?
70 결승전이라는 한판을 남겨 놓은 것이
너희임을 알라, 사랑하는 나의 아들딸
들아!

6,350 번째 하나님 말씀

2003년 6월 6일 12시 10분

1 사랑하는 나의 아들아!
2 "네, 아버님! 말씀하옵소서."
3 내 사랑하는 피조물 만백성 그들을 구
할 대명을 가진 것이 너희이니라.
4 이 수십억 인구 중에서 그 백사장의
한 줌의 모래알도 되지 못하는 너희가
이 많은 백성을 구하는 그 역사의 대
명을 받았음이니, 오늘에도 그 뜻을
모르며 하늘의 이치도 모르며 죽어 가
는 백성이 얼마나 많이 있던가?
5 그러니 너희가 그들을 구원한다는 것
은 시간이 없으며 너희가 그 짧은 시
간으로써 과연 다 역사할 수 없는 것
이니,
6 너희가 나의 피조물 만백성을 구하는
데 최선을 다해야 할 것이며 잠시도
게을리해서는 아니 됨을 알아야 할
것이니라.
7 너희가 나의 법전을 만드는 데 최선을
다하며 나의 법전을 만드는 데 한 걸
음 앞으로 갈 때 나의 사랑하는 백성
이 구원받으며 하늘에 오르는 길을 안
다는 것을 알아야 할 것이니라.
8 사랑하는 나의 아들아, 그리하여 너희
가 최선을 다하라 하라.
9 너희가 최선을 다하여 법전을 만들어
전하는 그 역사를 이룰 때, 너희가 한
점의 빵 조각을 목으로 넘기기 전에
그 빵 조각으로써 나의 법전을 만들어
만백성에게 전하는 그 길에 최선을 다
하라 그들에게 가르쳐 주어야 할 것이
니라.
10 너희가 지금 육의 삶을 살다가 심판
을 받아 지옥으로 떨어진다면 너희는
영원히 그곳에서 헤어날 수 없으며,
그 지옥의 생활에서 절대 벗어날 수
없는 것이 너희가 심판받은 결과의
삶이라는 그 무서움을 너희는 가르쳐
주어야 할 것이니라.
11 정녕 그를 믿지 아니하며 그를 알지
못하며 그를 믿으려 하지 않는 백성에
게 인간 세상에서 너희가 온갖 짓을
다 하며 부귀영화를 누리며 아무리 살
아간다 해도 너희가 죽어 하늘의 뜻
과 하늘의 이치를 모르는 것처럼,
12 육의 세상에서 너희가 아무리 모든
부귀영화요, 무엇인가를 다 역사하고
이룬다 해도 너희가 영혼의 세계인
하늘의 뜻을 모르는 것이 아니던가?
13 그리하여 육의 세상의 삶과 하늘의 세
상이 그리 엄연히 구분되어 있음이니,
너희가 그리 알지 못하는 것과 마찬가
지니라.
14 너희가 죽어 지옥으로 갔을 때 그 지
옥의 세상에서는 천국을 바라볼 수 없
으며 천국을 생각할 수 없음이니,
15 너희가 육의 세상에서 하늘의 뜻을 모

르는 것처럼 지옥으로 간 백성과 천국
의 세상과는 그리 엄격히 구분되어 있
음이니라.
16 그보다 더 분리되어 있다는 것을 너희
는 알아야 할 것이니라.
17 아무리 깨달음이 높은 자, 아무리 배
운 자, 아무리 능력 있는 자라 해도 육
의 세상에서 하늘의 뜻을 볼 수 없으
며 하늘의 이치를 알 수 없듯이, 하늘
과 땅이 그와 같이 엄격히 구분된 것
이 바로 지옥과 천국에 너희가 가는
길이니,
18 지옥으로 가는 자는 지상에서 하늘을
알지 못하듯이 너희가 알 수 없음이
니,
19 그 천국과 지옥이 분리되는 것이 하늘
과 땅처럼 지상의 너희 삶과 하늘의
천사의 삶이 그보다 엄격히 무섭게
분리되어 있다는 것을 알라.
20 그리하니 그들이 영원토록 그곳에서
나올 수 없으며 그곳에서 벗어날 수
없음이니라.
21 그러니 내가 이를 너희에게 가르쳐
주거늘, 어찌하여 너희가 이를 듣고
배우려 하지 않는가?
22 지금 나의 피조물 만백성이 살아가는
그 형국이 너무나 썩어져 있으며 너무
나 잘못 가기에 너희가 지금 가는 길
이 지옥의 낭떠러지로 떨어지니,
23 그 하늘의 아름다움을 보지 못하며 영
원한 천국을 보지 못하며 영원히 지옥
에서 고통의 그 죄의 대가를 치르며
사는 그곳으로 너희가 하늘에 오르는
길이라 오늘도 수없이 떨어져 가고 있
음이니라.
24 이 세상이 썩지 않았다면 그 백성이
그리 가지 아니할 것을, 지금 모두가
다 썩어져 있음이니라.
25 종교 집단이요, 지도자요, 믿음의 길
을 가는 그 선두주자들이 다 썩어져
있으며 그들이 잘못되어 그리 지금 흘
러가고 있음이니 그를 구원해야 할 것
이니라.
26 그를 너희가 구제해야 할 것이니라.
27 그들은 모르고 있음이니라.
28 저희가 지옥으로 갔을 때 천국을 볼
수 없으며 그 엄격히 구분되어 있다는
것을,
29 천국에 절대로 올 수 없으며 바라볼
수 없음이니, 그 길을 가고 안 가는 것
은 지금의 육의 세상에서 너희 삶의
이 순간에 어찌 그 길을 선택하느냐
가 중요한 것이라는 것을 깨우쳐 주
라, 불쌍한 나의 백성에게.
30 그러니 너희가 어디 시간이 있으며 잠
잘 시간이 있는가?
31 너희 목에 넘어가는 그 빵 한 조각을
너희가 참더라도 너희는 나의 법전
한 권을 전하여 그 백성을 구하도록
하라.
32 죽어 지옥으로 가면 천국을 모르며 천
국과 지옥이 엄연히 구분되어 있다는
것, 그러니 그 길을 선택하는 것은 지
금 살아 있는 너희에게서 이룬다는 것,
33 지금이 아니면 안 된다는 것, 지금이
마지막 기회라는 것, 이 육이 사는 세
상에서 그 기회를 놓치면 너희는 영원
히 그 죽음의 영혼으로 가니, 너희가
마지막 천국에 오는 하나의 표를 버리
고 너를 죽이며 네가 지옥으로 가며

백성을 천국에 오른다 하면,
34 네가 과연 빵 한 조각을 네 목에 넘기
는 것이 법전을 만드는 것보다도 소중
한 것이 아니거늘,
35 너희가 한 시간을 잠자는 것보다 이
웃을 깨우치는 것이 더 소중한 것이
아니던가?
36 어찌하여 너희가 그리도 태만하며, 너
희가 그리도 무능하며, 너희가 정신을
차리지 못하고 있으며, 너희 소중함을
모르며 너희가 행하는 일이 무엇인가
를 모르는가?
37 어리석고 미련한 너희를 바라보는 나
여호와의 아픈 가슴을 알겠는가?
38 너희는 불을 붙여야 할 것이니라.
39 장작불이 탈 수 있도록 내가 내려보
낸 나의 아들의 그 성냥개비를 피워
활활 태우는 것은 너희이니, 너희가
역사함을 알라.
40 너희가 소중함을 알아야 할 것이니,
어찌하여 이리 너희가 나의 가슴을
답답하게 나를 울리고 있는 것인가?

6,351 번째 하나님 말씀

2003년 6월 6일 12시 22분

1 사랑하는 나의 아들아!
2 "네, 아버님! 말씀하옵소서."
3 너희는 서로의 만남을 소중히 하며 서
로의 만남을 거룩히 그리 지키며 살아
가는 자가 되어야 함을 알라.
4 너희가 임하는 곳에 나 여호와가 같
이하며 너희가 남들과 대화할 때 내
가 너희와 같이 있음이니, 너희는 내
가 너희와 같이 있음을 잊어서는 아
니 됨을 알아야 할 것이니라.
5 창조주 내가 너희와 같이하고 있다는
것을 잊어서는 아니 될 것이니, 나의
성전에 모여 나의 강론을 들으며 나의
뜻을 깨우쳐 가는 너희는 바로 어떠
한 형태로 살아야 하는지 알겠는가?
6 너희는 서로 만남에서 소중히 생각해
야 하며 서로 친분을 돈독히 하며 가
족 관계 이상을 넘어 너희가 나와 같
이 사랑하는 마음으로 모두를 바라보
는 그와 같은 삶을 살아야 하니라.
7 이는 곧 나와 너희와 너희 이웃의 형
제들과 같이 친목을 돈독히 하며 나의
강론을 들으며 나와 더불어 있는 그
장소이거늘,
8 거기서 너희가 남에게 아픈 마음이요,
남에게 가슴 아픈 일이요, 남에게 슬
픔을 주는 일이요, 남에게 실망을 주
는 말이요, 또한 너희가 오만하고 자
만하여 남이 실망을 느낄 수 있는 행
동, 그와 같은 것이 있어서는 절대로
아니 됨을 알아야 할 것이니라.
9 나 여호와는 너희가 건강한 모습으로
써, 건전한 모습으로써 바른 세상을
살아가기를 원하는 것이 나의 뜻이거
늘,
10 너희가 나의 성전에서 만날 때 내가
너희와 같이하고 있으며 너희와 나와
의 관계 개선을 위해 지금 같이 대화
하고 있으니,
11 너희가 나와 친해지며 다른 백성과
형제들과 친해지는 특별한 날이요, 그
와 같이 특별한 만남이거늘,
12 어찌하여 거기서 너희는 나를 의식하
지 아니하며 내가 존재함을 믿지 않는

가?
13 너희가 나와 친절한 관계요, 친숙한
관계를 맺는 그를 소중히 알고 있을
것임이니,
14 위로는 나 여호와와 너희가 친숙한 관
계를 맺는 것이 나의 성전에 너희가
모이는 것이요, 아래로는 너희 형제
요, 이웃과 친숙한 관계요, 특별한 관
계를 맺는 것이 나의 성전에 모여 앉
아 공부하며 깨닫는 그와 같은 시간이
며 강론을 듣는다는 것을 너희가 이제
깨우쳐야 할 것이니 그리 알라.
15 너희가 나의 성전에 모였을 때 내가
너희에게 기쁨을 주며 희망을 주며 꿈
을 주며 너희가 그리 바라고 원하는
하늘에 오를 수 있는 길을 열어 줌이
니,
16 너희는 이웃의 형제에게 기쁨과 희망
과 꿈을 주는 특별한 만남의 날로 그
리 기억해야 할 것이며, 나의 강론을
들으러 모이는 그날을 너희가 거룩히
지켜야 할 것이니 잊지 말라.
17 너희가 만나는 그날을 거룩히 행하라.
18 그리고 거룩한 마음으로써 너희가 다
같이 행하라.
19 위로는 나 여호와가 존재하며 아래로
는 너희 형제가 존재함이니,
20 그 모두와 친절한 관계를 유지하며 내
가 너희와 직접 교제하는 시간이라는
것을 너희는 잊어서는 아니 될 것이
니,
21 내 몸이 너희와 같이한다는 것을 알
라.
22 너희는 나의 성전에 너희 스스로 왔
다 말하는가?
23 나의 아들이 너희를 초청했다 말하는
가?
24 나의 아들이 너희를 불렀다 말하는가?
25 나의 아들이 너희를 불러 모아 강론
을 한다 생각하는가?
26 그와 같은 생각에서 너희는 벗어나라.
27 너희를 초청한 것은 나 여호와니라.
28 너희에게 와 쉬게 하는 것, 너희에게
나의 강론을 듣게 하는 것, 나의 뜻을
듣게 하는 것, 너희 하루의 삶이요, 며
칠의 삶에 고단하고 피곤하고 힘든
그것을 너희가 나의 강론을 들으며 희
망을 품으며 꿈을 가질 수 있으며 기
쁨의 세계를 계획할 수 있도록 너희를
불러서 너희를 초청하고 너희를 나의
성전에 오게 한 것은 내가 초청하였으
니,
29 나 여호와의 초청을 받은 백성이 어
찌하여 특별한 날로 기억할 수 없으며
기억하지 못하는가?
30 특별하며 거룩한 날로 너희가 가슴속
에 깊이 기억하고 소중히 간직하는 그
와 같은 시간의 마음 자세를 갖도록
하라.
31 너희가 나의 성전에 오는 것은 특별한
날이며 거룩한 날이며 소중한 날이며,
32 내가 직접 너희와 같이 있다는 것, 그
리고 내가 초청장을 보낸 것은 너희뿐
이라는 것, 이 세상 인간 세상에서 너
희가 높고 낮은 사람에게 초청장이요,
초대장을 받았을 때 기쁜 일, 슬픈 일
을 같이 가나,
33 너희를 높은 자가 초청했을 때 너희
는 영광이요, 축복이라 하여 몸단장을
하며 그 눈에 띄려고, 그에게 잘 보이

려 온갖 정성을 다 들여서 가지 않는
가?
34 너희는 목욕재계하며 특별히 옷을 맞
춰 입으며 특별한 향수를 뿌리며 모
두를 다 갖출 것을 갖춰 그리 가서 만
나면서,
35 어찌하여 창조주 나 여호와, 너희 아
버지가 초청한 나의 장소에 오는 것은
너희가 거룩한 자세로 오지 아니하며
마음을 다스리지 못하는가?
36 너희 그 만남을 소중히 하라.
37 너희가 높은 자의 초청에 가는 그와
같은 몸의 형태요, 너희 갖춤을 그리
하라는 것은 아니니라.
38 너희 마음이 하나가 되라 함이니라.
39 너희 마음을 거룩히 하라 함이니라.
40 모든 자에게 기쁨과 희망과 꿈을 주라.
41 내가 너희에게 희망과 기쁨과 꿈을
주듯이 남이 아픈 말, 남이 실망하는
일, 남이 가슴 아픈 일 그와 같은 대화
를 너희는 입에서 한 입도 떼지 말며
한마디도 하지 말라.
42 그렇다면 나의 성전을 거룩하게 짓게
하는 것을 욕되게 하는 것이며 나를
욕하게 하는 것이며 세상의 온갖 것을
감염시키며 이를 쓰러트리는 자들이
니, 그리하여 나의 아들마저도 쓰러지
며 그가 넘어지는 그와 같은 일이 이
루어져서는 아니 됨이니라.
43 너희는 그 순간만큼이라도 가장 기쁘
고 가장 영광스러운 시간으로 만들라.
44 인간 세상에 살며 지쳐 너희가 말하
는 스트레스라는 것이 쌓여 네 신경이
존재하지 못하며 신경이 자극을 이루
어 너 자신의 안정을 찾지 못하는 그
와 같은 형국이라 할지라도,
45 나의 성전에 와서는 거룩한 마음이요,
영원한 것이요, 축복하는 것이라는
것, 그리고 내가 초청했다는 것, 나의
초청장을 받고 들어온 너희가 어떠한
자세로 행하여야 할 것인가를 알라.
46 나의 성전을 진흙투성이로 그저 얽히
고설키는 그와 같은 형국으로 만들지
말며, 그렇게 무너트린 채로 만들지
말라.
47 가장 아름다운 것이며 가장 소중한 것
임을 너희는 알라.
48 하늘의 창조주, 나 여호와로부터 초청
받은 백성이 누구던가?
49 너희 눈 안에 드는 몇 사람밖에 되지
않는 그들이 얼마나 소중하고 아름다
워야 할 것인가?
50 남의 종교 집단에서 시기하고 질투하
며 반목하는 그와 같은 것이 나의 성
전에서 이루어진다면 너희는 그들만
도 못하며 나를 직접 욕하는 것이니라.
51 그들이 교회라는 곳에서 재물 때문에
싸우며 감정 때문에 싸우는 것은 나와
관계없는 자이니, 진흙 속에서 사탄의
가슴속에서 사탄끼리 싸우는 것은 나
와는 아무런 관계가 없으며 내 마음의
아픔이 없음이니라.
52 뱀이 아담과 이브에게 불어넣었던 그
욕심을 가지고 저희끼리 치고받고 시
비하며 시시비비하는 것, 높은 자리에
앉겠다, 낮은 자리에 앉겠다 저희가
따지고 싸우는 것은 사탄의 자식이기
때문에 나와는 관계가 없으며 그들은
내가 초청한 백성이 아니요, 내가 초
청한 자가 아니나,

53 내가 나의 성전에 초청한 자, 이 거룩
한 성전에 온 너희가 그들과 똑같은
행위를 한다면 아니 됨이니, 그 모두
를 다 씻어 버리라.
54 그를 다 벗어 버리도록 하라.
55 그를 다 지워야 함을 잊지 말라.
56 모든 너희 이웃에게 기쁨과 희망과 꿈
을 함께 나누어 주는 그와 같은 만남
이요, 그와 같은 장소를 만들어 나가
도록 그리하라, 사랑하는 나의 아들딸
들아!
57 내가 이와 같은 말을 또 하며 또 전해
야 하겠는가?
58 너희가 바로 그리 간다면 내가 두 번
다시 말하지 아니할 것이니라.
59 내가 나의 아들을 통하여 나의 법전에
십계명을 수없이 기록함이니,
60 너희가 십계명을 지키고 간다면 그를
기록하여 전할 필요가 없으니, 너희가
가지 못하기 때문에 반복하고 또 반복
해서 너희를 가르치는 나의 이 수고
로움을 너희는 어찌 생각하는가?
61 부끄러운 줄 모르는가, 죄스러운 줄
모르는가?
62 너희가 미안한 마음을 갖지 아니하고
살아갈 수 있겠는가, 사랑하는 나의
아들딸들아!
63 나의 성전을 거룩히 이루며 사랑하라.
64 그리고 희망과 꿈을 안겨 주는 그와
같은 삶을 살도록 하라, 나의 초청장
을 받은 사랑하는 나의 아들딸들아!

6,352 번째 하나님 말씀

2003년 6월 6일 19시 25분

1 사랑하는 나의 아들아!
2 "네, 아버님! 말씀하옵소서."
3 참진리요, 나의 뜻을 연구하는 백성이
요, 나로부터 선택되어 하늘에서 이루
어진 것같이 지상의 낙원을 이루는 그
대열에 참여하는 백성 너희는 너희
스스로 역사하는 것이 아니요, 나 여
호와가 너희를 주관하여 너희에게 능
력과 힘을 내림이니,
4 그리하여 너희가 역사의 길을 알 수
있는 것이니라.
5 그러니 많은 사람으로서 그 모두를 평
가하지 말라.
6 오고 안 오는 것에 네가 신경 쓸 것이
없으며 오고 안 오는 것에 불안해하지
말라.
7 나의 한 명으로서 이 세상과 바꾸지
않는다 하였음이니, 깨닫는 자가 그리
중요하니, 그 깨달은 자로 하여금 내
가 역사하는 것은 네가 감히 감당할
수 없음이니라.
8 그러니 믿음이요, 성전에 와 공부하는
자, 나의 법전을 읽고 깨우쳐 너를 찾
아오는 자의 그 머릿수요, 그 사람의
수에 네가 연연하지 말며 그리 생각하
지 말라.
9 단 한 명이요, 열 명이라 하여도 그들
이 이 세상을 다 덮을 수 있으며,
10 내가 이루고자 하는 그 역사를 할 수
있는 것은 나로부터 선택된 백성이요,
나의 뜻을 따르는 백성이 역사할 수
있는 것이라는 것을 잊지 말라.

11 너희는 지금 160권의 법전을 만들어
세상에 전하는 그 대임이 중요하며 그
역사가 소중함이니,
12 지금 무슨 많은 사람이 필요하며 많은
너희 제자들이 필요하며 어떠한 사람
들이 그리 많이 필요하던가?
13 절대 그렇지 아니하느니라.
14 너희가 지금 어렵고 힘든 길이라 하여
도 160권의 법전을 세상에 만드는 그
역사가 가장 소중함이니 그게 중요함
이니라.
15 법전을 만들기 위해 너희가 준비하고
있으니, 그 인원이요, 머릿수로 따질
필요가 없음이니 그리 알라.
16 아무리 많은 백성이 모인다 하여도 그
들의 생각이 하나가 되지 아니하며 그
들이 나의 법전을 진심으로 믿으며 이
를 위해 봉사하고 역사하는 마음이 없
는 한 사람의 숫자가 많으면 무엇하는
가?
17 진심으로 깨닫는 자, 이것이 나 여호
와의 뜻이라 믿는 자, 그리고 심판의
시대에 나의 성령을 태워 내려보내는
나의 뜻이라는 것을 아는 자,
18 이를 보지 아니하면 하늘로 오를 수
없다는 것과 이를 깨닫고 이대로 살지
아니하면 심판을 절대 받을 수 없다는
것을 굳게 믿는 백성, 그 사람들로 하
여금 모두는 다 역사하고 이루어짐이
니,
19 네가 사람의 질로써 따지는 것이지,
양으로써 견주어 따지는 그와 같은 생
각을 하지 말라.
20 그리하다 보면 네가 지금의 모든 종교
집단이 흘러가는 방향이요, 그들과 같
이 수단과 방법을 가리지 아니하고 나
의 피조물 만백성을 나의 성전에 모으
고자 함이니,
21 그가 물거품이요, 아무런 값어치가 없
음이니라.
22 다만, 깨달음이요, 진실한 믿음이요,
나의 법전이 나의 성령을 태우는 것이
라는 것을 그 가슴속에 깊이 놓고 제
모두를 다 바쳐 역사하겠다는 생각을
가지고 있는 백성, 그가 한 명이라도
더 소중함을 잊지 말라, 사랑하는 나
의 아들아!

6,353 번째 하나님 말씀

2003년 6월 6일 20시 44분

1 사랑하는 나의 아들아!
2 "네, 아버님! 말씀하옵소서."
3 나의 피조물 만백성 중에 너희가 이방
인이라 하는 자요, 심판을 받을 자격
도 없는 자라는 나의 피조물 만백성
그들은 살아가면서 어찌 살아가는가?
4 남들이 살다 어려운 집에서 좀 더 큰
집으로 장만해 갔을 때 그를 축하하기
위하여 그들에게 기념품을 전달하며
사랑의 표시를 전하며 또는 그를 돕고
자 하는 마음이 너희이니라.
5 남의 집의 기쁜 행사에 축하해 주며
가서 축하의 선물이요, 축하의 기금을
전달해 주고 오는 것이 너희가 아니
던가?
6 아픈 자의 병문안을 갔을 때도 너희는
어찌하는가?
7 그에게 격려를 하기 위해서 격려금을
주며 그에게 필요한 것을 너희가 정성

을 모아 그를 선물하며 또한 위로하고
살아가는 것이 아니던가?
8 남에게 기쁜 일이 있을 때 너희는 그
기쁨을 축하해 주며, 그리하여 대신
너희가 물질이요, 또는 금전이요, 그
와 같은 것으로써 사랑을 표시하며 마
음의 표시를 하고 사는 것이 나의 보
통 살아가는 백성이니라.
9 또한, 믿음이요, 그 길을 가는 신도라
는 백성 그들도 그 정도의 예의는 갖
추고 살아가는 것이며 그 사랑을 지키
며 살아가는 것이니라.
10 그러나 지금 나의 피조물 만백성을 지
도하고 가르친다는 종교 집단 그들은
나와는 아무런 관계도 없으며 나의 뜻
이 아니요, 나로부터 선택된 백성이
아니라 함이니,
11 과연 그 뜻을 들을 때 너희는 내가 이
단이요, 사탄이기에 나 여호와의 뜻대
로 살며 나의 명령대로 살며 성서대로
살아가는 너희를 가르치는 선생이 어
찌하여 잘못되었느냐 그리 말할 것이
니라.
12 그러니 나 여호와가 잘못된 것이며,
나의 성령이 잘못된 것이며,
13 이를 기록하여 전하는 나의 아들이 사
탄이요, 이 법전이 이단이요, 사이비
집단이라 너희가 그리 말하며 욕할
것이니라.
14 그러나 너희는 여기서 들어야 할 것
이니라.
15 남의 집 어린아이가 태어났을 때도
너희는 축하해 주기 위해서 그 선물
로써 답례하며, 생일이요, 또는 회갑
이요, 그 모든 행사 때마다 너희는 그
성의로써 표시하여 감사의 뜻을 전함
이니,
16 너희가 선물로써 무엇인가를 전해 주
고 오고 또 전해 주고 그와 같이 사는
것이 아니던가?
17 경사에도 그리하느니라.
18 그리고 슬픔에도 너희는 그를 도우며
그와 같이 성의를 표시하며 서로 돕고
사는 것을 보이는 것이니라.
19 그러니 믿는 너희가 신도라 하는 자
요, 믿지 않는 나의 백성도 그리 살아
가며, 너희가 이단이요, 이방인이요,
그리하여 나로부터 심판을 받을 자격
도 없는 백성이라 해도 그들도 그와
같이 살아가느니라.
20 그러니 그것을 역행하는 자, 그보다도
사악한 짓을 하는 자가 누구인 줄 알
겠는가?
21 바로 종교 집단이요, 지도자들이 그리
하느니라.
22 모든 백성이 경사스러운 일이요, 좋은
일이요, 남의 집 문간방에 살다 집 하
나 장만했을 때도 축하하며 열심히 일
하고 열심히 잘 살라 하여 그 증표를
전해 주고 선물이요, 감사하며 축복해
주는 것이거늘,
23 종교 지도자들만이 그와 같은 일을 하
지 아니하며 그들은 거기에서 거둬들
이며 받아오는 것이니,
24 너희가 빈손으로 가서 말로써 축하하
며 그저 차 한잔 마시고 오는 백성이
있는가 하면, 그보다도 못하며 그보다
도 더 사악하고 악랄한 백성이 종교
지도자요, 지금 만백성을 이끌어 가는
자라 그리함이니라.

25 너희가 썩은 곳에 모여드는 파리떼처럼 어떠한 곳이든 가서 내 주며 축하하며 전달하는 것이 아니요, 네 것을 축하금으로 주는 것이 아니요,

26 그저 거둬들이고 받아들이는 데만 전념하며, 줄 줄 모르고 거둬들이는 것이 종교 집단에 속해 있는 지도자 너희가 지금 하는 길이 아니던가?

27 배움을 가는 신도요, 그리고 평범하게 살아가는 백성도 모두를 축하해 주느니라.

28 그리하여 자신의 축하금을 전하며 그들이 기억할 수 있는 선물을 전하며 그들과 영원히 돈독한 인간관계를 가짐이니,

29 남들이 잘됐을 때 축하를 해 주는 것이 나의 보통 백성이 살아가는 것이요, 그들이 살아가는 진리요, 너희가 살아가는 미덕이 아니던가?

30 그것을 역행하는 자는 말로써 축하해 주는 자만도 못하며,

31 너희가 그저 선물은 주지 못해도 가서 그와 같이 악수하며 격려해 주는 그 순수한 백성만도 못한 사악한 자들이 종교 집단이요, 종교 지도자라 함이니라.

32 너희는 어떠한 곳에서도 거둬들이느니라.

33 썩은 곳에 가 그저 양분을 빨아먹는 파리 떼처럼 지금 종교 지도자들이 그와 같은 행위를 하고 있는 것이 하늘에서 내려다보는 너희 형국이요, 너희 형태이니라.

34 너희에게 배우는 신도들이요, 너희가 이방인이요, 나로부터 구원을 받지 못한다는 백성도, 모든 즐거운 일에 또 변화의 역사를 이루었을 때 그들에게 축하해 주며 그들에게 모두의 마음의 증표를 전하거늘,

35 그것을 거둬들이고 받아오는 것이 너희이니, 너희가 얼마나 사악한 자인가?

36 그러니 너희는 지옥으로 가는 가장 고통스러운 벌을 받을 자며 가장 먼저 가야 할 자라는 것을 잊지 말라.

37 이 한 가지를 보더라도 종교 집단이요, 지도자 너희가 나의 뜻에 가는 자며 진리를 연구하는 자인가?

38 너희가 남들은 축하해 주기 위해서 주는 자 앞에 가서 그저 축하한다 하며 거둬들이고 받아들이는 것이 사악한 자며,

39 너희가 감사 헌금을 받아야 하며 축하 헌금을 받아야 하며,

40 남들이 집 하나를 장만해서 갔을 때도 그가 노력한 것을 축하해 주러 가는 것이 보통 사람들이거늘,

41 너희는 그에 대한 감사 헌금을 받으며 감사의 기쁨을 받으며 너희에게 제일 먼저 바치며 제일 많이 바치지 아니하면 지옥으로 가며 구원을 받지 못하며 나 여호와가 기억해 주지 아니한다 함이니,

42 상처투성이로 지금 고통스럽게 허덕이는 자 앞에 가서 너희는 머리에 손을 얹고 무어라고 지껄이고 거기에서도 받아오는 것이니,

43 너희는 죽어 가는 자의 피를 빠는 자들이니, 썩은 것을 찾아 날아다니는 파리요, 모기 떼만도 못한 것이 너희라는 것을 잊지 말라.

44 그러니 어찌 내가 너희를 기억하며
너희가 나의 백성이며 나에게 선택된
자라 하느냐?
45 내가 너희를 보기가 역겨워 더 이상
이 세상을 보고 싶지 아니하나,
46 나의 아들을 통하여 나의 법전을 내며
그를 따르는 사랑하는 나의 아들딸이
요, 그를 따르는 제자들이 있기에 내
가 그들로 하여금 천 년에 걸쳐 새로
운 역사를 이루기 위하여 오늘에 화를
진정하며 내 마음을 달래고 있음을 알
라.
47 살결이 찢어져 고통 속에 있는 자, 그
곳에 가 너희가 무어라 네 마음대로
지껄이고 거기서도 수고비를 받아오
며 대가를 받아오는 자들이니,
48 남들은 경사스러운 곳에서 선물하며
축하금을 내며 고통과 비애를 맞이한
그와 같은 곳에 가서는 더 많은 성의
를 표시하는 것이 보통 백성이 살아
가는 상식적인 행동이니라.
49 그 상식을 뛰어넘어 사악한 짓을 하니,
50 너희는 전쟁터에 가서도 그저 헌금을
바치면 살아 나온다 하여 거기서도 돈
을 거둬들이는 것이니, 너희는 피를
빠는 자들이니라.
51 살아 있는 자의 피를 빠는 자며 고통
스러운 자들의 피를 빨아먹는 자들이
니라.
52 그러니 산 자나 죽은 자의 피를 빨아
먹는 흡혈귀이니라.
53 그러니 너희가 파리, 모기만도 못하다
는 나의 뜻을 알라.

6,354 번째 하나님 말씀

2003년 6월 6일 23시 09분

1 사랑하는 나의 아들아!
2 "네, 아버님! 말씀하옵소서."
3 만백성을 구하는 길을 가는 네가 편안
하며 즐거움 속에서 갈 수 있다 생각
하는가?
4 정녕 만백성을 구하는 지도자는 그와
같은 길을 갈 수가 없음이니라.
5 지도자가 권력을 탐하며 부를 탐하며
부귀영화를 탐한다면 그는 이미 지도
자로서 자격이 없음이니라.
6 진정한 지도자는 그 백성의 고통스러
움을 알며, 어려움을 알며, 시련 속에
살아가는 그들의 마음을 들여다볼 수
있으며 그 마음을 볼 수 있는 자이니
라.
7 너희가 나에게 오르는 그 길은 너희가
그저 할 수 있는 것을 모두 다 하며 모
두를 다 취하고는 나에게 올 수 없는
것이니라.
8 인간 세상에 너희가 살아가는 것이며
너희가 세상 속에 살아가는 것도 남부
럽지 않게 사는 자, 남에게 부끄럽지
않은 그와 같은 삶을 사는 백성은 젊
어서부터 그가 하고 싶은 것, 오락하
고 싶은 것, 즐기고 싶은 것, 그 모두
를 하면서 이루어진 자가 있다 생각하
는가?
9 그가 하고자 하는 것 모두를 다 통제
하며 억제하며,
10 놀고 싶은 것, 오락에 빠져 보는 것,
자연 속에 여행하고 싶은 것, 그 모든
인간의 욕심과 육의 욕심의 그 모두를

통제하고 다스렸으며 그를 이기고 온 자들이니라.

11 인간이 하고자 하는 욕심이나 향락에 진 자는 결코 승자가 될 수가 없으며, 남들로부터 존경받는 사람이요, 남에게 깨우침을 주며 가르침을 주며 남에게 베풂을 주고 살아가는 그와 같은 삶을 살 수 없는 것이 인간 세상에 너희가 살아가는 것이니라.

12 젊은 시절에 너희가 놀고 싶은 것 다 놀며, 하고 싶은 것 다 하며, 취미요, 오락에 즐겨 빠지면서 너희가 나이 들어 안전한 인생의 편안한 여생의 삶을 살 수 있으며, 남에게 베풀며 남에게 모범이 된 삶이며, 남에게 누를 끼치지 아니하는 그와 같은 삶을 살 수 있으며,

13 너희가 어려서부터 가졌던 꿈이요, 목표를 이루며 역사한 사람이 있다 생각하는가?

14 그는 절대로 그리 이룰 수 없음이니라.

15 젊어서 놀고 즐기며 오락을 즐긴 것만큼 너희는 노후에 그 대가를 받으며 그와 같은 보상을 치러야 하는 것이 인간의 육의 삶의 형태가 아니던가?

16 하물며 만백성을 구하는 길이요, 하늘에 오르는 길에 백성을 인도하는 지도자 네가 과연 하고자 하는 것, 네가 역사하고자 하는 것, 인간의 생각에서 너를 유혹하는 것, 사탄들이 너를 유혹하는 것 그 모두를 네가 버리지 못하며 그를 단죄하지 못하며,

17 네가 이리 쏠리고 저리 쏠리며 이리 생각하고 저리 생각하며 인간의 욕심이요, 육의 생각대로 살아가며 그 길을 갈 수 있다 생각하는가?

18 그리하여 네가 나에게 올 수 있으며 나에게 역사할 수 있다 생각하는가?

19 그 모두는 안 되느니라.

20 네 살을 잘라내는, 네 팔다리를 자르는 것보다 더 아픔의 고통이 있다 해도 네가 도덕적으로 추한 짓, 부끄러운 짓, 바로 사는 그와 같은 길을 가지 아니하면 너는 지도자로서 만백성을 구할 수 있는 길이 없음이니라.

21 2천 년 전에 나의 아들 예수를 세상에 보내 그가 역사하지 못한 것을 내가 이 긴 세월을 기다려 너를 세상에 보내어 그들에게 증거할 수 있는 법전이라 하여 책으로 만들어 너희에게 내려보냄이니,

22 이 대명의 역사를 이루는 자요, 그 표지에 네 그림이 있으며 네 형체가 담겨 있으니,

23 수천 년 후 이 지상이 없어지는 그 세월 속까지도 네가 누구인가를 알며 어떤 사람이 세상에 와 나의 아들로서 역사한 것인가를 증거할 수 있는 것이 네가 지금 가는 그 길이니,

24 사랑하는 나의 아들아!

25 모두를 다 버려야 할 것이며, 모두를 다 지워야 할 것이며,

26 오늘에 네가 앉아 있는 이 자리를 지키는 것, 거기에 네가 앉아 있는 것만이 네가 역사하는 길이며 네가 행해야 할 길이며 네가 가야 할 길이라는 것을 잊지 말라, 사랑하는 나의 아들아!

6,355 번째 하나님 말씀

2003년 6월 6일 23시 50분

1 사랑하는 나의 아들아!
2 "네, 아버님! 말씀하옵소서."
3 모든 나의 피조물 만백성은 너희가 좀
더 환경이 변화되었을 때 축하하며 그
를 축하해 주러 가는 자, 너희가 그 답
례요, 기쁨을 같이 전해 주며 위로금
을 전해 주는 그와 같은 미덕을 가지
고 산다 하였음이니라.
4 그리하여 너희가 아픔이요, 슬픔을 당
했을 때, 또한 그들을 위로하며 그 노
고와 고통에 조금이라도 보답하기 위
하여 너희는 물질적인 것이요, 또 그
가 필요한 것이요, 그와 같은 선물이
요, 이를 준비하여 축하해 주며 또는
격려해 주며 위로해 주며,
5 그와 같이 전하면서 나누며 사는 것이
너희라 내가 그리 말하였음이니, 그것
이 나의 보통 백성이 살아가는 자세라
그리하였음이니라.
6 너희는 좋은 일이 있을 때, 좋은 일을
축하해 주는 자들이 축하받는 만큼 그
만큼 축하의 선물을 전하는 것이 아니
던가?
7 너희 자식이 학업을 마쳤을 때, 또한
너희 자식이 사회에 나가서 한 자리를
잡았을 때, 그와 같은 모든 경사스러
운 일이 있을 때도 너희는 위로요, 경
사스러운 만큼 축하의 자리를 만들어
주며 거기에 대해 답례를 하는 것이며,
8 너희가 그 답례품을 가지고 또한 그를
방문하며 그를 위로하는 것이 보통 살
아가는 백성이라 그리하지 아니하였
던가?
9 그러나 그것을 거역하는 자와 그를 역
순으로 악용하는 자가 바로 누구라 하
였는가?
10 나의 피조물 만백성 너희는 축하하는
만큼 기쁨을 같이 나누며 그리하여 그
축하의 선물이요, 축하의 격려금이요,
이와 같은 것을 준비해서 전해 주면서
같이 어울려 위로하며 즐거워하며 또
한 기뻐하는 것이 살아가는 방법이나,
11 그와 같은 평범한 인간의 삶을 역행하
는 자요, 거꾸로 가는 자가 누구라 하
였느냐?
12 그것이 바로 종교 집단의 지도자요,
너희가 지금 말하는 목회자들이 그와
같이 하느니라.
13 그들은 어떠한 장소에 가서든 어떠한
형국이든 그저 그 대가를 거둬들이는
자라 그리 말하지 아니하였더냐?
14 그리하여 썩은 것에 모여드는 파리와
같은 자라 내가 그리 말하였음이니,
15 그를 가지고 너희가 분노할 것이며 나
를 사탄이라 말할 것이나, 그는 엄연
한 사실인 것이니라.
16 너희가 그와 같이 내가 뜻하는 바요,
나의 피조물 만백성이 살아가는 기본
의 도리를 역행하며, 너희가 거둬들이
기 위하여 너희를 위하여 모든 것을
너희 것으로 그리 변질하도록 했으며
그리 만든 것이 아니더냐?
17 나의 평범한 백성은 축하하는 것, 축
하하는 그만큼 저희가 답례할 것을 가
지고 가서 같이 즐기며 같이 예우를
하며 즐겁게 한다 하였으며 위로해 주
고 격려한다 하였음이니라.

18 그와 같이 너희가 격려하며 축하해 주
는 것, 남의 집에 경사스러운 곳에 가
너희는 그 격려금이요, 축하금을 전하
며,
19 또 슬픈 일을 당하고 괴로움을 당하며
고통을 당하는 곳에 가서는 고통이요,
괴로움을 같이 나누기 위하여 너희가
그에 대한 부담을 덜어 주는 격려금을
또 전하는 것이 도리라 하였으나,
20 그것을 정면으로 거역하며 그것을 부
정하며 그것을 악용하는 것이 종교 집
단이요, 지도자들이 살아가는 방법이
라 하였음이니,
21 내가 이를 나의 법전에 기록하여 전하
고 또 내가 이 밤에 너를 통하여 이를
전하는 것은 그들이 그와 같은 것을
하나만 역행하는 것이 아니요, 그들이
하는 행위가 그를 근본으로 하여 모든
것이 다 역행하는 짓을 하고 있다는
것을 내가 너희에게 전하고자 함이니
라.
22 그들이 모든 각종 헌금을 바침으로 하
여 너희가 축복을 받는다 그리 말함이
니, 그것이 바로 그들이 역행하게 가
르치는 것이요,
23 헌금을 내는 것이 벌을 받으며 나에
게 구원을 받지 못하며 너희가 지옥으
로 가는 길이라는 것을 알려 주고자
하는 것이며,
24 그들이 십일조라는 것을 거둬들임이
니 그 십일조도 그와 마찬가지니라.
25 바치는 것이 아닌 것을 그들이 그리
만들어 바치게 하였으니,
26 바치는 자는 나의 뜻을 거역하는 것이
요, 그것은 너희가 지옥으로 가는 죄
만을 가슴에 안는다는 것을 명심해야
할 것이니라.
27 너희가 하늘에 보물을 많이 쌓아 놓음
으로 인하여 구원을 받으며 내가 기억
해 주고 너희에게 은혜를 내린다 그리
말하는 것, 그와 같은 하나도 하늘에
오를 수 없으며 나에게 오지 아니하며
내가 원하지 아니하며 받지 아니함이
니, 그것도 역행하는 것이니라.
28 내가 받을 필요가 없으며, 나에게 금
화와 은화를 바치지 말며, 너희 믿음
이요, 나 여호와가 존재하는 것이요,
내가 내린 계명대로 살아가고자 노력
하는 것이 너희가 나에게 바치는 가장
큰 보물이라 하였으니,
29 그를 역으로 재산을 바치도록 하여 저
희가 중간에서 가로채는 자들이니, 그
들이 바로 그와 같이 사악한 자들이니
라.
30 너희가 어렵게 전세를 살다, 또는 사
글세를 살다, 남의 집 처마 밑에 살다
가 아름다운 집 한 채를 평생을 다하
여 장만해 갔으면, 너희 형제끼리 즐
겁고 너희 부모와 너희 자식 간에 우
애를 돈독히 하며 너희가 같이 기쁨을
나누면 되는 것을,
31 그리하여 너희가 노력하여 장만한 집
의 그날의 경사를 위하여 격려금이요,
거기에 필요한 선물을 사서 전하는 것
이 너희 풍속이요, 살아가는 아름다운
마음이라 했으나,
32 종교 지도자들은 거기에서 제일 먼저
받아들이며 감사 헌금을 거둬들이며
너희 기쁨의 감사 헌금을 받아들이는
사악한 자들이니,

33 남들은 주고 격려해 주는 것을 역으로
거둬들이는 사악한 자가 그들이라 하
였음이니,
34 하늘에 재물을 쌓아 놓는 것이 구원을
받는다는 것과 쌓아 놓지 말아야 하는
것을 쌓아 놓아야 구원을 받는다 그리
가르치며 그와 같이 그들이 간악한 행
위요, 사악한 행위를 하는 것을 내가
너희에게 깨우쳐 주려고 이 내용을 다
시 한 번 기록하여 전하는 의미를 알
라.
35 모두가 그들이 만들어 낸 간악한 방법
에 너희가 속고 있다는 것을 알라.
36 나와는 정반대의 길을 간다는 것을 알
겠는가?
37 너희가 축하금을 전해 주는 것이 너희
백성이니, 그 백성보다도 더 축하금을
보내며 더 즐거움을 같이해야 할 종교
지도자들이 거둬들이고 그를 챙겨 가
는 자들이니, 그것이 나의 뜻이 아니
라 했듯이,
38 지금 너희가 모든 감사 헌금을 바치는
것, 그리고 너희가 손으로 짓기 위한
그 성전을 위하여 재물을 바치는 것,
그 모두는 바쳐서는 안 되는 것이 나
의 뜻이라는 것을 내가 너희에게 깨우
쳐 줌이니라.
39 그와 같은 행위를 하는 자, 너희가 죄
를 짓는 것이며 나의 뜻을 거역하는
자라는 것을 알려 주고자 함이니라.
40 그들이 가는 방법, 그들이 수단과 방
법을 가리지 아니하고 재물을 거둬들
이는 것, 그리고 더 큰 성전을 짓는
것, 궁궐처럼 꾸미는 것, 그리고 호의
호식하며 살아가는 것, 그것이 다 나
에게 역행하는 짓이며, 내가 절대 원
하지 않는 짓이며,
41 내 뜻을 거역하는 자요, 그것은 저희
가 만들어서 나의 피조물 만백성을 유
혹하며 그리 이용하며 너희를 그리 악
용하는 것이니라.
42 물을 역류시키는 그와 같은 행위를 한
다는 것을 잊지 말라.
43 물이 거꾸로 흐른다고 가르치는 자며
물이 역류한다 가르치는 자들이니라.
44 그러니 그들 말을 믿지 말라.
45 그리하여 나의 법전에 기록한 이 내용
을 이 밤 나의 아들을 통하여 너희에
게 다시 전하고 전하는 뜻이 거기에
있음이니라.
46 모든 그들이 하는 짓이 역행하는 것이
라는 것을, 나의 뜻을 거역하는 짓이
라는 것을, 내가 원하지 않는 뜻을 행
한다는 것이니, 반대로 가는 자들이
그것이 무엇이더냐?
47 나 여호와가 원하는 길을 가지 아니하
는 것이 바로 사탄의 자식이요, 악마
의 자식이요, 사악한 자의 자식으로서
그들이 이 세상을 지배하고자 있음이
니, 그를 내가 단죄하는 것은 당연하
지 않은가?
48 그리하여 그들을 단죄하고자 함이니
라.
49 역행하는 자를 단죄하고자 하는 것이
나의 뜻임을 알라.
50 죽어 가는 자 앞에서도 저희가 재물을
거둬들이며 살결이 찢어져 고통을 당
하는 그 환자 앞에 가서도 재물을 거
둬들이니,
51 모든 백성은 그를 위로하며 격려금을

전하거늘, 거기서 역으로 거둬들이는
것이 종교 지도자요, 집단이니,
52 썩은 곳을 찾아다니는 파리 떼만도 못
한 것이 그들의 형국이라 내가 말했음
이니,
53 그들이 하고 있는 재물을 거둬들이는
것, 어떤 명분이든 재물을 바치는 것,
그것은 다 너희가 지금 죄를 짓는다는
것을 잊지 말며 나의 뜻을 거역한다는
그 엄연하고 무서운 사실을 알도록 그
리하라.

6,356 번째 하나님 말씀

2003년 6월 7일 0시

1 사랑하는 나의 아들아!
2 "네, 아버님! 말씀하옵소서."
3 나의 백성 너희는 어찌하여 살아가면
서 나의 성경에 대한 가르침을 깨우치
며 연구하며 그것에 깨달음을 얻으려
그리하지 않는가?
4 너희는 그저 성서의 내용을 글은 글이
요, 전해지는 것만을 가지고 나의 피
조물 만백성을 가르친다 하니,
5 나의 성경을 가지고 연구하고 거기서
참진리를 얻으며 내가 원하는 것이 무
엇인가를 얻어 너희 것으로 만드는 그
와 같은 변화된 믿음을 가지 아니하면
아니 되는 것이며,
6 그 변하의 역사를 모르는 종교 지도자
는 지도자의 자격이 없음을 너희는
알아야 할 것이니라.
7 너희는 성경의 그 가르침의 뜻 속에서
나 여호와가 무엇을 원하는 것이며 내
가 무엇을 역사하고자 하는가를 연구
하지 아니하며 공부를 하지 아니하느
니라.
8 그리고 참진리를 가는 길은 무엇이며
진리의 가르침은 무엇인가, 그리고 하
늘에 오르는 참된 길은 어떠한 길인
가, 너희가 어찌해야 하늘에 오를 수
있는 것인가를 연구하지 아니하며 생
각하지 아니하며 깨우침을 얻으려 하
지 아니하는 것이니라.
9 그러니 너희가 어떠한 변화를 이루며
어떠한 역사를 이룰 수 있단 말인가?
10 너희는 그저 사람에게 들으면 들은
대로 그것만을 믿으며 그것을 고집하
고 살아가는 것이니라.
11 게라는 미물이 있느니라.
12 게는 앞에 큰 다리 두 개를 가지고 있
음이니, 다리 하나가 끊어진 그 게의
다리가 하나밖에 없는 것을 보고 누가
연구하여 그를 책으로 만들어 전하면,
13 너희는 게에 대한 것을 연구하는 것이
아니라 그것이 학문이요, 깨달음이라
하여 그저 게는 큰 다리가 앞에 하나
밖에 없다 그리 말함이니,
14 두 개가 달린 것이 정상이거늘, 두 개
달린 것은 잘못된 것이며 그것은 게가
아니며 기형이라 그리 억지를 쓰며 가
는 것이 지금 너희 생각이요, 믿음의
길을 가는 어리석은 백성 너희가 하
는 짓이라는 것을 알겠는가?
15 그와 같이 학문을 보고 먼저 발표한
사람을 보며 믿고 그것만이 옳다 끝까
지 죽기 아니면 살기로 주장하는 자들
과 지금의 종교 집단이요, 믿음의 길
을 가는 그 지도자요, 그 백성이 다 똑
같은 자들이니라.

16 너희가 얼마나 어리석고 불쌍한 백성
이더냐?
17 너희는 지구는 둥글다 하는 자의 그
말을 듣지 아니하였는가?
18 그러나 지구가 둥글다 말하는 그 이론
을 너희가 깨우치며 연구하고 공부했
더라면 너희는 지구가 둥근 것을 알
수 있었을 것이니라.
19 그러나 너희는 그의 말을 듣지 아니
하며 연구하지 아니하며 경청하지 아
니하며 그의 가르침을 들으려 하지도
아니했던 것이 아니었던가?
20 그러니 지구가 둥글다는 것을 발견하
여 그를 전하고자 가르치는 위대한 역
사의 발견을 너희가 일찍 받아들였으
면 너희 깨달음의 변화가 또한 달랐
을 것이니라.
21 그러나 너희는 어찌하였는가?
22 그를 연구하며 그를 경청하며 그를 알
아보려 노력을 하지 않는 백성으로
하여금 그는 죽음의 길을 가지 아니하
면 아니 되는 그와 같은 억울하고 비
참한 결과를 초래하게 하지 아니하였
던가?
23 너희는 어찌했는가?
24 알지도 못하는 자들이 지구가 둥글다
말하는 그의 말을 듣지 아니하며, 그
뜻을 따르지 아니하며, 그를 연구하지
아니하는 그와 같은 너희 행동 때문
에,
25 둥근 지구를 둥글다 말하는 그가 죽음
으로써 그 모든 종말을 거뒀음이니,
이것이 얼마나 잘못된 것이던가?
26 지금의 모든 믿음의 길을 가는 종교
집단이요, 지도자 너희가 그러한 자들
이니라.
27 절대 변화되어서는 아니 되며 변할 수
가 없다 생각하며, 연구하지 아니하
며, 그 진리의 뜻을 알려 하지도 아니
하며,
28 그 성서의 비유의 뜻이요, 거기에 숨
어 있는 내가 너희에게 가르치고자 하
는 그 뜻을 전혀 알려 하지도 아니하
며 배우려 하지 아니하는 것이니, 너
희가 그와 같이 미흡한 백성이니라.
29 지구가 둥글다 말한 그 백성을 저희가
통치하는 그 백성이 혼란을 초래하며
마음의 동요를 이룬다 하여, 통치에
지장을 느낀다 하여,
30 통치에 악영향을 미친다는 것만 생각
하여 그를 죽게 했던 지도자들과 그
시대에 그 국가를 경영했던 그들과
너희가 무엇이 다르던가?
31 지금 너희는 나의 법전이요, 너희를
구원하는 새로운 성경이 세상에 내려
간다 하나,
32 이를 믿지 아니하려 하며 이를 인정하
지 아니하려 하며 오로지 너희가 지금
까지 믿어 온 그 방법이요, 관습이요,
전통에만 젖어 있음이니,
33 너희가 어찌 하늘에 오르는 길을 알
수 있단 말이던가?
34 너희가 나의 진리요, 나의 뜻을 아는
것은 나의 법전을 읽는 것이요, 이를
보고 정독하는 것만이 하늘에 오르는
길이거늘, 이를 인정하지 아니하며 받
아들이지 아니하며,
35 그저 큰 다리가 하나 떨어진 게를 연
구해서 게의 큰 다리는 하나라 말한다
면 그것만이 진리요, 그것만이 배움이

요, 그것 외에는 아무것도 아니라 하
며,
36 그저 연구하고 두 다리 달린 게를 찾
아 그와 같은 게의 원 형태를 보고 연
구하는 자들이 없음이니,
37 이것이 바로 너희 종교 집단이요, 지
도자들이 그들보다도 더 앞뒤가 막힌
자들이니,
38 그러나 내가 나의 법전을 너희에게
내리면서도 그와 같은 대우를 받으며
정녕 나의 성령의 대우를 받지 못하고
너희가 지금 이 법전을 태워 버리며
찢어 버리며 사탄이요, 이단의 것이라
말하며 나의 아들까지 너희가 존재하
지 못하도록 하는 너희 그 간악한 심
성을 보는 나 여호와의 슬픈 마음을
알고 있는가?
39 나 여호와의 이 서글픈 마음을 너희는
모를 것이니라.
40 그와 같이 너희가 변할 줄 모르며 연
구하지 아니하며 노력하지 아니하며
성경의 비유의 뜻을 들으려 하지 아니
하며, 참진리의 가는 길이 무엇이며
나의 아들 예수가 너희에게 무엇을
원했으며 무엇을 원하고자 했던 것인
가를 그 깊은 의미를 알려 하지 아니
하기 때문에,
41 나의 뜻과는 관계없는 길로 너희가
만들며 너희가 생각한 그 진리로 나
의 백성을 깨우쳐 이끌고 기니,
42 그리하여 하늘에 오르는 길이 아니요,
지옥의 낭떠러지로 가는 길이라 내가
너희에게 말하였음이니라.
43 내가 너희가 오죽 답답하고 미련하면
지구가 둥글다 말한 자의 말을 믿지
않는 자들보다 너희가 더 사악한 자
라 내가 너희에게 전하겠는가?
44 이 의미를 깊이 알라.

6,357 번째 하나님 말씀

2003년 6월 7일 0시 08분

1 사랑하는 나의 아들아!
2 "네, 아버님! 말씀하옵소서."
3 너희가 성경에 기록하여 전하기를,
'나 여호와를 두려워하라. 그리고 나
여호와의 영광과 은혜에 감사하는 삶
을 살라.' 그리 가르치느니라.
4 그러면서 너희는 무어라 말하느냐?
5 '심판의 시대가 가까워졌느니라.' 성
경에 기록하여 전하고 있음이니, '너
희가 두려워하지 말라. 영광과 은혜에
감사함을 알라. 그리하지 않는 자 심
판이 가까워졌으니, 너희가 심판대에
섰을 때 어찌 되는가 그 무섭고 두려
움을 알라.' 너희는 그리 가르침이니
라.
6 그러나 너희는 알아야 할 것이니라.
7 너희에게 곧 심판이 가까워졌음이 아
니라, 이제 심판이 시작되고 있음을
너희는 알아야 할 것이니라.
8 내가 160권의 새로운 성경을 내려보
내는 것이 법전이라 명하였음이니,
9 이게 곧 너희에게 심판을 시작하고 있
음을 너희는 알아야 할 것이니라.
10 지금의 나의 성령이요, 나의 뜻으로써
내가 나의 아들을 통하여 책으로 만들
어 증거하여 너희를 심판하기 위하여
그 모두를 내려보냄이니,
11 이를 읽고 접하는 자는 심판을 받을

것이며, 이를 접하지 아니하며 공부하
지 아니하며 강론을 듣지 아니하는 자
는 심판을 받을 자격이 없다 내가 그
리 말하였음이니라.
12 너희는 인간사의 삶이 아니요, 영혼을
구원하는 그와 같은 길을 가고자 하는
것이 너희가 역사하는 것이 아니던가?
13 그렇다면 너희가 하늘에 오르고자 하
는 백성이라면,
14 첫째 너희 스스로 판단력이 있어야 하
며 너희가 모든 것을 구분할 수 있는
자가 되어야 함을 알아야 할 것이니
라.
15 가장 중요한 것은 진정한 나 창조주의
진리에 의하여, 나의 뜻에 따라 너희
를 가르치며 깨우쳐 주는 것인가를
너희가 알아야 할 것이며,
16 그렇지 아니하면 인간들이 꾸며 낸 것
이며 인간들이 현실적으로 만들어 낸
것인가, 진실한 가르침인가를 너희가
이제 의심할 때가 되었으며,
17 그 의심하는 속에서 너희가 연구하고
깨우치다 보면 그를 알 수 있을 것이
거늘,
18 어찌하여 너희는 그를 연구하며 들여
다보지 아니하는 것인가?
19 너희가 지금 그 형태를 정확히 밝혀
야 할 때가 왔음을 알아야 할 것이니
라.
20 너희가 하늘에 오르는 길이라 하여 믿
음의 가는 길을, 그리고 너희가 역사
하는 것, 그리고 나의 법전이 세상에
내려와 이제 마지막 심판이요, 제3의
시대에 너희를 심판하는 기본이요, 근
본이요, 이를 읽지 않으면 구원의 길
에 들어설 수 없다 가르치는 것,
21 이 모두를 너희가 들여다보며 연구하
며 너희가 이를 가지고 살펴보면 어
떠한 것이 꾸며 낸 것이며, 어떠한 것
이 진실이며 왜곡된 것인가를 알 수
있거늘,
22 너희는 어찌하여 나의 법전을 보고 연
구하려 하지도 아니하며, 읽으려고도
하지 아니하며, 강론을 들으며 강론을
연구하려 하지도 않는 것인가?
23 그러면서 너희는 이단이요, 사탄이요,
무조건 잘못된 것이라 그리 가르치니,
얼마나 너희가 어리석고 불쌍한 백성
인가?
24 이제 너희는 너희 인간이 꾸며 낸 것
인가, 그렇지 않으면 창조주 나의 뜻
인가, 먼저 그것부터 구분해야 함을
알라.
25 그를 구분했을 때 너희가 선택의 길이
열릴 것이니,
26 너희는 이 중요한 시기에 너희가 존
재해 있으며 그를 이제 구분할 때가
되었다는 것을 알아야 할 것이니 그
리 알라.
27 완벽히 거짓된 것, 꾸며 낸 것, 그리고
진실한 나 여호와의 참진리인 것, 이
를 구분하지 못하면 너희가 구원의
길을 볼 수 없다는 것이니라.
28 그를 구분하는 안목부터 너희가 배우
라.
29 이를 너희가 깨우치기 위해서 나의
법전을 읽어 보라.
30 나의 법전을 정독하고 읽어 보면 너희
가 그 속에서 무엇인가를 알게 될 것
이며 무엇인가를 얻게 될 것이니라.

31 그리고 어떤 것이 진정한 길인가를 너
희가 알게 될 것이니,
32 스스로 너희가 진정한 길을 찾아 나
에게 오는 그것만이 나 여호와의 참뜻
이요, 내가 역사하는 것이요, 나의 나
라에 너희가 올 수 있는 영광을 얻는
다는 것을 잊어서는 아니 됨을 알아야
할 것이니 그리 알라, 사랑하는 나의
아들딸들아!

6,358 번째 하나님 말씀

2003년 6월 7일 0시 14분

1 사랑하는 나의 아들아!
2 "네, 아버님! 말씀하옵소서."
3 나의 아들 예수가 성경에 기록하여 예
수도 제 뜻대로 모두를 행하는 것이
아니며 역사하는 것이 아니라,
4 보낸 이, 나 여호와의 뜻에 의하여 내
가 내리는 것만을, 그리하여 내가 명
하여 제가 듣는 것만을 행하며 나 여
호와의 뜻에 의하는 것이요, 스스로
행하지 아니한다 그리 말하여 전했음
이니라.
5 그리고 그는 말하였음이니라.
6 지금은 예수가 여기서 거둬 세상을 떠
나는 것, 하늘나라로 오르는 것, 그리
고 세상의 인연을 끊는 것, 그 모두가
너희가 아쉽고 섭섭한 마음이라 하나,
7 나의 아들 예수가 다시 나에게 옴으로
인하여 새로운 보혜사가 세상에 내려
감이니, 그 보혜사가 역시 제 뜻대로
말하는 것이 아니요, 보낸 이의 뜻에
따라 듣는 대로 행하며 역사한다는 그
의미의 가르침을 알겠는가?
8 그 의미의 뜻을 모르는 자는 종교 집
단이요, 지도자의 자격이 없음이니라.
9 내가 보낸 이의 뜻대로 행하는 그 역
사라면 무엇이던가?
10 나의 피조물 만백성 너희를 창조주
나 여호와가 세상에 내보냈으며 내가
너희를 아름답게 만들었으니 너희는
나의 피조물이니라.
11 그러니 너희는 나의 피조물이요, 창조
주는 나 여호와이니라.
12 이것을 알지 못하는 백성이기 때문에
내가 그리 말함을 알아야 할 것이니라.
13 너희는 나의 피조물 만백성이니, 창조
주가 아닌 너희가 창조주의 역할을
하며 창조주인 것처럼 착각하고 살아
가는 것이 이 세상의 모든 백성이 살
아가는 형국이니라.
14 그리하여 내가 너희에게 듣는 것을
제 마음대로 말하지 아니하며 제 뜻대
로 전하는 것이 아니요,
15 나 여호와가 명하는 것을, 듣는 것만
을 전하며 나의 뜻을 역사한다 그리
성경에 기록하여 전한 뜻이 여기에 있
음을 너희는 알아야 할 것이니라.
16 오로지 나 여호와에 의하여 듣는 것은
나의 피조물이며, 너희가 창조주가 아
니기 때문에, 나의 뜻을 들어 그대로
행하고 움직이는 것이 나의 아들이요,
나에게 선택된 자가 하는 것이라는 것
을 내가 너희에게 알려 준 그 뜻의 의
미가 거기에 있음이니라.
17 너희는 창조주가 아니요, 창조주의 뜻
에 움직이는 나의 피조물이니,
18 그들을 지도하고 가르치는 자, 그리고
나로부터 모든 명을 받는 자, 그리하

여 스스로 만들어 그의 생각으로 가르치는 것이 아니라,

19 오로지 나의 피조물이기에 창조주가 내려보내는 것, 전달하는 것, 보내는 것, 그가 듣는 것만을 가르치며 전하는 것이라는 뜻이 여기에 있음을 알라.

20 그 의미를 안다면 과연 너희는 어찌 살아가야 할 것이며, 누가 나로부터 선택된 백성이며, 나로부터 목자로서 세상에 임한 자이며 나의 음성을 듣는 자인가?

21 나의 음성을 듣지 못하는 자는 나의 뜻을 가르칠 수가 없으며 나의 뜻을 역사할 수 없음이니라.

22 나의 아들이 성서에 기록하여 나의 아들 예수도 듣는 것과 보낸 이의 뜻대로 행하는 것이요, 멋대로 행하지 아니한다 하였음이니,

23 지금 2천 년 만에 나의 아들을 통하여 나의 음성을 들으며 나의 뜻을 따라 그가 나의 명에 의하여 그를 행하고 있음이니,

24 너희는 지금 과연 누가 나로부터 명을 받았으며 나의 음성을 들으며 내가 내리는 메시지를 듣고 있다 말하는가?

25 아무도 없음을 알아야 할 것이니라.

26 오로지 나는 나의 아들을 통하여 모두를 역사하며 그 후계자로서 역사할 수 있는 것은 나의 아들뿐이라는 것을 너희는 잊어서는 아니 될 것이니라.

27 내 뜻대로 행하며 내 뜻의 명을 받아 역사하는 것, 그것은 너희가 바로 나의 피조물이기 때문이라는 것을 잊지 말라.

28 그러나 지금의 종교 집단이라는 너희 모든 지도자는 지금 나의 피조물이요, 나의 명에 의하여 존재하는 백성이라 착각하고 그를 인정하지 못하고 살아가는 것이며, 그를 잊어버리고 사는 것이니라.

29 그리 말하는 나 여호와를 너희는 원망할 것이니라.

30 내가 지금 종교 집단이요, 지도자 너희가 하는 형국을 보면, 너희가 착각해도 너무나 착각하며 나를 의식하지 아니하는 것이 극에 달하였으며,

31 나의 피조물이라는 것을 잊어버리고 기억하고 사는 자가 없는 형국임을 너희는 알아야 할 것이니라.

32 그러면서 너희가 나의 피조물이라는 의식을 잊어버리는 그 속에서 마음속에 사악한 뿌리가 내림이니,

33 곧 너희가 창조주인 것처럼 착각하며 창조주의 역할을 하는 것이 너희인 줄 알며 나를 대신하여 너희가 역사하는 것처럼 그리 말하고 있음이니라.

34 그리하니 너희가 잘못 가며 잘못 깨우치는 자라 함이니,

35 나로부터 직접 성령을 받지 않는 자, 나로부터 음성을 듣지 못하는 자, 나로부터 명받지 아니한 자, 진정한 지도자가 아니요, 나의 뜻에 의하여 가는 자가 아니라는 것을 내가 너희에게 전함이니 그리 알라.

6,359 번째 하나님 말씀

2003년 6월 7일 0시 22분

1 사랑하는 나의 아들아!

2 "네, 아버님! 말씀하옵소서."

3 내가 성경에 기록하여 너희에게 전하
지 아니하였던가?
4 '너희가 손님을 맞으며 손님을 대접하
기를 즐겨 하며 최선을 다하여 그 손
님을 맞이하라.' 그리 가르쳐 성경에
기록하였음이니, 그리하여 내가 뭐라
말하였느냐?
5 너희가 갈구하는, 구원의 길을 인도하
는 천사가 이미 너희에게 왔다 갔는
지를 모른다 그리하였음이니라.
6 그러니 누가 나의 명을 받은 천사인지
너희는 알 수 없다 하였음이니, 거기
에 바로 그와 같은 의미의 가르침이
있느니라.
7 내가 부족한 자, 앞을 못 보는 자, 듣
지 못하는 자, 그와 같은 자들이 천사
로서 명을 받아 세상에 듣지 못하는
자가 얼마나 어리석게 사는 것과 잘
살아가는 것을 보고 깨우치고자 함이
니라.
8 못 듣는 자가 세상에 바로 살아가는
삶을 살고, 듣는 자가 못 듣는 자만큼
못 산다면, 그것은 짐승과 같은 자이
지 무엇이 다르던가?
9 보지 못하는 자가 너희보다 아름답게
살고 눈으로 볼 수 있는 자들이 그와
같이 바로 살지 못하면 그 또한 무엇
이던가?
10 인간 수준 이하의 행동이니, 짐승과
같은 행동을 하고 사는 자들이 아니던
가?
11 그와 같은 의미에서 내가 천사들로 하
여금 세상에 내려보냈다 하였음이니,
12 너희가 그와 같은 손님을 접하더라도
그가 이미 천사가 아닌가 하는 생각이
요, 그가 천사일지도 모른다는 것을
너희에게 깨우쳐 주고자 함이니라.
13 그리하여 너를 찾아오는 자, 부족한
자든 어떠한 형태로 오든 그 손님을
대접하기를 최선을 다하며 즐거운 마
음으로 대접하는 삶을 살라 내가 성서
에 기록하여 너희에게 전했음이니라.
14 그들 중에 누가 천사인지 모르기 때문
이니라.
15 그러니 이제 세상을 살아가면서 너희
가 지금에 역사하는 것이 무엇이며,
너희가 나의 법전을 읽는 그 순간에
하늘에 오르는 길은 어떠한 것이며 나
에게 올 수 있는 길은 어떠한 길인가
를 알고 깨우쳤을 것이니,
16 이제는 너희가 진정한 하늘에 오르는
길과 위선 된 것을 구분하는 그와 같
은 안목을 가져야 할 것이며, 그를 가
려 내는 자가 되어야 할 것이니 그리
알라.
17 너희가 진정한 나 여호와의 품에서 가
르침을 너희를 통해서만 모두를 역사
할 수 있다는 것을 잠시도 잊어서는
아니 될 것이니 그리 알라.
18 너희가 나의 뜻에 의해서 나의 품에서
나의 아들을 통하여 가르치는 강론이
요, 나의 아들을 통하여 역사하는 새
로 내리는 새로운 성경이요, 나의 법
전을 통해서만 하늘에 오르는 길에 역
사할 수 있다는 것을 잊지 말라.
19 너희는 알아야 할 것이니라.
20 이 세상에 구원하러 보내지는 자, 나
의 아들은 너희가 알 수 있기 때문이
니라.
21 정녕 만백성을 구하는 구원자로서 보

내진 자, 보냄을 받은 자를 알 수 있는
그와 같은 경지에 오른 것이 나의 피
조물 만백성 너희이니라.
22 나를 따르는 백성이요, 나의 법전을
읽고 깨우친 백성이요, 나의 아들을
따르는 제자 너희는 그 깨달음이 내
가 보낸 아들이요, 내가 구원자로서
보낸 자인지 아닌지, 사탄이요, 이단
이라는 것을 구분할 수 있는 위치에
있으며 너희가 그만큼 경지에 올라와
있음이니라.
23 너희가 욕심을 비우고 살아가며 욕심
을 가슴에서 뽑아내기 위하여 피나는
노력을 하는 삶을 살고 있기 때문이니
라.
24 모든 종교 집단이요, 지도자들이 그와
같은 이치를 모르며 참진리를 모르며
나의 뜻을 모르며 내가 보낸 자요, 구
원자를 알지 못하는 것은, 인간의 욕
심을 버리지 못하였으며 인간의 욕심
을 가득히 가지고 있기 때문이니,
25 너희가 나 여호와의 뜻에 의하여 살아
가려고 노력하지 아니하며 그리 살지
아니하기 때문에, 나의 십계명을 지킬
수 없다 말하기에,
26 너희가 내가 내려보내는 참목자요, 참
진리의 안내자요, 구원의 역사를 이룰
수 있는 나로부터 명받은 나의 아들이
세상에 내려가 너희와 더불어 살아가
도 너희는 그를 알지 못하며 보지 못
하는 것이니라.
27 진정으로 너희가 진리를 찾기를 원한
다면 이제 나의 법전을 읽어야 할 것
이며, 나의 법전을 읽고 깨우쳐야 할
것이며,
28 그대로 행하고자 피나는 노력을 할
때, 너희가 나에게 무엇인가 이루는
그 역사하고자 하는 문을 두드리고 있
다는 것을 알아야 할 것이니라.
29 천국의 문을 열어 달라 너희가 두드
리는 자요, 천국을 열어 달라 말하는
자들이니라.
30 나의 법전을 읽고 깨우치며 그대로 행
하는 자가 천국의 문을 두드리며 열어
달라 두드릴 수 있는 자격이 있다는
것을 잊지 말라.
31 그러니 나의 법전을 접하는 것이 곧
너희가 나의 아들을 만나는 것이요,
나를 만나는 것이니라.
32 그러니 나의 피조물 만백성 너희는
'하늘에 오르는 길'이요, '하나님! 말
씀하옵소서' 이 법전이 내가 보낸 나
의 아들을 너희가 만나는 것이요, 나
에게 오를 수 있는 것이요, 나를 접하
는 것이라는 것을 절대 잊지 말라.
33 법전을 읽고 깨우쳐 그대로 행하는
자, 나를 영접하는 자들이니라.
34 그러나 나의 법전을 읽고 깨우쳐도 그
대로 살려고 하지 아니하며 그대로 변
화되는 삶을 살지 아니하는 자는 나를
영접하지 아니하며 인간 세속에서 허
덕이는 자들이니라.
35 법전대로 살려 하는 자, 법전대로 살
고자 노력하는 자, 그와 같이 너희가
깨닫고 느끼는 순간에 나를 영접하는
영광을 얻게 됨을 잊지 말라.

6,360 번째 하나님 말씀

2003년 6월 7일 0시 37분

1 사랑하는 나의 아들아!
2 "네, 아버님! 말씀하옵소서."
3 너를 따르는 가까운 제자들이요, 나의
성전을 운영하며 그를 이끌어 가는 그
제자들이 너를 따라 모두를 역사하며
나의 법전을 만들며 나의 법전을 세상
에 전하는 그 노고는 내가 높이 치하
하며 그 상은 내가 그들에게 바로 내
릴 것이니라.
4 그러나 너를 따르는 그 제자들의 행동
이 발라야 할 것이며,
5 그들이 한 점의 부끄러움이 없는 자세
로 살아야 할 것이며,
6 만백성이 볼 때 본보기가 되지 않는
삶을 사는 그 제자는 나 여호와가 용
서치 아니할 것이며, 네 옆에 두지 아
니할 것이며, 네 옆에 감히 근접하지
못할 것이니, 너는 그 제자들에게 그
리 전하라.
7 누가 와서 보든 누가 너희와 대화하
든 너희는 차별화된 백성이요, 너희는
거짓이 없으며 진실한 모습으로 살아
가는 백성이요, 한 점의 부끄럼이 없
는 삶을 사는 그와 같은 백성으로 변
하지 아니하였을 때, 너의 제자들 또
한 내가 용서치 아니할 것이니,
8 잘못된 제자가 네 주변에 있음으로써
네가 흔들리며 무너지는 그 길이며,
9 네가 올라가는 만큼 그들이 더 끌어내
리는 그와 같은 변화되는 역사를 이루
는 것이니,
10 네가 바로 가고자 하는 것을 흔드는
것이 무엇이던가?
11 그게 바로 사탄의 명을 받은 자라 하
는 것을 알아야 할 것이니,
12 너를 따르는 그 제자들의 자세가 발라
야 할 것이며, 행동이 발라야 할 것이
며, 한 점의 부끄럼이 없는 삶을 살아
야 할 것이며,
13 남들이 너희를 봤을 때 과연 선지자의
제자요, 선지자를 따르는 백성은 다르
다는 소리를 들어야 할 것이니라.
14 너와 같이 가는 그 제자들이요, 지도
자 반에서 공부하는 백성이요, 그리고
나의 성전을 지키는 백성이요, 그 모
두를 운영해 가는 선택된 백성이니,
15 너희 은혜와 상이 큰 만큼, 너희가 바
르고 곧은 자세로써 역사하고 살아가
야 한다는 것을 그들에게 먼저 가르쳐
주라.
16 그리하여 오늘 이후부터 그들이 앉는
자세요, 걷는 자세요, 말하는 것이요,
행동이요, 몸가짐이요, 그 모두가 바
르지 아니하면 내가 이제는 용서치 아
니할 것이니 그리 알라.

6,361 번째 하나님 말씀

2003년 6월 7일 08시 58분

1 사랑하는 나의 아들아!
2 "네, 아버님! 말씀하옵소서."
3 정녕 재물의 은혜를 내가 내려 주었을
때 그를 너는 과연 어찌 쓰고자 하는
가?
4 네 마음의 뜻이 어디에 있는가?
5 "네, 아버님!
6 저는 저의 제자들이요, 법전을 읽고

깨우쳐 어렵게 살아가는 자들의 생활
의 안정을 먼저 꾀하며 그들을 먼저
돕고자 하나이다.
7 성전을 짓는 것, 법전을 전하는 것도
급한 일이오나,
8 우선 저희 백성이요, 아버님을 따르는
백성이요, 저의 강론을 듣는 백성이
요, 그리고 지금 법전이 전지전능하신
아버님께서 내리신 성령의 말씀이라
믿고 공부하는 그 아버님의 아들딸 중
에 어렵고 힘든 자들을 도우며,
9 그들이 역사할 수 있도록 하며 그들이
편안히 살아갈 수 있도록 그것에 먼저
쓰고자 하옵나이다."
10 그러니라. 바로 그와 같은 마음을 갖
고 있기에 네가 나의 아들이요, 또 너
의 제자들도 다 그와 같은 마음을 가
지고 있음이니라.
11 재물이 있음으로써 저희의 욕심을 채
우며 제가 더 부를 누리고자 하는 것
이 너의 제자들이 아니요,
12 같이 가는 너희 형제들을 위하여 무엇
인가 안정된 직업이요, 안정된 생활
대책을 세워 주고자 하는 것이 너의
제자들이 또한 가지고 있는 마음의 상
태이니,
13 그와 같이 나의 법전을 읽고 깨우쳐
공부한 만큼 재물을 하나의 낙엽처럼
놓을 수 있는 그 마음의 경지에 와 있
는 자가 너를 따르는 제자들이요, 지
금 나의 강론을 듣고 가는 백성이니,
14 또 너도 당연히 나의 사랑하는 백성
의 의식주를 해결하며 그들이 편안한
생활을 할 수 있도록 하며 안정된 생
활을 할 수 있도록 하는 그것이 우선
이고 먼저이니라.
15 그러니 네가 나의 뜻을 알며 그것이
네가 모든 종교 집단의 지도자들과 다
른 것이며, 그들이 가는 형태와 그들
이 가고자 하는 것이 다름이니,
16 여기서 만백성 너희는 나의 법전을
읽고 이를 깨우쳐야 할 것이니라.
17 모든 종교 집단은 저희에게 재물이 생
겼을 때 더 큰 성전을 지으며, 어찌하
면 남에게 과시하며 남들에게 보일까
함이며,
18 나로부터 은혜를 받아 역사를 이루어
많은 신도를 거느리며 많은 물질을 거
둬들이는 그와 같이 외형적으로 보이
는 것에 최선을 다하며 급급하니,
19 그것이 정녕 나에게 오르는 길이라 할
수 있겠는가?
20 나로부터 선택된 나의 피조물 만백성
의 어렵고 힘든 자를 도우며 그들의
의식주를 해결해 주며 그들을 먼저 돕
는 것이 우선이니라.
21 너는 그와 같은 마음을 가지고 있으며
네가 그리 실천하고 그리 행할 수 있
는 자이기에 그래서 네가 나의 아들이
요, 네가 나로부터 선택된 자이니라.
22 그와 같은 마음이 가장 중요한 것이
며, 그것이 사랑이며 그것이 우선임을
너희는 알아야 할 것이니라.
23 너희가 나의 법전을 전하며 만백성을
구하는 것도 좋으며, 나의 성전이라는
것을 여러 군데 만들어 거기서 강론
할 수 있게 하는 것도 좋으나,
24 그는 너희가 비바람을 피하며 강론을
받을 수 있는 것이니라.
25 그러니 네 주변에서 고통스러운 백성

과 네 주변에서 힘들게 살아가는 너의
제자들이요, 나의 법전을 읽고 깨우치
는 자요, 어렵고 힘든 자의 의식주를
해결해 주며 편안히 공부하며 강론을
들으며 법전을 읽을 수 있도록 그를
먼저 다스려 주는 것이 우선임이니라.
26 그와 같은 마음을 갖는 것이 나의 뜻
이요, 내가 원하는 길이니,
27 이것이 모든 종교 집단이요, 지도자들
이 하는 형태와 너희가 가는 형태요,
너희가 이끌어 가는 그와 같은 것이
다름이니라.
28 그것 하나로써 너희는 차별화됨을 알
아야 할 것이니라.
29 지금 너를 따르는 진정 깨우친 그 제
자들이 재물이 없어 도와주지 못하며
그들이 어려워 이웃을 돕지 못하는 자
들이니,
30 그들에게 재물이 있을 때 그들은 낙엽
하나 놓듯이 나의 법전을 만들어 세상
에 전하는 역사를 할 것이며, 이웃의
어려운 형제를 위하여 그들은 아낌없
이 그 의식주를 해결할 수 있도록 다
내줄 수 있는 자들이니, 이것이 바로
무엇이던가?
31 지상의 천국이 시작됨을 알아야 할
것이니라.
32 그것이 사랑이니라.
33 그러니 그것이 차별화인 것을 알라.
34 너희 자신을 위하여, 너희가 외형적인
것을 위하여, 만백성에게 보이기 위하
여 과시하며, 나로부터 은혜 받은 자
요, 축복을 받은 자라 너희가 물질로
써 은혜를 받았다는 그와 같은 보이는
행위를 하는 것은 나를 거역하는 것이
요, 참진리를 모르며 내 뜻을 모르는
자들이 하는 행위이니,
35 그것으로써 나 여호와의 오늘의 기쁨
은 말할 수 없으며, 너의 제자들이 그
리 변하여지며 그와 같이 역사하는
것이 바로 지상의 천국이 이루어지는
기초며 근본이니 그리 알라, 사랑하는
나의 아들아!
36 모두를 다 사랑함이니라.

6,362 번째 하나님 말씀

2003년 6월 7일 13시 08분

1 사랑하는 나의 아들아!
2 "네, 아버님! 말씀하옵소서."
3 내가 너를 통하여 너의 제자들에게 한
가지 소원을 기록하여 나에게 상달하
도록 그리하라 하였음이니,
4 네 제자 중에 그가 기록하여 전하기를
'아버님, 제가 십계명대로 살 수 있는
그 용기와 힘을 주옵소서.' 그리 기록
한 자며 그가 바라는 소원이라 그리
말하였음이니, 그를 보고 네 마음은
과연 어떠하던가?
5 너는 거기서 무엇을 느꼈는가?
6 이 세상의 모든 백성에게 네가 꼭 이
루어질 하나의 소원을 들으라 하면 그
들은 무엇을 들겠는가?
7 너희는 수천수만 가지로써 소원을 기
록할 것이며 원하는 것을 기록할 것이
니라.
8 그러나 너를 따르는 제자요, 나의 법
전을 읽고 깨우친 그 제자는 뭐라 기
록하였던가?
9 십계명대로 살 수 있도록 해 달라 그

리 말하였음이니, 그는 곧 하늘에 오
르는 길이요, 하늘의 양식이기 때문이
니,
10 그와 같이 기록할 수 있는 것은 너의
제자밖에 없음이니,
11 오늘의 너의 제자들이 그와 같이 변하
여 나의 뜻이 무엇이며 내가 역사하는
것이 무엇이며 내가 이루고자 하는 것
이 무엇인가 아는 너의 제자들이 있음
이니,
12 곧 내가 너희가 있어 나 여호와가 행
복하며 너희가 있기에 내가 이 세상
을 재앙으로 다스리지 아니하며 나의
성령을 내려보내 너희를 깨우치고자
한다는 그 뜻을 이제야 알겠는가?
13 너는 그 대목을 보며 과연 뭐라 생각
하는가?
14 "네, 아버님!
15 인간이 이리 변할 수 있으며 인간은
얼마든지 무궁한 발전을 할 수 있다
생각하옵나이다.
16 그리하여 인간은 변할 수 있는 것이
끝도 한도 없듯이, 하늘에 오르는 길
이요, 그 달려가는 길은 끝이 보이지
아니하며 시작이 있으면 끝이 없이 달
려가는 그와 같은 믿음의 길이요, 하
늘에 오르는 길이라는 것을 깨닫고 있
사온즉,
17 제가 지금 인간의 마음이라는 것은 그
리 갈 수 있으며 끝없이 변화될 수 있
는 것이라 그리 깨닫고 있사옵나이다.
18 저의 제자가 바라고 바라는 그 소원
이 십계명대로 아버님이 직접 불로 쓴
그 친필이요, 그 명령대로 살 수 있는
것이 가장 큰 소원이요, 소망이라 그
리 말하였으니,
19 그가 바로 천사와 같은 마음이요, 욕
심을 버린 자라 생각하오니,
20 저의 제자 중에 그와 같은 마음을 가
지고 사는 제자들이 있다 하면, 곧 이
는 우리가 얼마든지 변해서 아버님의
뜻을 따를 수 있으며 아버님의 뜻에
따라 세상에 역사할 수 있다는 것을
이제 알겠사오며,
21 인간의 마음이란 비우고 변하는 것이
얼마나 무섭게 변하며 얼마나 무섭게
그들이 다스려져 나가는 것인가를 저
는 다시 한 번 깊게 느끼며,
22 그를 감사하며 그에 감사한 마음을 갖
고 있사옵나이다.
23 아버님의 그의 뜻을 거두어 주옵소
서."
24 사랑하는 나의 아들아, 그것이 너의
제자들의 마음이며 나의 법전을 읽고
선택된 백성이 가지고 있는 마음이니
라.
25 내가 너에게 뭐라 말하였느냐?
26 너의 제자들이 가지고 있는 것이 있으
면 없는 자를 위하여 최선을 다하여
베풀고 쓸 것이나,
27 사랑을 베푼다는 수천 년 동안 흘러
온 종교 집단이요, 구원을 받았다는
그 백성은 그리할 수 없다 내가 그리
말하지 아니하였던가?
28 그것이 너희가 차별화된 것이며, 그와
같은 것을 너희가 역사할 때 정녕 다
른 백성으로서 너희를 바라보는 눈이
다를 것이며, 너희를 생각하는 것이
다를 것이며,
29 감히 저희가 할 수 없는 것을 하는 너

희를 보고 그들은 두려워할 것이며,
이게 정녕 나 여호와의 뜻을 따라가는
백성이라 할 것이니,
30 너희가 그와 같이 변할 수 있을 때 재
물을 내가 내릴 것이니라.
31 너희가 재물을 남에게 주기 아까운 마
음이 없으며, 소중한 마음이 없으며,
너희가 갖고자 하는 마음이 없으며
너희가 관리하고자 하는 마음이 정녕
없을 때 내가 내려 줄 것이니라.
32 너희는 내가 주는 재물을 남을 위해서
쓰고 남을 위해 뿌리되 잠시라도 너희
가 갖고 싶은 마음, 지니고 싶은 마음,
더 너희가 갖고 싶고 더 관리하고 싶
은 마음이 지금은 아직 다 버려지지
아니하였으니,
33 그 마음을 버리는 자, 그와 같은 자가
생길 때마다 그를 위하여 내가 재물을
내릴 것이니 나의 아들 너는 그리 알
라.
34 그리하여 너희가 재물을 두려워하지
아니하며 재물을 아깝게 생각하지 아
니하며 재물을 소중히 생각하지 않는
것,
35 모든 종교 집단은 믿음이 아니요, 재
물을 거둬들이는 데 모두를 다 바침이
니, 재물을 거둬들이는 그 자체가 다
른 신을 너희 마음에 두고 있으며,
36 그들은 나 여호와 창조주요, 나를 아
버지라 부르면서 나의 이름을 불러 재
물을 긁어모으기 위하여 최선을 다하
니, 그들의 신은 곧 재물이니라.
37 모세를 따랐던 백성이 황금으로써 만
든 것이 무엇이던가?
38 황금으로써 우상을 만든 것이 무슨 의
미이던가?
39 저희가 소중한 황금을 다 거둬들여 우
상을 만든 그 마음의 심성이 무엇인
줄 알겠는가?
40 저희가 황금을 그만큼 바침으로 그 열
배 백배 더 받을 수 있다는 생각, 그
욕심 때문에 그들이 다 던졌으며 바쳤
다는 것을 알라.
41 그들이 정녕 그 모형이요, 우상 그것
이 구원의 길이요, 하늘에 오르는 길
이요, 저희가 금화와 은화를 바쳐 그
우상을 만들어도 저희에게 돌아오는
것이 없다 생각하면 그것을 감췄을 것
이며,
42 그 금화와 은화를 내놓으라 할까 봐
땅에다 감추고 저희 이불 속에 감추고
저희 짐 보따리에 감췄을 것이니라.
43 그를 바치는 자는 열배 백배를 준다
그리 말하니,
44 그 감언이설에 속아 너희가 그 모두
를 다 바쳤음이니, 그리하여 그 우상
을 만든 것이 아니던가?
45 과연 지금의 종교 집단이요, 믿음의
길을 가는 백성이 다 그와 같은 형국
이니라.
46 너희가 재물을 거둬들이고 그를 모으
기 위해서 역사하는 것이 바로 무엇이
던가?
47 나의 백성에게 더 주겠다, 더 축복을
주겠다, 심지어 너희가 재물을 바치고
너희가 지은 성전이라는 교회에 오는
순간에 영광을 받으며 구원을 받으며
하늘에 오르는 길이라 그리 말함이니,
48 너희가 하늘에 오르는 그 영광이요,
축복이란 것에 눈이 어두워 수없이 재

물을 바치는 것이 아니던가?
49 너희가 짓고 지은 그 더럽고 무서운
죄를 나에게 와 심판을 받을 때 너희
는 지옥으로 가는 것이 당연하며 지옥
을 벗어날 수 없는 것을 너무나 잘 알
고 있기에, 너희는 그가 두려워 그를
면죄해 준다 하니 그를 바침이니라.
50 그러나 바친 그것이 죄를 더 지으며
더 무섭게 간다는 걸 알아야 할 것이
니라.
51 모세의 시대에 그를 따르는 백성이
금화와 은화를 바쳐 그 우상을 만들었
다는 것은 바로 열배 백배 더 받기 위
하여 그들이 던져서 우상을 만들었음
이니, 그 우상을 만든 자가 무엇을 얻
었는가?
52 그들은 죽음밖에 없었음이니라.
53 지금 너희가 금화와 은화를 던져 구
원을 받는다 하여 갖다 바치는 자, 그
리고 그를 악용하여 거둬들이는 자,
거둬들이는 자나 바치는 자나 똑같음
이니,
54 너희가 과연 무엇이 얻어지고 무엇이
이루어지며 역사하는 것이 있는가?
55 오로지 너희 죄목만이 무서우며 너희
가 지옥으로 가는 그 표를 하나하나
더 쌓아 놓으며 긁어모으는 것이란 걸
알아야 할 것이니라.
56 하늘에 오르는 길을 위하여 너희가
공을 쌓는 것이 아니요, 지옥을 가기
위해서 악덕을 쌓는다는 것을 잊지 말
라.
57 그것이 어리석은 나의 백성 너희 삶
이니,
58 내가 나의 법전에 이와 같이 기록하여
전하는 그 뜻을 뼈아프게 받아들여야
할 것이며 가슴에 받아들여 눈물로써
그 뜻을 아는 자는 알 것이니라.
59 지금 이 세상 많은 백성에게 저희 하
나의 소원을 적으라 그러면 내가 그를
들어줄 것이라 할 때,
60 저 자신을 위해서 쓸 것이며 제 육신
을 위해서 다 쓸 것이니라.
61 수십 년 동안 믿음의 길을 간 자, 또
수천 년 동안 그 전통에 따라 지금까
지 온 백성, 구원을 받았다 하는 자들,
62 나의 아들 예수의 이름으로써 구원을
받으며 이 세상에 부러울 것이 없으며
더 원할 것이 없으며 더 갖고자 이룰
것이 없으니,
63 그들의 마음에 기록하고 소원하는 것
은 무엇이겠는가?
64 아무것도 없어야 함이니라.
65 그저 백지 한 장을 내놓을 수 있는 자
가 바로 무엇이던가?
66 그가 바로 모두를 다 비운 자이니라.
67 그가 바로 나에게 선택받은 백성이요,
내가 존재함을 알며 나 여호와의 사랑
을 알며 나에게 오는 길을 알며 내가
역사하는 걸 아는 자이니,
68 그리고 그는 정녕 구원받은 것을 알
며, 나의 법전을 접하며 나의 아들의
강론을 들으며 나의 이야기를 듣는
것, 나의 설교를 듣는 것, 내 음성을
듣는 그 모두가 얼마나 축복이요, 영
광인지를 아는 자이니,
69 그와 같은 백성이 백지를 낼 것이며,
70 또 그보다 한 계단 더 아직은 올라가
지 못하였으나 그 이상 올라갈 수 있
도록 몸부림치는 백성이 기록하여 전

하는 것은 '아버님! 십계명대로 살 수 있도록 저에게 힘을 주고 용기를 주옵소서.' 그것이 소원인 백성이니,
71 너희 모든 종교 집단의 백성과 나의 아들을 따르는 제자들이 소원하는 것을 세상에 비춰 놓고 보라.
72 너희는 그를 보고 어리석은 백성이요, 불쌍한 자라 하나,
73 너희는 기록하는 것도 이루어지지 아니하며 역사하지 아니하는 것을 욕심만 부리니, 너희가 죄만 지음을 알라.
74 나의 아들에게 기록하여 전한 그들이 원하는 것은 이루어질 것이니라.
75 그들은 저를 위함이 아니요, 모두를 위함이요,
76 제가 더 낮아지고자 하며 저를 다스리고자 하며,
77 제가 나 여호와의 뜻대로 가지 못하니, 나 여호와의 마음을 기쁘게 하지 못하여 그가 나 여호와의 마음을 기쁘게 하며 나를 즐겁게 하기 위하여 그가 나의 계명대로 살아갈 수 있는 용기와 힘을 달라 기록한 그 애절한 기도는 이루어질 것이니 그리 알라.

6,363 번째 하나님 말씀

2003년 6월 7일 13시 15분

1 사랑하는 나의 아들아!
2 "네, 아버님! 말씀하옵소서."
3 너희에게 생명의 영혼을 주어 이 세상에 다시 태어나 육의 세상에 살아가도록 그 기회를 준 것은,
4 나 여호와가 생명을 불어넣어 너희가 태어난 것은 너희가 이 세상에서 지금 가장 갈구하는 재물을 많이 모아 부귀영화를 누리며, 남 앞에 너희가 당당히 네 모습을 내며,
5 네가 자랑스러운 자요, 위대한 자라는 것을 과시하며 가난한 자 앞에 군림하는 그와 같은 너희 삶을 살라 하여 내가 너희에게 생명을 주어 내려보냈다 생각하는가?
6 권력을 쟁탈하며 그 권력을 잡아 어리고 불쌍한 백성에게 군림하는 그와 같은 자로서 너희가 살아가도록 내가 너희에게 생명을 내려 줬다 생각하는가?
7 너희는 사랑하는 나의 어린 피조물 만 백성을 구원한다 하면서 그들을 지옥으로 이끌어 가며,
8 그들에게 재물을 거둬들이며, 그들에게 시간을 빼앗으며, 그들을 종과 같이 부리는 그와 같은 종교 집단이요, 지도자로 군림하며 존재하라 하여 내가 너희에게 귀하고 귀한 그 생명을 주어 세상에 내보내어 다시 태어나게 했다 그리 생각하는가?
9 너희는 여기서 깨달아야 할 것이니라.
10 내가 너희를 인간으로서 다시 태어나 이 세상에 나가 살도록 한 것은, 너희가 지금까지 살아오면서 지은 죄요, 너희가 잘못 살아온 그 죄의 심판의 대가요, 너희가 그 벌에 의하여 인간으로 태어나는 그 점수를 받아 내가 너희에게 인간으로 태어나서 너희가 지금까지 나에게 와 심판을 받기 전까지 짓고 지은 그 많은 죄를 사할 기회를, 그리고 그를 용서받을 기회를 내가 너희에게 한 번 주었음이니,

11 그보다 더 영광이요, 그보다 더 위대
한 것이 없다 하였음이니라.
12 너희가 세상에 나올 때는 나 여호와에
게 연판장에 너희가 이름을 쓰고 도
장을 찍었다 내가 그리하였음이니라.
13 내가 너희를 심판하는 과정에 너희가
인간으로 다시 한 번 태어날 수 있는
그 점수에 해당하는 자이기에,
14 너희가 인간으로 나가 나에게 와 심판
을 받을 때까지 지은 죄를 다 사할 그
기회를 인간으로 태어나 세상에 나가
그리 살라 하여 내가 세상에 내보내니,
15 너희가 세상에 나오는 그 순간에 모두
를 다 잊어버리고 너희 기억에서 지
워져 너희가 생각하지 못하기에 그와
같은 나로부터 받은 그 은혜를 모르는
것이니라.
16 그리하여 내가 너희에게 지은 죄의
한 번의 기회를 줬으며, 너희가 인간
으로 세상에 나가서 모든 사람을 사랑
하며 이웃을 사랑하며 나의 뜻에 따라
서 살아가는 그와 같은 삶을 살며 그
리 살다 나에게 돌아오라는 그 위대한
기회를 내가 너희에게 주었으며 그
영광과 은혜를 받아서 세상에 나온 것
이 너희이니라.
17 내가 너희에게 생명을 주어 세상에
내보낸 것은 악하고 간악한 짓을 하며
살인하며 강도질하며 간음하며 해서
는 안 되는 못된 사악한 짓을 다 저지
르며 살아가라고 이 세상에 태어나는
그 은혜를 내린 것이 아님을 너희는
알아야 할 것이니라.
18 내가 한 번의 기회를 주었으며 또한
인간으로서 아름답게 살다 나에게 오
라는 그 기회를 또 한 번 받은 너희가
어찌하여 아름답고 선한 삶을 살지 못
하며,
19 악하고 사악한 짓을 하는 것도 두려운
줄을 모르며,
20 너희가 지금 인간 세상에 살아가면서
죄를 짓고 사는 것은 나 여호와에게
와 심판을 받는 것과 아무런 관계도
없음이니, 인간 세속에서 인간은 죄를
짓지 아니하고 살지 못하는 것이며,
절대로 인간은 그리 살 수 없음이니,
21 어쩔 수 없이 죄를 짓는 것, 타의에 의
해서 죄를 짓지 아니하면 살 수 없는
것, 분위기상 죄를 짓지 아니하면 살
수 없는 것, 세상의 흐름이요, 인간 세
속에 살아가는 그 불의에 흘러가다 보
니 죄를 짓지 아니하고 살 수 없다 그
리 생각하여,
22 이왕에 짓는 죄, 너희가 죄를 실컷 짓
고 그저 너희가 만든 교회라는 곳에
와 금화와 은화를 바치고 눈물로써 회
개하면 구원을 받는다고 그와 같이
가르치는 자,
23 그 말을 믿고 따라가는 너희가 얼마
나 사악한 짓을 하고 있는지 아는가?
24 너희가 사악한 죄를 짓는 것, 남을 살
인하는 것보다도 그와 같이 가르치는
자, 그와 같은 말을 듣고 살아가는 자
가 짓는 그 죄는 정녕 용서받지 못함
을 너희는 알아야 할 것이니라.
25 너희에게 행함을 바로 하라 하여 내가
너희에게 기회를 주었음이니라.
26 너희가 죽어 와 나에게 심판을 받을
때 내가 너희에게 한 번의 기회를 더
주어 인간으로 태어나도록 한 것은 너

희가 행함을 하지 아니하였기 때문에
죄를 지은 것이니라.
27 너희가 인간으로 살면서 선한 일을 하
지 아니하며 악한 일만을 자행했기에,
인간으로서 한 그 행동을 죄의 심판을
받아 행동한 것에 따라서 너희가 그
행동함을 바로잡으라 하여,
28 그리고 깨우쳐 나에게 오르라 하여 인
간으로 내려보냈거늘,
29 너희가 인간으로 이 세상에 와서 너
희를 잘못 가르치고 잘못 인도하는
자, 그리고 편안한 길로, 평탄한 길로
인도한다고 하는 자, 하늘에 오르는
길이 편안한 길이라 가르치는 자, 그
들의 말에 현혹되었으니,
30 그는 곧 너희가 욕심이요, 사악한 마
음을 버리지 못하여 그들을 따라가고
있음이니, 너희가 또 그 무서운 죄를
짓고 또 짓는 것이니,
31 그 죄는 너희가 배로 받음을 잊지 말
라.
32 너희는 알아야 할 것이니라.
33 나의 십계명과 나의 율법과 나의 법전
대로 지키고 살지 않는 자, 너희는 정
녕 구원을 받을 수 없음이니라.
34 이웃과 모든 백성에게 본이 되는 삶
을 살지 못하는 자, 지탄받는 생활을
하는 자, 그와 같은 삶을 사는 자,
35 모든 백성이 너희를 보고 따라오며
그를 보고 아름답게 변할 수 있는 본
보기 된 삶을 살지 않는 자, 너희는 어
떠한 형국으로든지 나에게 구원을 받
을 수 없음을 알아야 할 것이며,
36 너희가 죽어 왔을 때 지옥으로 간다는
그 무서움의 죽음이 기다리고 있다는
것,
37 죽음의 그 문턱을 넘는 순간 너희는
나를 아버지라 부를 수도 없으며, 나
에게 기도하며 경배할 수도 없으며,
용서를 구할 수도 없으며, 다시 한 번
기회를 얻을 수 없으며 회개할 수 있
는 기회를 얻을 수 없다는 것을 너희
는 알아야 할 것이니라.

6,364 번째 하나님 말씀

2003년 6월 7일 13시 28분

1 사랑하는 나의 아들아!
2 "네, 아버님! 말씀하옵소서."
3 나의 사랑하는 백성 너희가 구원을
받고자 하는 백성이라면 너희가 나
여호와를 사랑하며 나를 사랑하는 백
성이요, 나의 계명대로 지키며 사랑을
나누며 살아가는 그것이 하늘에 오르
는 길이요, 구원을 받는 길이라는 것
을 알아야 할 것이니라.
4 예수의 이름을 부르며 나를 부르며 너
희가 말로써 그와 같이 기도하며 경배
하는 것, 그러면서 너희가 마지막에는
너희 소원을 빌며 너희가 무엇인가를
역사하고자 하는 마음을 갖고 기도하
는 것,
5 그리고 경배하는 것, 나를 사랑하는
것, 나를 따르는 것, 이 모두는 다 허
상임을 알아야 할 것이니라.
6 거래하는 것이요, 계산된 것은 다 물
거품이라 내가 그리 말하지 아니하였
던가?
7 정녕 구원을 받고 나에게 오르고자 한
다면 너희는 아무것도 없음이니라.

8 천사와 같은 마음으로 사는 것이니라.
9 그리고 나를 사랑하는 마음으로 사는
백성이니라.
10 그리고 내가 불로 직접 써 내린 나의
친필의 계명을 지키고 그를 따라 살아
가며 그와 같이 살아가는 것,
11 이제 제3의 시대에 내리는 나의 법전
을 읽고 깨우쳐 살아가는 백성 너희가
곧 나에게 오르는 자임을 알아야 할
것이니라.
12 하늘과 땅의 그 법도는 엄연히 구분되
며, 하늘에 사는 백성은 지상에 내려
와 너희를 통제할 수 있으나, 지상에
사는 백성은 하늘에 올라가 하늘에 사
는 백성을 통제할 수 없는 그와 같이
엄격히 구분된 그 엄연한 사실을,
13 너희가 지상에서 무엇을, 가진 재물이
요, 헌금이요, 그와 같은 것을 바쳐서
그것으로 너희가 나에게 구원을 받을
수 있다 생각하느냐?
14 그건 아무런 가치가 없음이니라.
15 너희가 아무리 많은 것을 바치며 어떠
한 헌금을 바치며 크나큰 교회를 지으
며 성당을 짓는다 하여도 그것은 60
점 내가 내려 준 그 안의 인간 세상에
서 이루어짐이니,
16 70점을 넘지 못하며 80점을 넘지 못
함이니,
17 그 넘지 못하는 그걸로 너희가 나에
게 바치는 것이 사랑하는 것이요, 하
늘에 오르는 길이요, 구원의 길이라
그리 말하며 재물을 많이 바치는 것이
구원을 받는다는 것이 얼마나 어리석
은 것이며 안타까운 것인지를 알겠는
가?
18 너희가 나에게 계속 연장돼서 오는 것
이며, 하늘과 땅이 같은 법도로써 이
루어진다면야 오죽하겠는가?
19 그러나 너희는 한계가 엄연히 있다
내가 하지 아니하였던가?
20 지옥과 천국이 구분되어 있듯이 그 선
이 그어졌듯이, 인간 세상의 삶이요,
너희가 살다 흙으로 돌아가는, 숨을
거두는 그 순간까지의 삶은 하늘의 삶
을 바라볼 수 없으며 하늘의 뜻을 볼
수 없는 것이니라.
21 너희가 죽어 한 줌의 흙으로 돌아가
는, 모든 것이 끝나는 그 삶에 이루어
지는 것,
22 나무 하나, 돌멩이 하나, 너희가 금이
아니라 어떤 것이라도, 나에게 어떠한
것을 다 바쳐도 그건 하늘에 오를 수
없으며 나와는 관계가 없는 것이니,
23 엄연히 하늘의 나라와 지상의 나라가
구분되기 때문이니라,
24 사랑하는 나의 아들아! 그 이치를 알
도록 하라.
25 너희가 지상에서 아무리 귀한 것이라
하여 금이요, 은이요, 금화와 은화라
하여도,
26 그 모두는 다 하늘에서 보는 것은 그
저 굴러다니는 돌이나 그저 너희가
말하는 백사장의 모래만큼도, 그리고
썩어져 가는 그 하나의 나무토막만큼
도 못한 것이거늘,
27 어찌하여 그리 보는 나 여호와에게 금
화와 은화는 너희가 육에서 필요한 것
이요, 육에서 필요한 것을 내가 그를
더 소중히 생각한다 하며 내가 그를
원한다 그리 말하는가?

28 하늘나라는 형체가 없다 그리하지 아니하느냐, 나의 아들아!

29 금화요, 진주요, 다이아몬드요, 그 소중한 보물이요, 패물이 왜 소중하던가?

30 너희 몸에 지니고 다니며 너희가 장식하니, 불변하며 변하지 않기로 그 빛이 아름답기 때문이 아니더냐?

31 너희가 금화와 은화가 소중한 건 무엇이더냐?

32 너희가 육의 세상에서 배고플 때, 추울 때 그를 면하게 해 주며 너희 어렵고 힘든 모두를 다 면해 줄 수 있는 것이 금화와 은화의 그 힘이기에 너희에게 필요하나,

33 하늘에는 형체가 없으니 보석이 필요 없으며 다이아몬드가 필요 없으며 금과 은이 필요 없는 것이니라.

34 그 색채를 달고 달 것이 없으며, 몸에 걸칠 자가 없음이니, 아무런 가치가 없는 것이니라.

35 너희에게 아무런 가치가 없는 것을, 너희가 아무리 소중히 한들 무엇하는가?

36 남에게 소중하나 너희에게 가치가 없고 너희에게 필요 없는 것은 소중하지 않지 않더냐?

37 인간 세상의 관계도 그러하거늘, 하늘과 육의 세상과의 그것은 엄연히 구분되어 있으니, 이 이치를 너의 제자들에게 조용히 깨우쳐 주며 만백성에게 깨우쳐 주라.

38 그러니 그 어리석은 자요, 사탄의 후손들이요, 사악한 자들에게 속지 말라 그리 이르라.

39 너희 육신이 죽지 아니하고 너희 육신이 하늘에 오른다 하면 너희가 지닌 패물이요, 금은보석이요, 진주요, 너희가 열심히 장만하여 그 몸에다 달고 다니는 것을, 나 여호와가 그를 보며 아름답게 볼 것이며 또 내가 갖고 싶은 마음이 있으며 취하고 싶은 마음이 있을는지 모르겠으나,

40 그것은 하늘에 올 수 없으며, 하늘에는 그걸 지닐 수 없는 천사들이 사느니라.

41 더욱이 창조주인 나 여호와에게는 그게 필요 없으니,

42 그건 돌만도 못하며 버려진 나무토막만도 못함이니,

43 그저 나에게는 죽어 비틀어 말라 있는 벌레의 죽음만도 못한 것이 금화와 은화요, 너희의 재물이요, 보석이니라.

44 그와 같은 이치를 깨닫는다면 너희가 그를 바치고 구원을 받으며 그를 하늘에 많이 쌓음으로 영광을 받는다는 것이 얼마나 어리석고 불쌍한 너희 처신이요, 행동인지 이제야 알겠느냐?

45 그러니 아무것도 가치 없는 것을 너희가 챙기고 나에게 오른다 하여 거둬들여 육신의 고달픈 삶을 살게 하는 것이 너희가 죄를 짓는 것이며, 너희가 그와 같이 사악한 자라 하였음이니라.

46 너희가 금화와 은화를 바치는 것이 하늘에서 필요로 하며 천사들에게 필요하며 내가 하늘을 다스리고 세상에 필요할 때,

47 인간 세상에서처럼 그 재물이 필요하다면 많이 쌓아 놓은 자, 많이 바치는 자, 너희가 축복이요, 영광될 것인지 모르나,

48 하늘에는 그게 돌멩이요, 모래만도 못
한 것이며 아무런 가치가 없느니라.
49 쓸 자가 없으며 지닐 자가 없으며, 그
게 필요 없으며, 그를 가지고 지닐 수
가 없으며, 지닐 자가 없음이니라.
50 그러니 너희는 나의 이 뜻을 알아야
할 것이며,
51 그들이 얼마나 가련하고 불쌍한 백성
인가?
52 그들에게 나의 뜻을 전하는 역사에 최
선을 다하라, 사랑하는 나의 아들아!
53 나의 아들 예수가 육을 가지고 가 육
으로써 너희에게 모두를 가르쳤으며
그 음성으로써 가르쳤으며 그 몸소 행
한 것을 가르쳤지 않느냐?
54 예수가 육을 가지고 나가서 너희와
똑같은 형태로써 살아간 것은, 너희와
똑같은 속에서 너희를 가르치는 것은
육을 가지고 가르치는 길밖에 없기
때문이니라.
55 그리하여 나의 아들이 육을 가지고 지
금 나가 육에서 너희를 가르치고 깨
우치며 육을 가지고 있기에 나의 법전
을 기록하여 전하지 않는가?
56 육의 세상에서 필요한 것이며, 육의
세상에서 역사하는 걸 가지고 하늘에
서 역사하는 것처럼 그리 잘못 가르치
며 사악한 짓을 하는 자들에게 속지
말라 그리 전하라, 사랑하는 나의 아
들딸들아!
57 너희가 나의 계명을 지키고 내 계명을
사랑하며 나를 정녕 사랑하는 자는 내
가 원하는 것을 지키고 순종하는 것이
니라.
58 계명을 지키고 율법을 지키며 지금 내
가 제3의 시대에 나의 아들을 통하여
내리는 160권의 이 아름답고 주옥같
은 나의 법전을 읽고 그 뜻을 따르는
것이 나 여호와에게 오는 길이요,
59 너희가 나에게 가까이 오는 길이며,
나에게 다가올 수 있는 길이라는 것을,
60 세상의 육에서 필요한 재물을 가지고
하늘을 사려 하지 말며, 하늘을 오염
시키지 말며, 그 착각 속에서 벗어나
도록 그리 전하도록 하라.
61 너희 자식이 아버지가 될 수 없으며
아버지가 자식이 될 수 없는 그 이치
처럼,
62 육의 세상에 가지고 있는 것이 하늘나
라에는 필요도 없으며 바꿀 수 없으며
변화될 수 없음이니,
63 영원히 지상의 재물이 하늘에 필요한
시기는 없을 것이며 그는 있을 수도
없느니라.
64 천사들이 그를 걸치지 않으며 천사들
이 그를 갖고자 시시비비하지 아니하
며 욕심내지 아니하며,
65 내가 하늘나라를 다스리고 만백성을
다스리는 데 그 재물이요, 금화와 은
화가 필요치 아니함이니,
66 그건 나에게 아무런 가치가 없음을
너희가 알아야 할 것이니라.
67 너희가 말로써 구원이 아니요, 나의
아들을 통하여 지금 전하고 내리는 그
뜻, 그 빛을 따라오는 것이 하늘에 오
르는 길이라는 것을 잊지 말라.
68 나에게 오르는 것은 나의 아들이 살아
가는 그 모습이요, 나의 아들이 법전
을 전하는 것이요, 나의 아들 몸에서
비추는 그 빛의 줄기를 따라와 그대로

지키고 살아가는 것, 그것이 하늘에 오르는 것이며 너희에게 가장 중요한 것임을 알라.
69 나 여호와가 너희에게 무엇을 원하고 요구하는 것이 있겠는가?
70 아무것도 없음이니라.
71 나의 계명대로 사는 것이요, 나의 법전대로 사는 것이 내가 너희에게 요구하고 바라는 가장 큰 것이니라.
72 그건 진리요, 성령이요, 영원히 너희가 그를 따라 어찌 행하느냐에 따라서 너희가 나에게 와 심판을 받을 때까지 같이 오며 따라오는 것이기 때문이니,
73 그 이상의 것은 아무것도 나에게 오는 길에 따라올 수 없음을 알라, 사랑하는 나의 아들딸들아!

6,365 번째 하나님 말씀

2003년 6월 8일 07시 23분

1 사랑하는 나의 아들아!
2 "네, 아버님! 말씀하옵소서."
3 이 세상의 육의 삶이 정녕 얼마나 길고 긴 세월이기에, 너희가 그 짧은 육의 삶에 의하여 영원히 사는 나의 나라에 오를 수 있는 그 기회를 얻지 못함인가?
4 그게 너희가 얼마나 불행한 것이며 얼마나 너희에게 슬픈 사연인가를 아는가?
5 이 모두의 세상에 살아가는 너희가 얼마나 천사처럼 살 수 있으며 아름답게 살 수 있는가?
6 너희는 그리 살 수 있기에 나 여호와가 너희에게 지키고 살라는 계명을 내렸음이니라.
7 이 계명은 내가 일찍이 말하지 아니하였던가?
8 아담과 이브가 내가 내린 선악과를 따먹지 말라 한 그 하나의 계명을 어겼으니,
9 그 백성의 마음에 욕심이 젖어 있기에 그 욕심을 다스리기 위하여 내가 너희에게 부득이하게 십계명이라는 것을 세상에 내렸음이니,
10 만백성이 그 십계명을 지키지 아니하며 그리 행하지 아니하였기에 지금은 천 가지, 만 가지 나의 법전이요, 나의 성령이요, 나의 새로운 뜻이요, 하늘의 이치를 너희에게 깨우쳐 전함이니,
11 160권 속에 모두를 다 기록하여 전함이니라.
12 그러니 다시는 더 없다 함이 여기에 있음이니라.
13 그리하여 이게 마지막이라 내가 너희에게 그리 말하여 가르치는 뜻이 여기에 있음이니, 어찌하여 이를 너희가 가슴속에 깊이 새겨 깨닫지 못하는가?
14 너희가 이 세상에 천사가 되는 길은 단 한 가지니라.
15 너희 마음먹기에 달렸음이니라.
16 이 세상에 부귀와 영화를 누리는 자, 권력을 누리는 자, 어렵게 살아가는 자, 너희가 마음 하나 먹기에 달렸음이니,
17 고대광실이요, 부귀를 누리며 사는 자, 권력이 있는 자, 가난하게 사는 자, 또 네가 실패하여 남들에게 신세를 지며 남들보다 더 못한 살림을 산다 하더라도,

18 너는 갖고 있으니 가져서 행복함이요,
또 없으면 없어서 행복함이요, 가난했
을 때는 가난해서 행복함이요, 있을
때는 있기에 또 행복이요,
19 그와 같이 세상사를 생각하고 살아간
다면, 그게 곧 십계명을 지킬 수 있으
며 천사가 될 수 있는 마음의 자리라
는 것을 어찌하여 모르는가?
20 그 마음을 하나 갖고 살아 보라.
21 너는 지금 가진 것이 없으며 가난하기
에 행복하다고 생각하며 가진 게 없기
에 행복하다고 생각하면, 세상에 천사
가 되지 않을 자가 어디에 있으며,
22 감히 십계명을 못 지키고 그를 지키지
못하는 백성이라 할 수 있는가?
23 조금 여유가 있다 하면 있어서 행복하
며, 여유가 있어서 행복하다 그리 생
각하며,
24 너희가 처해 있는 오늘의 삶의 그 존
재가 행복하며 축복이요, 영광이라 생
각한다면, 세상에 악한 자가 없을 것
이며 너희가 십계명을 못 지킬 리가
없음이니라.
25 그러니 너희 마음 하나 다스리는 것
이 얼마나 소중한 것인지 아는가?
26 너의 제자들에게 이르라.
27 지금 여유가 있는 자는 여유가 있어서
행복하며, 없는 자는 없기에 없는 그
자체가 행복하다 그리 생각하고 살라
전하라, 사랑하는 나의 아들아!

6,366 번째 하나님 말씀

2003년 6월 8일 07시 37분

1 사랑하는 나의 아들아!
2 "네, 아버님! 말씀하옵소서."
3 너희 만백성이 살아가는 세속의 삶 속
에서 관습과 전통이 언제 어디서 어떻
게 시작되었으며,
4 또한 과학이라는 것, 근거에 의해서
무엇인가를 발표하고 연구하는 자가
과연 어떤 생각에서 어디서부터 어찌
연구하여 진실한 것을 알아낸 것인지,
5 진실치 못한 것을 제가 대충 이야기하
여 발표하는 것인지, 그와 같은 진의
가 어디서 시작되었는지 그 뜻을 모르
고 행하는 것이 너무나 많고도 많음을
너희는 알아야 할 것이니라.
6 너희는 그 진의가 무엇이며 어찌하여
전통과 관습이 그리 흘러왔는가 하는
것을,
7 너희는 그저 악습이든 좋은 관습이든
옛날서부터 흘러 내려온 것이면 그것
이 맞다 생각하여,
8 그 뜻이 어디서 행하고 어찌 왔는지도
모르면서 너희가 그리 따르고 그리
행하고 그리 가는 것이며,
9 그것을 벗어나는 것은 잘못된 것이라
그리 말함이니라.
10 너희가 결혼하여 남녀가 합침이니, 여
자가 남자의 집으로 가는 그 방법이
요, 그와 같이 따라가 사는 그 방법은
과연 어디에서 그와 같이 생겼다 말하
는가?
11 그는 누가 언제 어떤 전통에 의하여
그리 흘러왔는가?
12 설상가상으로 딸이 없는 자가 딸을 기
르는 것이 부러워 며느리를 딸처럼 생
각하여 남의 집 여식을 자기 집으로
데려오는 방법으로 그가 만들어 전통

으로, 또 그것이 관습으로 전하여 내
려오게 하였다 하면, 그 뜻은 참의미
가 없는 것이 아니며,
13 너희가 그 시작한 것은 얼마나 간단
한 것에서 시작되었다 생각하는가?
14 울음을 우는 그 매미라는 미물은 그
울음소리가 날개에서 난다 어떠한 사
람이 그리 말하여 전했으니,
15 그러나 그 소리가 목에서 나온다면,
날개에서 나오는 건지 아닌지 누군가
가 그를 연구하고 그를 또 관찰했을
때 그것을 알 수 있을 것이거늘,
16 너희는 관찰하지 아니하며 그저 쉽게
날개에서 소리가 나니 매미의 울음소
리는 날개에서 나는 것이라 그리 믿고
온다면,
17 너희는 과연 정답을 알고 가르치는
것인가, 오답을 알고 가르치는 것인가?
18 이것이 너희 관습과 습관에서 잘못된
것이며, 그 의미와 뜻을 모르는 것이
많이 있음이니,
19 원인을 모르고 지키고 내려가는 습관
과 관례가 수없이 많이 있음을 알아야
할 것이니라.
20 지금 믿음의 길을 가는 종교 집단이
요, 지도자들이요, 하늘에 오르는 백
성이라는 너희는 더욱이 성서를 가지
고 공부하며 하늘에 오르는 길을 오른
다 하느니라.
21 그러니 성경은 바로 어찌 되었는가?
22 비유의 뜻으로써 모두를 다 가르쳐 줌
이니라.
23 비유의 뜻을 너희가 알아야 하며 그
가 원하는 그 속에 기록된 것을 알아
야 하는 것이니, 너희 중에 그러한 것
을 아는 자가 없음이니라.
24 그리고 너희는 그를 알 수가 없는 것
이니라.
25 성서에서 가르친 그것을 공부하는 자
가 없으며, 그를 가지고 연구하는 자
가 없으며, 너희가 또한 성서를 보고
그 비유의 뜻을 아는 것은 욕심이라는
근본을 가지고 보면 그 성서의 비유
를 전혀 알 수 없는 것이니라.
26 이 성서는 나 여호와가 나의 아들을
통하여 만백성을 구하고자 내리는 것
이니, 사악한 욕심을 가지고 보는 것
은 사탄의 자식이요, 악마의 자식이기
때문에 그를 알 수가 없음이니라.
27 너희가 나의 법전을 읽고 깨우치는 것
도 무엇을 얻고자 하여 욕심을 가지고
있으며, 무엇을 이루고자 하며,
28 이 법전을 읽어 빨리 무엇인가 고통과
시련에서 탈피하고 벗어나는 자가 되
고자 하며,
29 그리고 나 여호와의 진리를 들어 만백
성에게 군림하고자 하는 생각을 하는
자, 그와 같은 자는 깨달을 수가 없으
며,
30 나의 아들을 따르는 제자로서 너희는
중간에 탈락되며 영원히 그를 갈 수
없다는 것을 잊지 말라.
31 욕심을 비우고 성경을 읽으면 그 비유
의 뜻을 알 수 있으니,
32 종교 지도자가 마음을 비운 자가 어디
에 있으며 과연 신도라는 자들이 마음
을 비웠는가?
33 마음을 비우고서 성경을 읽으면 그 뜻
을 알 것이나 그 뜻을 알지 못함이니,
34 어디서 관습과 전통이 흘러 내려온 것

인지 그것도 모르면서 그저 들은 대로
흘러가는 대로 앵무새처럼 너희가 너
희 취향에 맞도록 모두를 맞춰 가르치
고 있음이니,
35 이것이 하늘에 오르는 길이 아니요,
지옥으로 가는 길이라 함을 알라, 사
랑하는 나의 아들딸들아!

6,367 번째 하나님 말씀

2003년 6월 8일 07시 48분

1 사랑하는 나의 아들아!
2 "네, 아버님! 말씀하옵소서."
3 말세에 거짓 선지자요, 사악한 자가
세상을 혼란케 한다 하였음이니, 그게
바로 몇천 년 동안 뿌리를 깊게 내린
사탄이요, 사악한 자들이니라.
4 사악한 자요, 거짓 선지자가 하루아침
에 세상에 내려와 그 역사를 이루지
아니함이니,
5 나의 아들이 세상에 와 너희에게 새
로운 생수를 전하고자 했으나 그를 전
하지 못하게 하며 그를 단죄한 자들이
바로 그때부터 사탄의 자식으로 변했
음이니,
6 그들이 거짓 선지자요, 사탄의 자식으
로서 수천 년 동안 뿌리를 내려왔으
니 그게 바로 종말인 것이니라.
7 한 사람의 선지자가 나와서 하루아침
에 종말을 고할 수 있으며 그가 아무
리 울부짖고 몸부림친다 해서 어찌 세
상을 덮을 수 있던가?
8 사악한 자가 세상을 덮은 것은 나의
아들 예수를 죽도록 한 그 순간에 그
들의 후손들이 욕심을 버리지 못하고
지금까지 흘러온 종교 집단이요, 지도
자가 거짓 선지자임을 알라.
9 그리고 그들이 거짓 선지자라 하여 창
조주 나 여호와가 수없이 나의 법전에
기록하여 너희에게 전하였으나, 정녕
너희는 그를 믿지 아니함이니,
10 너희가 바로 지금에 새로 나오는 것이
거짓 선지자요, 사탄이요, 이 세상을
덮는다 하니, 그들이 무슨 힘이 있으
며 무슨 역사가 있어서 그를 덮을 수
있겠던가?
11 진정 너희가 진리의 길을 가는 백성
이요, 나 여호와의 뜻에 가는 백성이
라면, 그 악의 뿌리가 진리를 이길 수
없음이니라.
12 그러니 지금의 악의 뿌리가 세상을 덮
고 있으니 그를 단죄하고 그를 다스리
고자 하여 진리의 불칼이 세상에 내려
가게 되어 있는 것을 너희는 알아야
할 것이니 그리 알라.
13 나 여호와의 진리를 가르치고 연구한
다는 것이 너희는 지금 그 길이 아니
요, 사악한 자들이 사악한 쪽으로 나
의 백성에게 선악과를 전하는 그와 같
은 일을 하고 있는 것이 오늘의 형국
이요, 오늘의 목자요, 너희가 지금 그
리 지도자라 하고 있는 자들이니라.
14 그리하여 너희는 그 선악과의 가짓수
를 수없이 늘림이니,
15 각종 교리와 진리와 하늘에 오르는 길
이라 가르치는 것이 너희가 진리가
아닌 그 선악과를 지금 나의 피조물
만백성에게 전하는 그와 같은 역사를
하고 있음이니라.
16 아담과 이브가 따먹은 것은 하나의 선

악과이나 너희는 수없는 선악과를 만
들어 전함이니라.
17 아담과 이브가 하나의 계명을 지키지
아니하여 내가 너희에게 십계명을 내
려보내 지키라 했듯이, 너희가 열 가
지, 백 가지 선악과를 만들어 전하기
에,
18 그를 막고자, 그를 방지하고자 내려온
것이 십계명임을 너희는 알아야 할
것이니, 나 여호와의 참진리요, 나의
뜻을 너희가 알아야 할 것이니라.
19 십계명을 지키지 않는 백성이 지금은
수천수만 가지의 선악과를 만들어 나
의 백성에게 전하고 있음이니,
20 너희가 헌금이요, 모든 재물을 거둬들
이는 그 방법의 숫자보다도 더 많은
것이 너희가 지금 선악과를 전하는
방법이니라.
21 그게 다 선악과의 열매이니라.
22 그러니 그를 다스리기 위해서는 그보
다 더 많은 열배 백배의 선함이요, 나
의 뜻이요, 행할 것을 세상에 내려보
내지 아니하면 그를 다스릴 수가 없음
이니,
23 이리하여 내가 나의 법전 160권에 세
상에 없는 내용이 없는 것을 다 기록
하여 하늘에 있는 것을 전함이니라.
24 하늘을 두루마리 삼고 바닷물을 잉크
삼아 써도 모자란다는 그와 같은 나의
뜻을 지금 가르침이니,
25 그것이 열배 백배로써 악한 것을 다
스리고 덮어 나가고자 함이니라.
26 저희가 교회요, 교인들의 욕심을 채워
주는 형식으로써 지금 믿음이라는 것
이 전락하였으며, 너희가 지금 얼마나
아부성에서 간악한 방법으로 가는가?
27 참진리를 가르치는 것이 아니요, 진리
를 가르치면 저희에게 떡과 생선이요,
재물을 바치지 아니함이니라.
28 그들은 어렵고 힘든 길을 갈 수 없기
에 그들의 교인들의 욕심을 채워 주는
형식으로 모두를 가르치고 있으며 그
리 전락하였음이니라.
29 지도자가 제자들의 취향에 맞춰 가르
치며 나의 뜻이라 가르치며 전하고 있
기 때문이니,
30 단 것만을 삼키고 쓴 것은 약이 되는
것을 받아들이지 아니하는 나의 백성
의 그 심리 상태를 역이용하며 악용하
는 것이 너희이니 그리 알라.
31 너희 인간 세상에도 살아가면서 젊은
시절에 놀고먹고 주색잡기에 혈안이
되어 살다가 젊은 혈기를 다 소진하고
낭비하여 너희가 거처할 수 있는 힘도
없을 때 그는 결국 무엇이더냐?
32 남들이 안식처에서 조용히 죽음을 맞
이하는 그와 같은 삶을 살지 못하며,
33 죽을 때 너희는 길거리의 돌을 베개
삼아 그저 하나의 낙엽보다도 못한 자
세로 죽어 가는 것이 너희 인생이니,
34 젊은 혈기를 그리 낭비해서는 아니 될
것이거늘,
35 지금 믿음의 길을 가는 종교 집단이
요, 지도자 너희가 그 욕심이요, 교인
들의 취향에 맞춰 그들을 가르치고 있
는 그 교리나 그 종교 집단들이 지금
행하는 그 모두가 젊은 시절에 모든
혈기를 낭비하며 주색잡기에 모두를
바치는 자들과 같으니, 너희 지금의
행위가 그와 같으니라.

36 그러나 죽어 가는 자, 젊은 혈기를 함
부로 쓰는 자는 그저 돌멩이 베고 죽
어 가나,
37 지금 젊은 혈기를 쓰는 것처럼 교리라
는 것을 인간의 욕심이요, 너희 제자
들의 취향에 맞도록 그리 만들고 가감
하며 만들어 전하는 것이 얼마나 무
서운 행위를 하고 있는 것인가?
38 그와 같은 자는 죽을 때 지옥으로 떨
어짐이니,
39 지옥으로 떨어져 영원히 사는 그 속에
서 그 대가를 치르는 것이 얼마나 무
서운 것인가를 너희는 모를 것이니라.
40 저희 뜻대로 가감하여 전하는 것을 모
두가 다 나 여호와의 뜻이라 너희가
비유하고 있음이니,
41 그리 생각하며 내가 원하는 것이라 그
리 말하며, 그리 가야만 내가 원하는
것이요, 나에게 올 수 있는 것이라 강
요할 때마다 그를 그저 그대로 받아들
이는 것이 너희이니라.
42 가감하고 너희 지도자들이 더하고 빼
서 교인들의 욕심과 취향에 맞도록 만
들어 놓고,
43 나 여호와가 원하는 것이요, 이건 절
대적인 것이라 강요하고 가르칠 때,
너희는 그저 '아멘, 할렐루야!' 부르짖
으며 손뼉을 치고 눈물 콧물을 흘리
니,
44 그것이 지옥으로 가는 연습이라는 것
을 잊지 말라, 사랑하는 나의 아들딸
들아!

6,368 번째 하나님 말씀

2003년 6월 8일 09시 28분

1 사랑하는 나의 아들아!
2 "네, 아버님! 말씀하옵소서."
3 성서에 기록하여 너희에게 가르치기
를, 고통과 시련의 길을 견디고 역경
을 이기고 오는 자는 나로부터 축복을
받으며 영광이 있다 그리 말하였음이
니,
4 그러나 이 뜻을 너희는 어찌 가르치
는가?
5 모든 종교 집단이요, 지도자요, 그 배
우는 신도라는 자들이 수천 년 역사가
흘러오면서 육의 고통과 육의 시련을
겪고 그 어렵고 힘든 길을 넘고 또 넘
어서 나에게 오는 것이 내가 너희를
사랑하며 기억함이라 그리 말하고 생
각하고 가르치느니라.
6 그러니 너희는 곧 나의 성경의 비유의
뜻을 모르며 내가 원하는 것을 모름이
니라.
7 내가 너희를 세상에 내려보낼 때 육
으로써 60점이라는 그 한계의 점을
주어,
8 그 속에서 이루어지는 모두는 다 너희
가 얼마만큼 노력하며 충실히 건실하
게 살아가느냐에 따라서 얻고 잃는다
하였음이니,
9 그러니 육의 세상에 너희 고통이요,
시련을 갖고 너희가 나에게 오는 그
와 같은 은혜와 영광을 내가 생각한다
그리 생각하지 말라.
10 그보다 더 먼저 소중한 것이 있으며
더 위대한 것이 있음이니라.

11 너희 육의 삶이 어찌 살았느냐에 따라
너희가 나에게 와 심판을 받는 것은
당연하나,
12 너희가 나에게 가까이 오는 그 고통이
요, 시련을 견디고 이기는 것이 어렵
고 힘든 자, 가난한 자, 그리고 살기
힘든 자, 그리고 그와 같은 어려운 역
경에 처했을 때 그것을 이기는 것으로
써 너희가 나에게 가까이 오며 내가
너희에게 은혜를 내리며 너희에게 내
리는 사랑이 크다 생각하지 말라.
13 너희가 육의 세상에서 이루어지는 것
은 너희가 어찌 노력하며 어찌했느냐
에 따라서 그 대가를 치르고 얻는 것
이니,
14 그것은 너희 노력 여하에 달렸으며,
너희가 사는 방법이요, 살아가는 형태
에 달린 것이지,
15 너희 육의 세상에 60점을 준 속에서
너희가 고난을 이기며 역경을 이기며
힘들게 오는 곳에서 나를 찾으며 나를
향하였다 하여 너희가 은혜요, 영광이
라 그리 생각하지 말라.
16 내가 성경에 기록하여 너희에게 전하
는 뜻은, 너희가 악습을 버리며 너희
가 마음을 다스리며 너희 욕심의 뿌
리를 뽑으며 사악한 것을 버리는 것,
17 영혼의 세계요, 정신의 세계를 위해서
너희가 나에게 가까이 오는 그 은혜와
영광이 있다는 것이니,
18 너희가 바로 살고자 깨끗하게 사는 마
음과 사악한 생각을 하지 아니하는
것, 그리고 너희가 가지고 있는 악습
하나하나를 버리고 나에게 오르고자
노력하는 것이지,
19 너희 육의 삶에 힘들고 고통스러운 것
을 너희가 벗어남으로써 나에게 은혜
가 있으며 그를 벗어난 자 영광이 있
다 함이 아니니라.
20 그와 같은 것도 내가 다 저버림은 아
니니라.
21 다만, 내가 너희에게 세상에서 노력하
면 네 가지고 있는 하나의 특성을 살
려서 살아갈 수 있도록 그 모두를 다
주었으나,
22 너희가 가난하고 힘들며 역경의 생활
을 하는 것은 게으르고 태만하며 노력
하지 아니하여 그와 같이 살아가는 백
성이 있으나,
23 내가 내려 준 특성을 찾아 너희가 살
아가는 길을 알며 네가 가는 길을 알
아 그리 노력하여 남에게 폐 끼치지
아니하며, 남에게 손가락질 받지 아니
하며, 스스로 노력하고 연구하여 너희
가 가정을 꾸리며 사회에 부끄럽지 않
은 삶을 사는 것 또한 내가 기억하지
아니함은 아니니라.
24 거기에 대한 너희 은혜와 상도 또한
없는 것은 아니니라.
25 그러나 내가 성경에 기록하여 너희에
게 고통과 시련이요, 역경을 이기고
견디는 것을 내가 큰사랑이요, 나에게
다가오는 길이라 하였음이니, 그것은
바로 무엇인 줄 알겠는가?
26 너희가 악습을 버리는 것이니라.
27 욕심을 버리는 것이니라.
28 인간으로서 그 모든 마음을 비우는
것, 그것이 너희가 나에게 오는 더 큰
사랑이니라.
29 자신과의 싸움에서 그 고통을 이기는

자, 그 시련을 이기는 자, 그 역경을
이기는 자, 그와 같은 백성을 내가 더
사랑함이요,
30 그와 같은 길을 가는 자, 나에게 한 발
짝 한 발짝 다가오는 백성이니,
31 그들을 내가 더 사랑하며 그들에게 내
리는 상이 더 큼이니라.
32 육에서 너희가 버티고 바로 사는 그
상보다 너희 정신이요, 너희 생각이
요, 사악한 마음을 버리며 욕심을 버
리고 사는 것, 그와 같이 너희가 악습
을 버려 나의 뜻에 따라 하늘에 오르
고자 변하는 모습, 그것이 더 큰 상임
을 알라.
33 변한 삶이며 변하는 역사를 이루는 것
이 너희에게 큰 상이요, 은혜며,
34 너희가 나에게 가까이 오는 가장 큰
길이며 가장 큰 역사며 바로 지름길이
라는 것을 잊지 말라, 사랑하는 나의
아들딸들아!

6,369 번째 하나님 말씀

2003년 6월 8일 12시

(강론을 마치며)

1 사랑하는 나의 아들아!
2 "네, 아버님! 말씀하옵소서."
3 한 젊은이가 그 살아온 죄의 대가를
위하여 감옥에 갇혔으니 그는 곧 사형
이 집행될 것이니라.
4 그에게 소원을 물었느니라.
5 그가 말하기를 나의 어머니 젖을 한
번 물어 보는 것이 소원이라 하여 그
어머니는 그 아들의 뜻을 따라 그 젖
꼭지를 물리니, 그 아들은 그 젖꼭지
를 입으로 깨물었다 하였느니라.
6 제가 그 젖을 먹고 자라지 아니하였더
라면 오늘의 이 아름다운 세상에서 사
형수로서 죽어 가지는 아니할 것이라
그리 생각했으니,
7 그 마음이 얼마나 비통하며 악에 차서
그와 같은 행위를 했겠는가?
8 그의 마음은 무엇인가?
9 그는 스스로 죽을 때까지도 저 자신을
깨닫지 못하며 반성하지 못하며 뒤돌
아보지 못하는 삶으로써 죽음을 맞이
하였으니,
10 그는 악에서 악으로써 모든 것이 끝나
고 간 것이나 마찬가지니라.
11 지금 내가 이 세상을 내려다보는 모든
종교 집단이요, 지도자 너희가 가는
것이 그와 같은 형국이니, 이를 보는
나 여호와의 마음이 얼마나 아프고 쓰
리겠는가?
12 어미의 젖을 깨무는 그 자식은 제가
잘못한 것은 생각하지 아니하며, 어미
의 젖을 먹여 정성을 다하여 기른 것
이 죄라 그리 말하고 생각하는 자이니,
13 그와 같은 행위를 할 수 있는 그 자식
의 행동을 바라보는 나 여호와의 마음
이 어떻던가?
14 그를 모르고 젖을 물려 주며 그 죽어
가는 자식에게 어머니의 젖을 최선을
다하여 그 사랑을 전하게 했던 그 어
미의 마음을 역으로 가는 그 자식의
형국을 바라보는 나 여호와의 마음이
어떠했겠는가?
15 지금의 모든 종교 집단이요, 믿음의
길을 가는 백성이 그보다 더 사악한
자들이며 더 간악한 자들로 되어 있음

을 너희는 알겠는가?
16 내가 그들을 탓하며 너희를 바로 세
우고자 함이니라.
17 내가 이 세상에 역사하는 것이요, 너
희가 반찬의 기본인 장이라는 것은
메주라는 것으로, 그 메주는 콩으로써
만든다 하여 내가 그것을 가르쳐 주
었으나, 그것을 거역하며 그게 아니라
하여 지금 하고 있는 백성이 지금 그
와 같은 형국이니라.
18 내가 내린 은혜요, 영광을 악으로 갚
으며 선을 악으로 갚는 그와 같은 행
위를 하고 있는 것이 너희라면 과연
너희는 이를 믿겠는가?
19 정녕 그렇다면 그를 내려다보는 나 여
호와의 마음이요, 가슴은 과연 얼마나
아프고 저리겠는가?
20 이것이 나 여호와의 아픔이니라.
21 그리고 젖을 물려 젖꼭지가 잘리는 그
어미는 그래도 그 자식을 원망하지 아
니하며 아픔을 모르는 것이 그 마음이
라 하면 너희는 과연 이를 알겠는가?
22 이와 같은 것이 나 여호와의 마음이
요, 내가 너희를 사랑하는 마음이 그
보다 백배 천배 더한 마음이기에 내
가 너희에게 마지막 이 기회를 내려
주었음이니라.
23 내가 최초에 인간을 만들어 너희에게
전하며 이 낙원을 만들었으며, 너희는
부끄러움을 모르며 너희 자신을 가릴
것이 없으며 숨길 것이 없으며 그와
같이 세상의 낙원을 만들어 너희가
살도록 하여, 내가 하나의 계명을 내
렸으니, 선악과를 따먹지 말라 하였으
나 그를 거역한 자들이니,
24 그가 젖꼭지를 깨문 그와 같은 자의
행위를 했음이니라.
25 그리하여 내가 나의 피조물 만백성을
다스리기 위하여 십계명이라는 것을
내리니,
26 이것이 근본이요, 하늘에 오르는 양식
이라 하여 내가 너희에게 내려보냈으
니, 이를 짓밟고 이를 짓이기며 나를
거역한 자가 너희가 아니던가?
27 이를 감히 너희가 뭐라 말하였느냐?
28 인간이기 때문에 이를 지킬 수 없다
하였으며 인간이기 때문에 이를 행할
수 없다 함이니,
29 전지전능한 나 여호와가 너희에게 지
키지 못하는 것을 내렸다 함이니, 이
마음이 얼마나 아프고 저려 오는지를
아는가?
30 내 가슴에 뻥 뚫린 그 마음을 알고 있
는가?
31 젖꼭지가 잘리는 그 쓰리고 아픈 마음
보다도 더 아픈 것이 나 여호와의 마
음이니라.
32 그리하여 지금 내가 나의 아들을 통하
여 하늘 모두의 뜻을 다 내려보냄이
니, 내가 여기서 뭐라 말하였느냐?
33 나 모두를 태워서 내려보내는 것이
나의 법전이요, '하늘에 오르는 길'이
요, 하나님! 말씀하옵소서' 이 책이라
내가 그리 말하지 않느냐?
34 젖꼭지를 물린 어미가 또 그 고통과
시련을 겪어 내리는 것처럼 그 자식을
사랑하는 것만큼, 그 자식의 죽음을
애통해하는 것만큼,
35 그 죽어 간 자식의 시신을 그 손으로
묻고자 발버둥치는 그 부모의 마음보

다도 더 애절한 마음으로써 내가 너희
에게 지금 마지막 시대를 열어 나의
법전을 이리 전함이니라.
36 160권의 법전으로써 너희에게 전하
는 이 나의 아픈 마음을 너희가 생각
하고 기억한다면,
37 너희가 죄를 짓지 아니하고 살 수 없
으며, 십계명을 지키지 아니하고 살
수 없으며 욕심을 버리지 아니하고 살
수 없다는 말을 할 수 없을 것이니라.
38 온갖 정성을 다하여 길러 준 그 어미
의 젖을 먹고 제가 자란 것이 죄요, 제
가 오늘의 사형수가 됐다 생각하는 그
와 같은 사악하고 무서운 마음을 갖지
말라.
39 그것이 다 욕심이니라.
40 모두는 다 너희가 잘못된 결과요, 너
희가 역사한다는 것을 잊지 말라.
41 너희가 한 대로 거두어지는 것이요,
42 남이 너희에게 죄를 짓도록 하는 것
이 아니요, 너희를 대신 다스려 주는
것도 아니며,
43 너희 죄를 대신 죄 사함을 받을 수 없
으며 대신할 수 없는 것이 하늘의 이
치요, 이 세상에 너희가 살아가는 이
치임을 잊어서는 아니 될 것이니라,
사랑하는 나의 아들딸들아!

6,370 번째 하나님 말씀

2003년 6월 9일 01시 23분

1 사랑하는 나의 아들아!
2 "네, 아버님! 말씀하옵소서."
3 이 세상 너희 부모들이 자식을 가르치
며 다스림에 있어서 그들이 바로 가며
똑바로 갈 때, 그리고 부모가 원하는
삶이요, 그 길을 간다 할 때, 누가 그
를 탓하며 그를 욕하며 그에게 매질하
며 그에게 원성을 사는 그와 같은 마
음의 자세를 가지고 있는 부모가 있겠
는가?
4 자식이 바로 가지 못할 때, 바로 서지
못할 때, 그 부모의 노여움이 있으며,
그 부모의 언성이 크게 나오게 되며,
그 모두는 다 거기에서부터 너희 자식
과 부모 사이에 또한 거리가 생기는
것이니라.
5 그러니 제대로 가는 자식을 탓하는 부
모가 어디에 있겠는가?
6 그저 세상에 자식으로서 태어난 그것
만으로도 그들이 보기가 소중하며 아
까운 것을,
7 그들이 바로 서고 바로 갈 때 그 부모
의 마음이 얼마나 기쁘고 즐겁겠는가?
8 그러나 그 기대했던 자식이 잘못 가며
부모의 뜻을 거역할 때, 그 부모의 노
여움은 과연 어떠하겠는가?
9 지금 내가 그러하니라.
10 나 여호와가 나의 백성을 세상에 내
보내 그들에게 나의 뜻대로 살아 나에
게 오르라 그리하였거늘, 그들이 지금
어찌 가고 있는가?
11 나의 아들 예수의 죽음으로써 그들에
게 깨우쳐 주려 했던 그 결과의 오늘
이 무엇이던가?
12 모두가 다 사탄이 되어 있음이니라.
13 그러니 그를 보는 나 여호와의 마음이
어떠하며, 그를 바로잡아야 하는 나
여호와의 그 잡고자 하는 마음은 과연
어떠하던가?

14 내가 뭐라 말하였느냐?
15 너희는 그렇지 않다 그리 말하나, 모
든 백성이 서로 슬프고 즐겁고 괴로
울 때, 서로의 나눔을 가지며 서로에
위로하며 도움을 주고자 하는 것이 인
간 세상에 사는 가장 아름다운 마음이
니, 그게 사랑이 아니던가?
16 어렵게 살던 자가 집을 장만하며, 또
너희가 노력하여서 한 기틀을 잡아
가는 자, 그와 같은 자에게 가서 너희
가 축하해 주는 것이 무엇이며 답례
하는 것이 무엇이더냐?
17 그게 바로 사랑이니라.
18 어려운 집안이요, 슬픈 일이 있을 때
위로해 주며 그 집안을 격려하며 같이
살아가는 것, 그리고 도움을 주고자
하는 것, 그것이 무엇이더냐?
19 사랑이니라.
20 사랑이 근본이며, 사랑이 하늘에 오르
는 길이라 하였으니, 만백성은 그와
같이 사랑을 베풀고 사나,
21 종교 지도자 그들은 그와 같은 기회를
이용하여 저희가 거둬들이고 받아들
이는 행위를 하니,
22 그것은 거둬들이고 받아들이는 것이
나의 뜻을 거역하는 것이요,
23 저희가 모든 백성과의 차별화된 삶을
사는 것이며 역행하는 삶이라 하나,
그는 곧 사랑이 없는 자들이니라.
24 사랑이 메마른 자들이니라.
25 사랑을 나누며 사랑을 베푸는 백성에
게 그를 가르치는 자가, 사랑의 씨앗
이 무엇이며 사랑이 무엇인지 그 자체
도 모르며 사랑의 나무라는 것도 모르
는 자가, 사랑이라 하여 나무를 가르
친다 말한다면 그게 말이 되는가?
26 그와 같은 지금 잘못된 형국이 모든
종교 집단이요, 지도자들이 가고 있는
형국이니라.
27 너희는 그저 슬프고 괴로움을 같이 나
누며 서로 돕고 위로하는 것이 바로
인간 세상에 살아가는 법도라 하나,
하늘에서 보는 나 여호와가 내린, 내
가 가장 원하며 너희가 나에게 오르
는 길을 행하고 실천함이니라.
28 그게 사랑이니라.
29 그 사랑을 모르는 자, 그 사랑의 베풀
어야 할 자리를 악용하여 거둬들이는
자, 제 앞에 재물을 챙기는 자, 그것이
어떠한 자더냐?
30 백로 노는 곳에 가서 까마귀가 하는
행위나 똑같은 것이 아니던가?
31 바로 그와 같은 행위를 하는 자가 그
들이니라.
32 그리하여 그들이 사탄이요, 이단이요,
나와 관계없는 자라 그리 말함이니,
33 내가 이 법전에 기록하여 전하는 이
무서운 사실을 너희는 만백성에게 읽
고 깨우치도록 그리하는 역사를 다 하
도록 하라.

6,371 번째 하나님 말씀

2003년 6월 9일 01시 31분

1 사랑하는 나의 아들아!
2 "네, 아버님! 말씀하옵소서."
3 하늘에 오르는 길은 단 하나요, 참진
리의 길은 하나라는 것을 너희 백성에
게 깨우쳐 줘야 할 것이니라.
4 너희는 이를 알고 이를 향하여 한 길

에 매진하는 그와 같은 진리를 연구하
며 하늘을 보고 너희가 바로 살아가
는 그와 같은 삶을 살아야 할 것이니
라.
5 다른 진리는 없느니라.
6 오로지 너희가 하늘에 오르는 길은
하나요, 참진리의 가르침의 뜻은 하나
라는 것,
7 그는 변하지 아니하며 변질하지 않는
것이라는 것을 너를 따르는 제자들에
게 가르쳐 줘야 할 것이며,
8 나의 법전을 읽고 깨우친 백성은 이
진리의 이치를 알아야 할 것이니라.
9 그러니 너희가 참된 진리의 길이요,
하늘에 오르는 길이라는 것은 내가 직
접 친필로 내린 십계명과 율법이요,
나의 법전이니,
10 다른 복음을 전하는 것은 내가 용서할
수 없으며 너희가 용서받지 못함을
너희는 알아야 할 것이니라.
11 나의 율법이요, 나의 십계명을 지키도
록 가르치는 것, 그리고 내가 지금 나
의 아들을 통하여 내리는 나의 법전을
전하는 것,
12 그것 이외 너희가 전하는 것은 다른
복음을 전하는 것이니, 너희는 정녕
용서를 받을 수 없음을 알 것이며 용
서를 받을 수 없다는 것을 알라.
13 내가 천사도 용서치 아니할 것이니라.
14 하늘에 있는 천사라 하여도 그가 내가
지금 내리는 나의 법전이 아닌 다른
복음을 전할 때 그도 또한 나에게 용
서받지 못할 것이며,
15 지금 나의 법전을 기록하여 전하는 나
의 아들 또한 내가 내리는 나의 법전
이요, '새로운 성경'이요, '하나님! 말
씀하옵소서' 하늘에 오르는 이 책에
대한 것을 가르치지 아니하고 다른 복
음을 전했을 때, 내가 나의 아들까지
용서치 아니하며 그를 거둬들이지 아
니할 것이라는 것을 너희는 알아야
할 것이니라.
16 하늘의 뜻만을 전하는 것이 진정한 복
음이요, 하늘의 뜻을 전하지 아니하는
것은 진정한 복음이 아님을 너희는
알아야 할 것이니, 이를 명심해서 바
로 너희가 가도록 하여야 할 것이니
라.
17 또한 너희가 바로 선택하는 그와 같은
안목을 가져야 할 것이니라.
18 진정한 복음인 하늘의 뜻이 아니요,
하늘의 뜻이 아닌 복음은 너희를 지옥
으로 이끌어 가는 길이니, 너희가 바
로 이를 선별하는 눈을 떠야 할 것을
이제는 알아야 할 것이니라.
19 오로지 너희가 눈을 뜰 수 있으며 들
을 수 있는 것은, 나의 법전을 가슴에
안고 정독하는 길만이 너희가 진정한
복음인지 아닌지 알 수 있으며, 나 여
호와의 뜻인가 아닌가를 알 수 있는
길임을 너희는 알아야 할 것이니라.
20 나의 성전에 나오는 자, 나 여호와가
존재한다 믿는 자, 너희가 그와 같이
아무리 부르짖고 울부짖는다 해도,
21 진정한 복음을 따라가지 않는 자, 진
정한 복음의 길을 가지 않는 자, 그들
은 하늘의 이치요, 하늘에 오르는 길
을 볼 수 없다는 것을 너희는 알아야
할 것이니라.
22 지금 나의 법전을 가지고 나의 성전에

와 공부하는 백성, 내가 나의 아들을
통하여 내리는 강론을 듣는 백싱, 너
희는 내가 부른 자들이니라.
23 나 여호와의 만찬에 참석할 수 있도록
너희는 내가 초청장을 보낸 자며, 너
희는 초청을 받은 그와 같은 자이니,
나의 만찬에 초청장을 받은 자라는 것
을 너희는 잊지 말라.
24 그를 받은 자가 어찌 살아가야 하며
어찌 행해야 하는가를 너희는 알아야
할 것이니,
25 지금 나의 성전에 와 나의 아들의 강
론을 듣고 하늘에 오르는 길이요, 진
리를 찾고자 하는 너희가 여기에서
최선을 다하지 아니하며,
26 이것이 과연 나 여호와의 뜻이요, 참
진리인가 하여 의혹의 마음을 가지며
불안한 마음을 갖고 있는 자들, 여기
서 등지고 떠나는 자들이 어떠한 자인
지 알겠는가?
27 정녕 나로부터 초청을 받은 영광을 가
진 너희가 지금 대가를 받기 위하여,
생활의 대책을 하기 위하여 가르치는
종교 지도자들을 따라가는 형국이 되
어 있음이니,
28 너희가 그를 따라가는 것이 과연 무
엇인 줄 알겠는가?
29 그들을 따라가는 것이 어떠한 행위에
서 그와 같은 역사가 있는지 아는가?
30 나의 성전을 비리고 등 돌리고 떠난
자, 나의 법전을 던져 버리고 가는 자,
너희는 편안한 마음, 편안한 길로써
하늘에 오르는 길이요, 힘들고 어려운
역경의 길이 아닌 길로써 하늘에 오르
고자 하는 자들이니,
31 그게 바로 너희 마음속에 있는 욕심
이니라.
32 너희 마음속에 있는 그 욕심을 버리
지 못하여 나의 성전을 떠나며 나의
법전을 던지고 가는 자, 그리고 나의
아들에게 이단이요, 사탄이라 등 돌리
고 떠나는 자,
33 너희 욕심에 의해서 그와 같은 행위를
하는 자들이니,
34 그 대가가 얼마나 무서운 것인가를
너희는 알아야 할 것이며 깨달아야
할 것이니라.
35 지금의 모든 종교 집단이요, 지도자들
을 따라가는 자들이 편안한 길을 가고
자 하는 것은,
36 지금의 종교 지도자들이 신도라는 백
성의 욕심을 채워 주는 방법을 가르치
며, 그들이 들어서 즐거운 말만을 가
르치며,
37 그들의 비위를 맞추며 그 비위를 맞추
기 위하여 설교하는 그와 같은 종교
지도자들이 존재하는 그 속에 너희가
들어가는 것이니,
38 과연 신도들의 욕심을 채워 주기 위한
설교요, 그들의 비위요, 그들이 원하
는 것에 끌려가는 그와 같은 종교 지
도자가 참진리를 가르치는 것인가?
39 하늘에 오르는 길은 어렵고 힘든 길이
라 그리 말하였거늘, 어렵고 힘든 길
이 아니요, 편안하고 즐거운 길로써
인도한다 하는 자들,
40 그들을 따라가는 것은 따라가는 자의
욕심이니,
41 그 대가가 얼마나 무서운 것인가를 알
게 될 것이니, 그때는 이미 때가 늦음

을 알라.

6,372 번째 하나님 말씀

2003년 6월 9일 01시 40분

1 사랑하는 나의 아들아!
2 "네, 아버님! 말씀하옵소서."
3 이 깊은 밤 너에게 나의 성령을 태워
내려보냄이니, 이는 곧, 내가 얼마만
큼 너희를 사랑하며, 지금의 너희가
얼마만큼 위험한 지경에 있는가를 너
는 돌아다봐야 할 것이며, 너를 따르
는 제자들 또한 그를 봐야 함을 잊지
말라.
4 지금의 모든 종교 집단이요, 지도자들
이 수천 년 동안 흘러오는 그들의 관
습대로 지금 그 행위를 그대로 계속
믿어 가고 있으며 그들이 지금 역사하
고 있는 그 모두는 나를 위하여 나에
게 경배하며 하늘에 오르는 길을 가고
자 하는 것이 아니며,
5 그들이 그 길을 온다 말하나 나와 전
혀 관계도 없는 길을 가고 있는 자들
이니라.
6 지금의 그들이 가고 있는 믿음이요,
그들의 형국이 무엇인 줄 알겠는가?
7 가르치는 지도자, 구원을 받았다 말하
는 그 백성, 재물로써 저희가 지은 죄
를 용서를 받을 수 있다 생각하는 자
들,
8 그 모두가 나의 아들 예수를 믿음이
아니요, 그들 나름대로 마음속에 두고
있는 다른 예수요, 다른 나의 아들을
믿는 자들이며,
9 나의 성령을 따라 그들이 공부하며 나
의 성령을 믿는 것이 아니요, 다른 성
령이요, 다른 영을 믿는 자들이라는
것을 너는 알아야 할 것이니라.
10 그들은 우상을 섬기는 기복 신앙의 대
표자며, 기복 신앙에 의한 복음을 전
파하고 있는 데 앞장서고 있으며,
11 그들이 행하고 있는 것이 기복 신앙의
복음을 전파하는 전사로서 지금 살아
가고 있음이니,
12 그게 바로 사탄의 자식이요, 사탄의
뜻과 사탄의 악의 뿌리를 가슴에 안고
행하는 자들이기에,
13 지금 내가 더 이상 기다릴 수가 없으
며 더 이상 이를 보고 있을 수 없기에,
내가 밤과 낮을 가리지 아니하며 나의
아들에게 나의 성령을 내려보내 160
권의 법전을 만드는 대역사의 길을 가
고 있음이니라.
14 그리하여 이 밤 또한 내가 너에게 성
령의 뜻을 전함이니, 이 얼마나 시급
한 상황인가를 너희는 알겠는가?
15 그들이 지금 다른 예수요, 다른 성령
이요, 다른 영이요, 우상의 기복 신앙
의 대표자로 가고 있음이니,
16 그를 보는 신도들은 그를 즐거운 것으
로 알며 저희가 구원받는 길로 알며
그게 영광의 길이라 하여 그들의 그
숫자가 계속 늘어나고 있음이니,
17 머지않아 그들이 이 세상을 덮으며 지
배하기 직전에 와 있음이니라.
18 그리하여 이와 같이 힘들고 어려운 길
을 지금 내가 나의 아들에게 잠시도
쉬는 시간을 주지 아니하며 그 마음을
놓치지 아니하며 이 법전을 만들어 전
하는 역사를 하고 있음을 너희는 알

아야 할 것이니라.
19 그를 따른다는 그 신도들 또한 그와 같은 믿음 속에 빠져 있으며,
20 그들이 그곳에서 또한 빠져나오려 하는 자가 없다는 것이 가장 무서운 오늘의 이와 같은 형국임을 너희는 알아야 할 것이니라.
21 그러니 그 속에 젖어 있는 백성에게 참진리요, 참뜻을 내가 '하늘에 오르는 길'이요, '하나님! 말씀하옵소서'라는 나의 새로운 성경이요, 나의 법전에 기록하여 전하나,
22 그들은 나의 법전을 거부하는 것이니라.
23 나의 법전을 거부하며 이를 던지는 자는 나 여호와를 거부한다는 것을 그들이 모르고 있음이니,
24 나를 찾으면서 나에게 오르고자 한다는 백성이 나의 뜻을 거부하며 나를 능멸하는 행위를 하고 있다는 것을 너희는 알아야 할 것이니라.
25 지금 너희가 모두 다 다른 예수를 받들고 있으며, 다른 영들을 받들고 있으며, 다른 복음을 지금 전파하고 있다는 것, 그것이 오늘의 종교 집단이요, 지도자들이 가고 있다는 것을 너희는 알아야 할 것이니라.
26 그러니 너희는 그와 같은 기복 신앙에 젖어 있는 자들이니,
27 내가 역사하는 모두를, 영적으로 역사하는 것을 너희가 보지 못하며,
28 너희가 육의 세상에서 육을 가지고 있는 그 한계 내에서 벗어나기 위해, 육의 가르침을 위하여 너희가 존재하는 것이니라.
29 너희는 육의 세상에 의해서 육의 한계를 벗어나지 못하며 육의 역사를 벗어나지 못하는 그와 같은 속에 있기에,
30 나의 법전 또한 너희가 이를 알지 못함이니,
31 나의 법전은 나의 성령이 영적으로 임하는 것이기에,
32 너희가 그 육의 한계를 벗어나지 못하며 육의 세상에 존재하는 자이기 때문에 그를 깨닫지 못하고 알지 못하며 보지 못하기 때문임을 알아야 할 것이니라.
33 너희는 여기서 알아야 할 것이니라.
34 나의 아들 예수가 세상에 태어난 그 자체가 무엇이던가?
35 그것도 영의 세계요, 영으로써 이루어진 것이며, 나의 성령으로써 역사한 것이니라.
36 나의 아들 예수가 부활한 것 그 자체가 무엇이던가?
37 그것 또한 나의 성령이요, 영의 세계에서 이루어진 역사이니,
38 너희가 그를 시시비비해서는 아니 되는 이유가 거기에 있음이니라.
39 너희가 모든 성령으로써 영으로써 영의 세계에서 이루어진 것을 너희가 육을 가지고 있으며 육의 세상에서 바라보기 때문에 그를 알 수 없는 것이니라.
40 나의 아들 예수가 잉태한 것도 성령으로써 이루어진 일이요, 나의 아들 예수가 부활한 것도 성령으로써 이루어진 것이요,
41 나의 아들을 통하여 내리는 160권의 법전도 성령으로써 역사하는 것이며

성령으로써 이루어짐이니,
42 육을 가진 너희가 육의 세상을 벗어
나지 못하는 자이기에 볼 수가 없으
며 그를 받아들일 수가 없느니라.
43 그리하여 내가 너희에게 육의 형태로
써 지금 모두를 가르치고 전함이니라.
44 나의 아들이 지금 육의 형태를 가지고
너희가 글로써 볼 수 있는 것, 그리하
여 나의 법전을 만드는 것도 너희가
육에서 벗어나지 못하며 육의 세상에
있기에, 육으로 존재하는 나의 아들을
통하여 너희에게 전함이니,
45 너희는 영의 세계에서 이루어지는 것
을 보지 못하기에 너희가 육으로써 볼
수 있는 것, 너희가 접할 수 있는 것,
그리하여 내가 육으로써 모든 것을 이
세상에 내려보내며 너희를 깨우치고
자 하는 것이 나의 뜻임이니라.
46 그러나 내가 역사하는 것은 너희 영
의 세계에서 역사한다는 것이며,
47 그 영의 세계의 역사함을 보는 자가
바로 육의 세상에 존재하는 한 계단
넘어선 자라는 것을 깊이 깨달아야 할
것이니 그리 알라.
48 나의 아들 예수가 잉태해 세상에 태어
난 그것도 성령이요, 예수의 부활도
성령이요, 나의 160권의 법전도 성령
이니,
49 이 성령으로 내려지는 것을 육을 가진
너희가 그 성령의 역사함을 모르니,
여기에 너희가 시시비비하지 말며 감
히 너희가 갑론을박하지 말라.
50 영으로 이루어지며 성령의 이루어지
는 세계를 보지 못하는 너희가 나의
법전을 가지고 사탄이요, 이단이요,
사악한 것이라 말하지 말라.
51 너희 육이 존재하는 그 세상에서 눈을
뜰 때, 그를 쥐 그를 벗어났을 때, 그
성령으로 이루어진 나의 법전의 의미
를 알게 될 것이니 그리 알라.

6,373 번째 하나님 말씀

2003년 6월 9일 01시 51분

1 사랑하는 나의 아들아!
2 "네, 아버님! 말씀하옵소서."
3 수천 년 동안 믿음의 길을 온 그 백성
도 말하기를, 이 세상의 작은 것 하나
까지 나 여호와의 뜻이라 그리 말하느
니라.
4 그리고 그곳에서 구원을 받았다는 신
도라는 그 백성 또한 그리 말하느니라.
5 모든 것에 이루어지고 안 이루어지는
것, 지고 나는 것, 그 모두를 다 너희
는 나 여호와의 뜻이요, 하늘의 뜻이
라 그리 말하고 가르치느니라.
6 또한, 나의 법전을 읽고 깨우친 백성
너희도 모두는 창조주 나 여호와의 뜻
이라 그리 말함이니,
7 그러나 지금의 종교 집단에 속해 있는
그 신도요, 그 지도자들이 하늘의 뜻
이라 말하는 것과 나의 법전을 읽고
깨우친 백성이 하늘의 뜻이라 말하는
것은 하늘과 땅의 차이가 있다는 것을
너희는 알아야 할 것이니라.
8 지금의 모든 종교 집단, 지도자들은
무엇 때문에 그리 이루어지며 그것이
어찌 역사하는 것인가 그 내용을 알지
못하며 흐름을 알지 못하면서 그저 나
여호와의 뜻이라 그리 말하나,

9 너희는 하나하나의 이루어지는 그 모
두가 다 어찌하여 이루어지며 어찌
행하여지는지 알고 있는 백성이기 때
문에 그들과의 차이이니라.
10 너희가 하늘에 오르는 길을 가는 것,
그리고 나에게 올 수 있는 길이라 말
하는 것, 지금의 모든 종교 집단이요,
지도자들은 그 길이 어찌 가는 것이
며 어찌 역사하는 것인가를 모르는
자요, 너희는 그 모두를 다 알고 있는
자들이니,
11 너희가 똑같이 나 여호와 하나님의 뜻
이라 말을 하나 너희가 말하는 그 백
성의 차이가 하늘과 땅의 차이가 있다
그리 말하지 아니하였던가?
12 그와 같은 이치가 다름을 너희는 알
아야 할 것이니라.
13 내가 너희에게 깨우쳐 전하기를, 어린
아이가 울 때 그가 배가 고파 울며 그
가 아파서 우는 것을 모르는 어머니
와, 그가 무엇 때문에 우는지를 아는
어머니와는 그 차이가 있다 그리 말하
였음이니라.
14 그러니 나의 법전을 읽고 깨우친 백성
은 하늘에 오르는 길이 무엇이며 역사
하는 것이 무엇인가를 아는 너희요,
그렇지 않은 백성은 그 자체를 알지
못하는 자라는 걸 너희는 알아야 할
것이니라.
15 지금의 모든 종교 집단이요, 지도자
그들은 2천 년 전에 역사했던 것, 또
행했던 것, 그 행위를 지금 하나도 변
화되지 아니하고 그와 같은 행위를 하
는 자들이니라.
16 2천 년 전에 나의 아들이 세상에 왔으
나 그를 믿지 아니하였으며, 믿음의
길을 간다는 그 백성이 나의 아들 예
수를 배척하고 참진리를 전하는 그를
매도한 백성이니라.
17 그러니 그때 그와 같은 행위를 했던
그 백성의 후손인 너희가 지금 그보
다 더 사악한 행위를 하고 있으며, 그
와 같은 역사를 이루고자 하는 것이니,
18 바로 너희가 하나도 변화된 것이 없
으며 깨달음이 없다는 것이니라.
19 그러니 너희가 하늘에 오르는 길이요,
참진리의 뜻을 모르면서 그저 맹종하
고 맹신하는 그 믿음을 왔기 때문에,
20 너희가 모두는 다 하늘의 뜻이 역사하
는 것이라 해도 그와 같이 나의 법전
을 읽은 백성과 지금 종교 집단 너희
와는 하늘과 땅의 차이가 있음이며,
21 아직도 너희는 땅에서 한 걸음도 오르
지 못한 그와 같은 소리를 하는 것이
요,
22 나의 법전을 읽고 깨우친 백성은 하늘
을 향하여 가벼운 마음으로 한 계단
한 계단 경지에 오르면서 그 이치를
알고 있는 자라는 것을 너희는 알아
야 할 것이니라.
23 지금 나 여호와가 하늘의 뜻이요, 나
여호와의 뜻을, 나의 아들 예수를 통
하여 전하려 했던 그 참진리를, 그 당
시 그 믿음의 길을 가는 백성은 이단
이요, 사탄이라 하여 배척했고,
24 또 예수를 그와 같이 못 박고 처참하
게 죽여 가는 그 방향으로 이끌어 그
를 죽인 그 사악한 자들의 뿌리가 지
금도 그와 같은 행위요, 그와 같은 뜻
을 버리지 못하고 있으며, 그 행동을

버리지 못하고 있으며,
25 그 사악한 마음을 버리지 못하는 자
들이니라.
26 그리하여 지금 내가 참진리요, 나의
성령을 태워 내려보내는 나의 법전을
그들이 지금도 나의 아들 예수를 그리
사악하게 죽게 했듯이 그와 같은 방법
으로써 그 모두를 다 짓밟으며, 그가
존재하지 못하도록 하는 것이 너희의
그 마음에 가지고 있는 형태이니,
27 지금의 너희가 2천 년 전이나 하나도
변한 것이 없으며 더 사악해진 백성으
로 되어 있음을 내가 너희에게 그리
된 것이라 말함이니라.
28 그 모든 주역이 지금의 기독교라 하는
자, 너희가 주역의 역할을 하고 있다
는 것을 알아야 할 것이니라.
29 모든 종교 집단이 이러한 행위를 재연
하면서도 그중에서도 기독교라 하는
그와 같은 종교 지도자의 집단들이 가
장 큰 주역의 역할을 하고 있다는 것
을 너희는 알아야 할 것이니라.
30 그러면서 그들은 가장 큰 죄가 무엇
이며,
31 그게 무섭고 두려운 죄라는 것을 알
지 못하는 자들이니라.
32 그리하여 그들이 지금 행하고 있는 그
행위가 무엇인가?
33 저희가 나의 뜻을 거역하며 나를 능멸
하는 그와 같은 행위를 하면서도 나에
게 오르는 길이요, 나의 뜻이요, 참진
리를 간다 그리 말하고 있음이니, 그
들은 나와는 관계가 없는 자들이니라.
34 그들이 정녕 나의 백성이요, 나에게
오르는 길이요, 하늘에 오르는 빛을
보려 한다면,
35 그들의 마음속에 도사리고 있는 욕심
의 근성을 버리지 아니하면 그를 볼
수 없으며 나의 백성이 될 수 없으며,
36 너희는 2천 년 전에 참진리요, 나 여
호와의 뜻을 전하고자 했던 나의 아들
예수를 처참히 죽게 했듯이,
37 그보다 더 사악한 방법으로써 나의 법
전을 태워 버리고 찢어 버리며, 그를
존재치 못하게 하며,
38 나의 아들과 그 제자들까지도 이 세상
에 뿌리를 내리지 못하도록 사악한 행
위를 자행할 것이라는 것을 나 여호와
는 알고 있음이니라.
39 그러나 너희의 그와 같은 생각은 이루
어지지 아니함을 알라.
40 이는 나 여호와의 진리요, 나 여호와
의 참뜻이요,
41 그리하여 이가 만백성을 구하는 길이
요, 심판의 근본이기에 나의 법전이
세상을 덮을 것이니,
42 너희가 여기에서 거부하고자 하며 2
천 년 전의 그 행위를 사악한 방법으
로써 재현하고자 하나,
43 그것은 너희에게 이루어지지 아니하
며 너희가 스스로 문을 닫는 역사가
이루어짐을 알아야 할 것이니라.
44 그러하니, 너희가 스스로 존재하며 구
원을 받고자 한다면, 너희 마음속에
있는 그 본성의 욕심을 버리도록 그리
하라.
45 그리고 나의 법전을 읽고 깨우쳐 너희
가 욕심을 버리는 그 훈련에 돌입하
고, 너희가 그 훈련을 거듭함으로써
하늘에 오르는 찬란한 빛을 보는 영광

을 얻게 될 것이니 그리 알라.

6,374 번째 하나님 말씀

2003년 6월 9일 02시 02분

1 사랑하는 나의 아들아!
2 "네, 아버님! 말씀하옵소서."
3 나의 아들이 세상에 와 나의 뜻을 전
하고자 한 그 지난 세월이 지금 얼마
나 흘렀는가?
4 몇천 년이라는 길고도 긴 세월이 지금
지나왔느니라.
5 그러나 이 세상에 의인이 하나도 없으
며 깨달은 자가 하나도 없다면 너희는
과연 믿겠는가?
6 그들이 진심으로 가르쳤으며 진정 나
여호와의 뜻이요, 예수가 역사하고자
하는 것을 그대로 가르쳤다면,
7 예수와 같은 의인이 수없이 이 세상에
있을 것이며, 또한 깨달은 백성이 수
없이 이 세상에 존재할 것이니라.
8 그러나 2천 년이라는 그 길고도 긴 세
월 속에 수많은 백성이 세상에 나와
죽어 갔으며 또 태어나 죽어 가는 그
와 같은 역사 속에서 의인이 하나도
없으며,
9 나의 진리를 깨달은 자가 하나도 없다
하면,
10 과연 너희는 지금까지 온 그 믿음의
형태가 얼마나 잘못되었는지를 알겠
는가?
11 나 여호와의 뜻과는 관계없는 사악한
쪽에서 너희가 역사하였기에 의인이
한 사람도 없으며, 나의 참진리를 깨
달은 자가 하나도 없는 지금의 형국이
되었음이니라.
12 너희는 나를 찾는다, 그리고 나를 위
한다 하며, 나에게 오른다 하며, 나를
경배한다 하며, 나의 아들 예수의 죽
음의 고통에 너희가 감사한다 하며
그리 말하나,
13 정녕 너희는 나 여호와를 찾는 자가
하나도 없으며, 나의 아들 예수의 죽
음에 대한 그 고통을 진심으로 그 은
혜에 감사하며 그가 역사한 길을 가고
자 하는 자가 하나도 없다면 너희는
믿겠는가?
14 그와 같은 백성을 내가 내려다보는 너
희 이 지상에서는 찾아볼 수가 없음
이니라.
15 말로는 종교 지도자 저희가 다 그와
같은 길을 가는 자라 말하나, 너희는
욕심이라는 굴레 그것 하나도 버리지
못한 자들이니라.
16 그러니 지금 이 세상에서 너희가 나를
찾으며 나를 경배하며 나의 뜻에 사는
것이 아니요,
17 악한 쪽에 너희가 다 치우쳤으며 악
을 행하는 데 모두를 다 바치고 있으
며, 너희가 악의 후손으로서 지금 변
질하여 있으니,
18 내가 원하고자 하는 것, 내가 역사하
고자 하는 그 뜻 자체를 찾아볼 수도
없으며 내가 그를 볼 수도 없는 것이
지금의 너희 이 지상의 형국임을 너
희는 알아야 할 것이니라.
19 선행을 하는 것이 나에게 오르는 길이
요, 선행을 하는 것이 나에게 은혜를
받는 길이라 하였느니라.
20 진정 선행을 베푸는 백성이 하나도 없

다면 너희는 과연 믿겠는가?
21 과연 선행이라는 것이 무엇이더냐?
22 너희가 누구도 할 수 없는 것, 그 누구
도 역사할 수 없는 것을 베푸는 것이
선행이라 하였음이니라.
23 과연 그와 같은 백성이 지금 이 지상
에 있다 생각하는가?
24 진정한 선행을 베푸는 백성이 없다면
너희는 믿겠느냐?
25 계산된 생각에서, 너희 이해관계의 생
각에서, 너희 미래를 보장받기 위하
여, 너희 사후 세계의 보장을 받기 위
한 그와 같은 선행은 선행이 아님을
알아야 할 것이니라.
26 너희가 말하는 것, 너희가 혀로써 베
푸는 것, 너희가 역사하는 그 모두는
나의 피조물 만백성을 지옥의 무덤으
로 이끌어 가는 그와 같은 행위를 하
고 있으며,
27 나의 피조물 만백성을 지옥의 낭떠러
지로 지금 밀어 넣는 그와 같은 행위
를 하고 있느니라.
28 너희 혀로써 말하는 것은 만백성을 속
이는 것이며, 이웃을 속이는 것이며,
29 감히 나 여호와를 속이며 나를 기만하
는 행위를 하고 살아가는 것이 너희이
니,
30 육의 부귀와 영화를 위해서는, 너희가
이루고자 하는 그 목적을 위해서는,
너희가 좀 더 갖기 위해, 더 높고자 하
며 명예를 얻고자 할 때,
31 나를 속이며 이웃을 속이는 것이 너희
가 지금 말하는 세 치 혓바닥이 움직
이는 그와 같은 형국이라면 믿겠는가?
32 너희는 지금 그를 믿지 않으려 하나
너희가 그와 같이 되었음을 알아야
할 것이니라.
33 너희가 말하고 생각하는 것은 그저 악
독하기가 한이 없으며, 남을 저주하기
에 두려워하지 아니하는 것이 너희이
니,
34 너희 가슴속에 그 욕심의 뿌리로 인하
여 너희가 선함이 아니요, 악한 마음
만이 너희 가슴에 그득히 채워져 있음
이니라.
35 그러니 너희가 행하는 것, 역사하는
것은 그저 재물을 모으는 데, 그리고
더 많은 신도를 거느리는 것, 그리고
더 호화로운 성전이요, 교회라는 것을
짓는 데만 연연하는 그와 같은 너희가
지금 되어 있음이니,
36 그 속에서 나의 뜻이요, 진리를 과연
찾을 수 있는가?
37 아무것도 찾을 수 없느니라.
38 너희는 나의 백성이 편안하게 살아가
는 것마저도 무너트리며 파괴하는 자
임을 알아야 할 것이니라.
39 모든 선하게 사는 백성이요, 나누며
사는 백성의 그 마음까지도 송두리째
빼앗아, 나누지 못하며 베풀지 못하게
하는 자들이니,
40 그와 같은 것이 오늘의 종교 집단이
요, 지도자 너희가 역사한 것이라는
것을, 그리고 그것이 계속 지금 전해
져 내려가며 그 뿌리는 계속 더 깊이
널리 퍼져 나가고 있는 그와 같은 형
국이라는 것을 너희는 잊지 말아야
할 것이니라.
41 나 여호와의 뜻과 나의 참진리를 이
세상에 행하는 자 찾아볼 수 없으며,

42 그저 악의 무리에 휩쓸려 가는 것을
즐겁고 행복이라 하며 하늘에 오르는
길이라 그와 같은 형국으로써 젖어져
있는 자들이니라.
43 그리하여 그를 더 볼 수 없으며 너희
가 불쌍하기에 내가 160권의 법전을
세상에 내려보내 너희를 구하고자 하
여 마지막 기회라 하였거늘, 그리고
심판의 기본이요, 근본이라 했거늘,
44 이를 보려 하지 아니하며, 이를 열어
보지 아니하려 하며, 이를 정독하지
아니하려 하며, 이를 강론하는 나의
아들의 음성을 들으려 하지 아니하는
것이 너희이니,
45 과연 무엇으로써 어찌 기록하여 무엇
으로써 만들어 너희를 구원할 수 있
으며 하늘에 오르는 길을 볼 수 있도
록 인도하는 그 역사를 이룰 수 있단
말이던가?
46 이제는 아무것도 없음이니라.
47 이제는 두 번 다시 그와 같은 역사의
은혜가 너희에게 없다는 그 무서운
사실을 알도록 하라.

6,375 번째 하나님 말씀

2003년 6월 9일 02시 12분

1 사랑하는 나의 아들아!
2 "네, 아버님! 말씀하옵소서."
3 종교 지도자요, 그 집단들이 재산을
제 앞으로 해 놓으며 제 자식 앞으로
하며, 그리고 저희가 소유하기 위하여
모든 것을 갖춰 놓은 자, 그들은 다 사
기꾼이며 거짓 선지자며 거짓된 자라
내가 말하였느니라.
4 그것은 그들의 미래요, 저희가 역사하
는 사후의 세계를 알지 못하는 자이기
에, 육의 세상에 불안과 공포를 느끼
기 때문에 그 인간 육의 사후 대책을
위하여 그들이 그리 준비함이니,
5 그네들을 어찌하여 지도자라 말할 수
있는가?
6 저 자신의 사후의 역사에 대한 불안감
을 가지고 있는 자들이니,
7 나의 피조물 만백성 너희, 평범한 백
성이 살아가는 삶이 어찌하던가?
8 너희는 자신의 미래를, 그리고 죽음의
뒤편에 어떻게 이루어지는 것인가를,
너희가 넘을 수 없는 것, 그리고 당연
히 너희가 치러야 하는 그 죽음의 뒤
편에 어찌 역사하고 이루어지는 것인
가, 그리하여 자신에 대한 것을 알고
싶어하는 것이 너희가 아니던가?
9 그리하여 너희는 불안해하며 두려워
함이니라.
10 그러면서 너희는 나 여호와가 존재하
며 참진리의 길을 찾는 것이 아니요,
믿음 그 자체도 형식적인 그와 같은
길을 가는 자들이니라.
11 그리하여 스스로 불안한 마음을 달랠
수 없기에, 너희가 불안한 미래를 위
하여 준비하고 싶어하는 것, 또 알고
자 하는 것이 너희의 간절한 마음이
요, 소망이 아니던가?
12 그러니 명예가 있는 자, 가진 자 할 것
없이, 없는 자, 또한 어렵게 살아가고
지탱하는 자, 그들이 다 사후 세계의
그 불안한 마음은 똑같으니,
13 그리하여 너희가 인간이 이루는 점술
가를 찾아가 그들에게 너희 운명을 물

어보며, 사후에 너희가 어찌 이루어질
것인가를 물으며,
14 관상가를 찾아가며 작명가를 찾아가
며 토정비결이라는 그 책을 가지고 지
금 동양의 백성 너희는 그를 선호하
며 거기에 너희 미래의 운명을 알고
자 하는 것이 아니던가?
15 너무나 너희가 사후의 세계가 불안하
기에 그를 알아보려는 평범한 나의 백
성이니라.
16 그리하여 너희는 그 대책으로써 어찌
사는가?
17 육의 세상이요, 육의 미래에 존재하는
너희의 불안한 것을 극복하기 위한 방
법으로써 너희는 재물로써 준비함이
니,
18 너희가 말하는 소위 현금을 보관하는
것이요, 적금이라는 것을 드는 것이
요, 현금을 모으고자 하는 것이요, 그
리고 보험이라 하는 그와 같은 것을
준비하며,
19 그리하여 너희가 육의 세상의 노후를
모르기에 이를 미리 준비하고 여기에
대해 대비를 하는 것이 아니던가?
20 인간 세상의 인간 너희가 그리하느니
라.
21 그리하여 너희가 재물을 모으고자 하
며, 재물을 너희 이름으로 넣고자 하
며, 너희 후손이요, 자식의 이름으로
써 그 재물을 지키고자 함이니라.
22 그러니 종교 집단이요, 지도자들이 그
와 같이 재물을 제 앞으로, 제 자식 앞
으로, 그리고 그와 같이 확실한 미래
의 보장을 위해서 무엇인가를 준비하
며 제 가슴에 가득히 안고자 하면, 과
연 그들이 만백성을 이끄는 종교 지도
자던가?
23 저 자신의 미래의 불확실한 것을 저
자신도 알지 못하기에 재산을 축적해
두고자 하는 그와 같은 자들,
24 육의 삶의 세상에서 벗어나지 못하는
것, 육의 세상의 미래에 불안과 공포
를 느껴 재물로써 그저 거둬들여 대비
하고자 하는 이것이 종교 지도자들이
과연 할 수 있는 길이며 진정한 종교
지도자라 할 수 있는가?
25 육의 세상의 삶에 대한 한계를 알지
못하며 그 역사하는 것이 불안하여 재
산을 모으고자 하는 종교 지도자 그들
이 과연 어찌 나의 피조물 만백성을
인도하는 선택된 종교 지도자라 말할
수 있는가?
26 그들은 육의 세상의 미래도 모르며 저
희의 운명이라는 것을, 제가 어찌 가
야 할지도 모르는 자,
27 그리하여 거기에 대비하기에 급급한
자가 하늘의 뜻이요, 하늘의 진리를
어찌 알며 어찌 하늘에 오르는 길을
가고자 하는 나의 불쌍한 백성을 저희
가 인도한다 말하는가?
28 하늘의 뜻을 어찌 알아 그들이 나의
백성을 구하겠는가?
29 그들은 아무것도 알지 못하는 자들이
니라.
30 가장 거짓된 자요, 사악한 자라는 걸
이제는 너희가 알아야 할 것이니라.
31 육의 세상의 미래를 모르며 육의 세상
의 불안을 모르는 종교 지도자라는 자
들이 재물을 모으는 것이며, 그들 앞
으로 이름을 하고자 하는 것이며 제

후손에게 재산의 이름을 해 놓고자 하
는 것이니,
32 그것은 육의 세상의 한계를 벗어나지
못했으며, 육의 세상에 제가 죽을 때
까지 얼마 남지 않은 그 인생의 미래
가 불안하여 그와 같이 준비하는 자가
사후 세계의 하늘의 뜻을 어찌 안단
말이던가?
33 아무것도 모르는 자들이니라.
34 그러니 나의 사랑하는 만백성 너희는
그들의 말에 현혹되며, 그들의 사기극
이요, 거짓된 행위에 재물을 바치며
너희가 영원히 구원할 수 있는 그 귀
한 생명의 삶을 그들에게 던져 버려
지옥으로 가는 그와 같은 어리석음을
선택하지 말라.
35 그와 같은 것을 불안해하는 자, 세상
의 이치를 몰라 점술가를 찾아가는
자, 미래를 몰라 너희 운명을 알고자
하는 자, 그와 같은 행위를 하는 너희
는 나의 법전을 가슴에 안고 정독하라.
36 그러면 그 법전 속에 모두가 다 있으
며, 너희가 깨우침을 얻게 될 것이며,
그를 다 알 수 있음을 알아야 할 것이
니라.
37 지금 모든 종교 집단이요, 지도자들이
재물을 거둬들이며 제 후손에게 그와
같은 행위를 하는 자, 그들이 바로 무
엇이던가?
38 인간인 너희는 나에게 와 심판을 받
게 되어 있으며,
39 너희가 심판을 받게 될 때, 너희가 그
리 아끼고 소중히 생각하는 육은 한
줌의 흙으로 돌아감이니, 그게 바로
너희 말로는 죽음이라 그리 말하느니
라.
40 그러니 너희는 그 죽음의 날짜는 징해
져 있으며 그 시간이 정해지지 않은
자가 없음이니, 곧 이는 무엇이던가?
41 사형 선고를 받고 사형이 집행되기를
기다리는 죄수와 너희가 다른 것이
무엇이 있던가?
42 똑같은 형국이니라.
43 다만, 너희는 감옥이라는 곳에 갇혀
있지 아니하며, 자유로이 육을 너희
마음대로 활용하며 생각을 마음대로
활용한다는 것일 뿐,
44 너희는 나에게 올 때 그 육의 죽음의
한계를 넘지 아니하면 올 수 없으니,
결국 너희도 사형 선고를 받은 자들
이니라.
45 그러니 모든 종교 집단이요, 지도자들
이 재물을 모으고 그리하는 것은 사형
선고를 받은 것을 준비하는 자며, 사
형 선고를 받은 것을 대비하는 것이지,
46 너희가 하늘에 오르는 길에 참진리요,
나 여호와의 가슴에 올 수 있는 그 사
후 세계를 준비하는 자가 아니니,
47 그와 같이 어리석은 자들이 나에게 그
모두를 인도한다 하며 너희를 하늘에
오르는 길로 안내한다 하니, 너희는
구원받은 자요, 구원을 받게 해 준다
는 그 사기극에 너희의 그 소중함을
다 버리지 말라.
48 그들에게 너희가 입문하는 것, 그들을
따르는 자, 그들 앞에 가서 '아멘, 할
렐루야!' 하며 눈물로써 찬송을 부르
는 너희는 지옥행 열차로 지옥에 그
저 떨어진다는 걸 잊지 말라.

6,376 번째 하나님 말씀

2003년 6월 9일 08시 30분

1 사랑하는 나의 아들아!
2 "네, 아버님! 말씀하옵소서."
3 세상에 의인 한 명이 태어나면 내가
이 세상 모두와 바꾸지 아니할 만큼
그리 소중하다 하지 아니하였던가?
4 그 의인의 길이란 무엇인 줄 알겠느냐?
5 너희가 하늘에 오르는 길은 천사가 되
는 길이요, 너희가 아름답게 살고자
노력하는 것, 선과 악의 그 선택에서
선을 선택하는 그 마음 하나 가진 그
가 하늘에 오르는 길이요, 나에게 오
르는 길이라 하지 아니하였던가?
6 너희가 의인이 되는 길은 그러하니라.
7 남이 보지 않는 곳에서 저 자신에게
부끄럽지 아니하는 자, 저 자신이 부
끄럽지 아니하며 저 자신에게 용서받
지 못할 일을 하지 않는 자, 그 무엇보
다도 저 자신이 잘 알고 있음이니라.
8 저 자신에게 부끄럽지 않은 삶을 사
는 자가 의인이니라.
9 나의 아들 예수를 지금까지 만백성이
추앙하며 따르며, 나의 아들이라 하여
울고불고하는 그 백성이 지금까지 존
재하는 이유는 무엇이던가?
10 그가 남이 보지 않는 곳에서 한 점의
부끄럼이 없는 그와 같은 삶을 살았음
이니, 자신이 부끄럽지 않은 그와 같
은 삶을 사는 것이기 때문에 그러하니
라.
11 이제 모든 백성이 나의 법전을 읽게
될 것이며,
12 내가 이 법전으로써 세상을 다 덮는다
하였으며 이게 바로 심판의 길이라 하
였음이니라.
13 예수는 세상에 나와서 신약이라는 성
서에 기록함을 그 제자들이 기록하여
이를 보존하였으며,
14 이제 제3의 시대는 내가 나의 법전으
로써 모두를 다 전함이니,
15 이는 행한 날짜와 시간이 기록되어 있
으며, 천년만년이 지나도 오늘의 성경
처럼 그와 같이 어느 시대에 어떠한
날짜요, 어찌 역사했는가, 그리 상세
히 기록되지 아니한 것과는 너무나 많
은 차이가 있음을 너희는 알아야 할
것이니라.
16 나의 법전은 몇 월, 며칠, 몇 시에 내
가 너에게 내렸으며 내가 내린 약속이
이루어지는 것이 너희 후세들이 그와
같이 몇 년, 몇 월, 며칠, 몇 시에 내린
그 나 여호와의 뜻이 몇 년 후에 어찌
이루어졌으며 어찌 역사가 이루어지
며 그 증거함이 다 기록되게 될 것이
니라.
17 그러니 이것이 나 여호와가 직접 관여
하는 것이며 내가 주관하는 것이며,
내가 마지막 시대라 함이 여기에 있음
이니라.
18 구약 시대의 그 모든 성서요, 신약의
그 모든 성서요, 그 모든 역사가 이룬
것이 시간과 장소가 없지 않은가?
19 그러나 나의 법전은 장소와 시간 그
모두가 정확히 기록되었음이니,
20 지금 너희가 나의 법전을 보고 읽을
때 몇 월, 며칠이라는 그 날짜를 기록
하는 것이 아무것도 아니나,
21 너희가 살다 이 기초를 다져 놓고 세

상을 다 떠남이니,
22 그리하여 너희가 나에게 올라온 후에
는 무엇으로 근거하며 무엇으로 증거
하겠는가?
23 시간과 분까지 기록하여 놓은 이것을
가지고 모두가 다 증거할 것이니,
24 그 시간을 기록하여 놓은 것의 그 대
단한 역사의 힘이란 너희는 아직 모
를 것이니라.
25 그리하여 이게 마지막이며, 영원히 존
속하는 것이며, 영원히 하늘에 오르는
기본이요, 근본의 법전이라는 것을 잊
지 말라.
26 그 뜻을 너희 제자들은 알아야 할 것
이며, 그 위대한 것을 알라.
27 장소와 시간과 그 모두가 기록되는 것,
28 그리고 너희 제자들 또한 여기에 따랐
던 자, 그리고 나로부터 선택되어 나
의 아들의 제자가 된 자, 너희도 신상
이 정확히 기록되어, 160권에 그리 기
록되어 너희가 존재했던 것을 알려
줄 것이니라.
29 그리고 전하게 될 것이니,
30 그 뿌리의 후손이 너희를 그리 알게
됨이니,
31 인간 세상에 너희 족보가 흐르듯이,
32 160권에 기록된 나로부터 선택된 자
요, 나의 아들을 따르는 제자들이요,
전사들의 그 모두가 기록될 것이니,
33 그 후손은 그를 보고 영광된 저희 조
상의 그 뿌리를 찾아갈 것이니라.
34 말로써 누구는 누구의 후손이라는 것
보다, 몇 대의 누가 언제까지 살았으
며 그다음에 누가 어찌 살았는가 하
는 그 모두가 다 기록됨이니,
35 새로운 세상이요, 만백성이 지금 변화
되며 만백성을 구하는 천 년에 걸쳐서
하늘의 백성을 지상에서 살 수 있는
그와 같은 백성을 선별하는 것,
36 하늘에서 이루어진 것같이 지상에서
이루어지는 그 모두가 이제는 나의
160권 법전이 기록될 때 그들의 정확
한 신상명세서가 기록될 것이며,
37 그 후손들은 영광된 걸 알며 조상의
그 업적에 의하여 그들이 그 명예를
지키려 할 것이며,
38 그 뿌리가 서서히 내림으로 인하여 이
세상의 모두가 다 변화되는 역사를 이
룰 것이니라.
39 서로 한 형제라는 것을 알 것이며, 서
로 한 뿌리라는 것을 그들은 아느니,
40 조상의 위대함이요, 저 자신이 위대함
을 알아 어떠한 사탄이나 사악한 자들
이 침투하려 해도 그를 꺾지 못하게
될 것이니라.
41 그리하여 그와 같은 뿌리가 정확히 이
루어지니, 인간 세상의 족보보다도 더
정확하게 전사들의 명단이 기록될 것
이며,
42 지금 너를 따르는 제자들이요, 그리고
나의 법전을 읽고 깨우친 백성이요,
강론을 듣는 백성이요,
43 그와 같은 뿌리가 뿌리를 내림으로 지
금은 아무것도 아닌 것 같으나, 그 뿌
리가 뿌리를 내려 감이니, 세월이 흘
러 백 년이 흘렀을 때에는 그 누구도
이를 감당할 자가 없게 될 것이니 그
리 알라, 사랑하는 나의 아들아!

6,377 번째 하나님 말씀

2003년 6월 9일 11시 33분

1 사랑하는 나의 아들아!
2 "네, 아버님! 말씀하옵소서."
3 아름답게 만든 이 지상이 곧 천국이
요, 이 지상에 존재하는 모든 미물이
요, 동물이요, 식물까지 그 모두는 다
'우리'요, 하나로 보라 그리 말하였음
이니라.
4 그 이유는 너희가 너무나도 잘 알고
있지 않은가?
5 그들은 존재하면서 나로부터 생명을
받아 나갔기에, 너희와 같은 하나의
'우리'라 말할 수 있으며, 그들이 너희
에게 생명의 역할을 하고 있으며 서
로 돕고 도우며 살아가는 것이라는 것
을 너희는 알아야 할 것이니라.
6 너희가 산소라는 것을 나무에서 공급
받으며, 그 나무는 나무대로 또한 모
든 것이 은혜를 받으며 서로 돕고 도
와 가며 살아가는 것이니라.
7 미물은 미물대로, 또는 물속에 사는
물고기라는 것은 물고기대로 서로 돕
지 아니하는 것이 없는 것을 너희는
알아야 할 것이니라.
8 식물 모두가 다 약초로서 쓰이며, 모
두가 다 너희에게 무엇인가를 돕고
도우며 너희 또한 그들에게 혜택을
주며 살아가는 것이니,
9 그리하여 너희는 서로 돕지 않는 것
이 없음이니라.
10 산소를 발산하는 나무요, 또한 그와
같이 서로서로 돕고 도우며 살아가게
되어 있는 것이니,
11 서로 필요치 아니한 게 없음이니라.
12 그와 같은 이치를 알아야 할 것이니라.
13 그러니 이 세상에 모두가 존재하는 것
은 서로 돕고 도우며 살아가게 되어
있음이니,
14 그리하여 내가 너희에게 '우리'요, 하
나라 그리 말하였으나,
15 그들은 단순한 자기 임무요, 자기 한
계가 있느니라.
16 그 한계를 벗어나지 못하는 것은 너희
만큼 내가 높은 지혜를 주지 아니하였
기 때문이니라.
17 동물은 동물로서 번식하며 그저 저희
가 그때그때 처하는 환경에 따라 먹
고사는 것, 제 생명을 존속하는 것 이
외는 생각하는 것이 없으며,
18 미래의 사후 세계를 생각할 수 없는
것이 동물이라 그리 말하였음이니라.
19 그러니 인간인 너희가 지금 이 세상
에 살면서 육의 생활이 전부며 육의
생활에 모두가 끝나는 것처럼, 육의
부귀영화와 육의 권세를 위하여 살아
가는 자,
20 또 너희가 그를 위하여 취해서는 안
될 행동을 취해 가면서 남에게까지
피해를 주며 거짓 하면서까지 무엇인
가를 이루고 간다면,
21 그 사후 세계를 모르는 동물과 조금도
다른 점이 없음을 알라.
22 너희가 또한 동물과 다른 것은 너희
는 생각하며 사후 세계를 생각하며 미
래를 위해 걱정하며 미래를 연구하고
살아가는 그와 같은 대비할 수 있는
지혜와 능력이요, 생각을 내가 너희에
게 내려 주었음이니라.

23 그러니 너희가 인간 세상에서 살아가
면서 육의 삶을 위하여 그 육의 삶이
전부라 생각하여 거기에 모두를 바치
고 사는 자는 다음의 사후 세계요, 다
음에 나에게 오르는 그와 같은 변화의
역사를 생각하지 아니하는 자이니,
24 오늘을 먹고살기 위해 단순히 살아가
는 그와 같은 짐승과 무엇이 다른 점
이 있다 말하겠는가?
25 아무것도 다른 것이 없음이니라.
26 너희가 다른 점이 있다 하면 너희 영
혼을 생각하며 미래를 생각하며 너희
가 어디서 와서 어디로 가는가, 그와
같은 것을 생각하며 대비하고 연구하
는 그와 같은 지혜를 가지는 것이 모
든 동식물과 다른 점임을 그리 알아야
할 것이니라.
27 모두는 서로를 위하여 돕고 도우며
살아가느니라.
28 보이지 않는 그 속에서 물은 물대로
사람에게 생명을 주며 돕고 살아가는
것처럼 모두가 다 돕고 도우며 살아가
는 것이지, 서로 돕지 않는 것이 없음
이니라.
29 작은 것에서 큰 것이 은혜를 입으며
큰 것이 작은 것에게 또 베풀어 가면
서 그리 살아가는 것이 너희 세상의
삶이 아니던가?
30 그저 모여서 빛을 발하는 개똥벌레라
는 것이 살아가는 방법이 있으며, 그
는 어떠한 곳에 살아가는가?
31 그러나 그도 또한 그들에게 도움을 주
며 그들에게 보탬이 되는 이와 같은
순환적인 세상에서 살아가는 것이 이
세상에 생명을 가진 것들이니, 다 소
중함이니라.
32 그리하여 너희는 '우리'요, '하나'라 생
각하라 그리하였으니,
33 이는 곧 나 창조주가 서로 돕고 도우
며 살아가도록 하여 하나의 끈으로
연결되어 있기 때문이니라.
34 그러나 다만 그들은 오늘의 삶을 생각
하며, 사후의 삶을 모르며 영혼의 삶
에 대해 계산을 할 줄 모르며, 그것을
모르는 것이며 생각지 아니하는 단순
한 것이니, 오늘의 삶을 위해서 살아
가는 것이니라.
35 그러니 인간인 너희가, 그 높은 지혜
의 생각을 가지고 있는 백성이 오늘
의 삶에 치우쳐 다음의 세상을 몰라
오늘을 함부로 산다면 짐승과 무엇이
다르겠는가?
36 너희는 짐승과 같은 삶을 살겠는가,
참진리를 깨우치며 사후에 너희가 역
사하는 그와 같은 나의 뜻을 보고 깨
우쳐 인간다운 삶을 살아가도록 원하
는가?
37 그 또한 너희 선택 여하에 달렸으며
너희 생각에 달렸음을 잊지 말라.

6,378 번째 하나님 말씀

2003년 6월 9일 11시 38분

1 사랑하는 나의 아들아!
2 "네, 아버님! 말씀하옵소서."
3 너희가 이 세상을 살아가면서 모든 기
계문명이 발달하며 너희가 모든 기계
장비를 그리 쓰고 있음이니라.
4 그리하여 너희가 기계를 쓰고 있으며
모든 장비를 사용하고 있음이니, 그것

이 고장이 났을 때 너희는 과연 어찌
하는가?
5 그것이 고장이 났을 때는 전문가가 수
리하는 곳에 너희가 그를 고치고 다스
리면 되는 것이니라.
6 그리해도 그를 고치지 못하거나 그를
바로 다스리지 못할 때는 그를 세상에
만들어 낸 그곳에 가서 고친다면 그
모두를 다스리고 고칠 수 있는 것이
아니던가?
7 너희가 지금 하늘의 뜻이요, 나 여호
와에게 오르는 그 이치요, 너희가 세
상에 존재하는 그와 같은 이치의 의미
를 잘 생각해 본다면,
8 과연 병들고 잘못된 것은 어디서 고쳐
야 하며 어디서 너희를 바로잡아야
하는 것인가를 너희가 알게 될 것이
니라.
9 너희가 인간 세상에 살아가면서 육의
병이요, 육의 아픔이요, 육의 고통은
어느 한계까지는 너희 인간이 고치는
그 전문 의술에 의하여 너희가 고쳐
지며 치유를 받을 수 있는 것이니라.
10 그러나 너희가 고쳐진 발생한 병이요,
그 고쳐지는 것, 또 고치는 것, 그 모
두도 인간의 의술에 의해서는 한계가
있으며 그들이 넘지 못하는 그 한계가
있음이니,
11 이것이 바로 인간으로서는 도저히 해
결할 수 없는 부분이니라.
12 그러니 인간의 육은 그와 같이 고칠
수 있으나, 너희 인간이 세상에 살아
가면서 육의 삶보다도 더 소중한 것
이 영의 삶이라 하였음이니,
13 그 영혼의 삶의 치료를 과연 어찌 받
아야 하며 어디서 받아야 하는가를
너희는 생각해 봐야 할 것이니라.
14 너희 육이 썩어져 가는 것은 인간이
고치고 인간의 한계를 넘었을 때, 그
는 너희가 나에게 심판을 받는 그 죽
음의 문턱을 넘는 그 순간이 되지 않
는가?
15 그 후부터는 너희 영혼이 관계됨이니,
16 영혼이 썩어지고 영혼이 병들어 있다
하면 너희 그 영혼을 과연 어찌 치료
하며 어찌 고치는가?
17 너희 영혼을 치료하는 것은 이 세상에
단 하나, 나의 법전밖에 없음을 너희
는 알아야 할 것이니라.
18 너희 육은 인간으로서 고치되 너희
영혼이 병든 것은 어느 곳에서도 치료
할 수 없으며 고칠 수가 없음이니라.
19 영혼의 세상은 보이지 아니하며 만질
수 없으며 너희가 볼 수 없고 들을 수
없기에 너희가 영혼이 병들고 썩은
것을 모르나,
20 지금 너희는 육의 삶의 그 한계에서
영혼의 삶이 얼마나 썩어져 있고 잘못
되었는지 그를 모르느니라.
21 너희를 수술하기가 응급 환자를 치료
하는 것보다도 더 시급한 상황에 있음
이니라.
22 그리하여 응급 환자를 치료하기 위하
여 내가 역사하는 것이 바로 나의 법
전을 세상에 내려보내는 것이니,
23 너희 영혼이 썩고 병들어져 가는 것을
고치는 것은 나의 법전을 읽고 깨우치
는 그것밖에 없다는 것을 너희는 여
기서 명심해야 할 것이니라.
24 그 무엇으로써도 너희를 고칠 수 없

음이니라.
25 고쳐지지 않는 너희 영혼을 나의 법
전으로써만 너희가 고칠 수 있다는
것을 알라.
26 그러면서 병든 너희가 영혼을 가지고
나에게 오를 수 있다, 썩어져 간 영혼
을 가지고 나에게 오를 수 있다는 것
이 지금의 모든 종교 집단이요, 그 가
르치는 자들이 부르짖고 있음이며,
27 모든 신도가 썩고 병든 그 영혼을 가
지고 하늘에 오른다 그리 말함이니,
28 상처투성이요, 병들어 있는 그 영혼을
가지고 너희가 그 멀고도 험악한 길
을 걸쳐 나에게 절대 올 수 없음이니
라.
29 완벽한 영혼이요, 건전한 영혼도 험악
하고 힘든 그 길을 넘어 천국의 문에
도달하기가 쉽지 않거늘, 썩어지고 병
든 그 영혼을 가지고 너희가 어찌 오
른다 하는가?
30 정녕 너희 영혼이 나에게 와 구원을
받으며 천국의 문을 들어서고자 한다
면,
31 너희는 지금부터 내가 내리는 성령이
요, 너희 구원이요, 마지막 심판의 기
본인 나의 법전을 읽고 깨우쳐,
32 너희가 병들고 썩어져 있는 그 영혼을
지금 수술하지 아니하고 고치지 아니
하면 너희는 절대 나에게 오를 수 없
음이니라.
33 나의 법전을 읽고 깨우쳐 너희가 새
로 태어나는 것, 거듭 태어나는 영혼
의 삶을 시작했을 때, 그 건전한 영혼
만이 험난하고 어려운 그 길을 넘어
나에게 올 수 있다는 것을 잊지 말라.
34 너희 썩어져 가는 육신은 의사가 고칠
수 있으며, 그를 고치지 못할 때 너희
는 나에게 와 심판을 받는다 내가 그
리 말하였음이니라.
35 너희 영혼이 지금 그보다 더 썩어져
있으며 병들어 있음이니,
36 그 영혼을 고치는 것은 나의 법전이
니, 내가 고칠 수 있는 법전을 내려보
내 이를 보고 고치는 자는 나에게 오
를 것이며 이를 고치지 못하는 자는
썩고 병들어 지옥으로 떨어진다는 것
을 잊지 말라, 사랑하는 나의 아들딸
들아!

6,379 번째 하나님 말씀

2003년 6월 9일 11시 49분

1 사랑하는 나의 아들아!
2 "네, 아버님! 말씀하옵소서."
3 인간인 너희는 더불어 살아가면 그 사
람을 서로 닮아 간다 하였음이니라.
4 선하고 아름답게 살아가는 자와 더불
어 살면 너희가 선한 마음을 갖게 되
며, 악한 자와 더불어 살면 너희는 살
아가면서 너희도 모르게 악한 습관을
갖게 되고 그를 배워 또 그와 같이 닮
아 가는 것이 인간 너희라 하였으니,
5 스스로 그를 모르는 사이에 너희가
그와 같이 닮아 간다는 말이 있으며
그와 같이 닮아 가는 삶을 사는 것이
인간인 너희이니라.
6 그리하여 내가 작은 동양의 나라에서
지금 너를 이리 선택하여 이 법전을
역사하고자 하는 것은 바로 무엇이던
가?

7 너희가 천사와 같은 변화를 이루고자
함이요, 너희가 완벽한 인간의 삶을
이루고자 하기에 내가 작은 동양의 나
라를 미리 선택하였으며,
8 그곳에서 또한 나의 아들에게 제자라
따르며 나의 선택된 백성으로 선택된
것이 너희이니,
9 너희를 내가 선택하여 이와 같이 달구
어 훈련해 가는 것은 너희가 천사와
같은 삶을 살도록 하고자 하는 것이니
라.
10 너희가 천사와 같은 아름다운 삶을 살
아갈 때, 하늘을 향하여 한 점의 부끄
럼이 없는 삶을 살아갈 때, 네 이웃이
요, 너희 형제들이 너희를 보고 다스
리며 배워 가며 변화되기 때문이니라.
11 너희가 닮은꼴로써 너희 형제요, 이웃
이 살아가도록 그리하기에, 내가 너희
에게 그 무서운 훈련을 시키며 너희
에게 그와 같이 고통과 시련으로써
다스려 나가는 것을 너희는 알아야
할 것이니라.
12 너희는 서로 살아가면서 닮아 가기에,
내가 완벽한 나의 백성 너희를 만들
어 너희로 하여금 많은 백성이 너희
를 보고 배워 깨우치며 닮아 오는 것
이 또한 중요하며,
13 또한 너희 자신이 세상의 잘못된 세
파 속에 더불어 살며 그곳에 지쳐 쓰
러진다면 너희의 아름다운 마음이요,
깨달은 그 경지는 무너지며 인간 세속
의 삶으로써 너희가 무너짐이니라.
14 그리하여 너희가 어느 단계까지 이루
었을 때, 너희가 정녕 나 여호와가 존
재함을 믿으며 세상사 모두에 손을 놓
으며 부질없다 생각하며,
15 귀한 것, 천한 것이 없이 똑같이 바라
볼 수 있는 그와 같은 경지에 이르렀
을 때,
16 그 백성을 보호하기 위하여 내가 너
희에게 소왕국의 역사를 이루고자 하
며,
17 너희만의 그 왕국을 이루어 너희로부
터 이 세상에 모든 역사를 이루고자
하며,
18 너희가 살아가는 모습이요, 너희 집단
이 살아가는 그 형태를 보고 모든 백
성이 고개 숙여 너희를 따라오게 하
고자 하는 것이며,
19 그리하여 소왕국에서 너희 스스로 집
단을 이루어 살며, 너희가 천사와 같
은 삶을 사는 모습으로써 그 후세들이
너희를 보고 따르며, 또 그 후세들이
따라 보고 배우는 그와 같은 변화되는
역사를 이루고자 하는 것이 나 여호와
의 뜻임이니라.
20 그리하여 내가 작은 소왕국을 이 지상
에 수없이 만들게 됨이니,
21 그 소왕국에서 살아가는 나의 선택된
백성을 보고 모든 백성이 변화되며 그
를 보고 따라가도록 하고자 하는 것이
나 여호와의 뜻이니라.
22 그리하여 내가 너희에게 소왕국이 이
루어진다는 그 뜻이 있으며 이는 반드
시 그와 같이 역사해 감을 잊지 말라.
23 하나의 거점이 작은 소왕국이요,
24 아름다운 나의 백성, 천사와 같이 살
고자 하는 너희가 서로 더불어 살았을
때, 너희는 선의 끈을 잡았을 때는 계
속 선만 행하려는 것이 너희 심리요,

마음의 그 자세요,
25 악의 끈을 잡으면 너희가 계속 악으
로 빠지며 악으로 달려가는 것이 너희
임이니,
26 그리하여 좋은 자를 보면 좋게 닮아
가며 나쁜 자를 보면 나쁘게 닮아 가
는 인간 본질의 성격을 나 여호와가
알고 있기에,
27 소왕국에서 천사와 같은 자들이 살아
너희가 거기서 천사와 같은 자로 변하
는 그와 같은 너희만의 그 삶을 역사
하며 그 세상을 다시 이루고자 하는
것이 나의 뜻이니, 그리하여 소왕국의
역사를 이룬다는 그 뜻임을 너희는
알라.
28 그리하여 너희 후손들이 길이 역사하
며, 너희 후손이 또 변하고 변하는 그
삶 속에서 천 년 후에는 너희 그 후손
이 존재함이니,
29 그리하여 지금 나의 아들을 따르는 백
성이요, 선택된 너희에게 너희 지파
의 계열이 생기며 너희 족보가 역사
하듯이,
30 너희의 변화된 그 모두를 너희 스스
로 만들어 너희 후손에게 전하고 또
전하는 그와 같은 역사를 이룬다 함이
여기에 있음을 너희는 알아야 할 것
이니라.
31 실제 존재하는 실물로서 너희가 각자
스스로 너희 족보를 만들 것이며 너
희가 전해지는 것을 만들 것이며,
32 너희가 어찌 역사했는가를 너희 스스
로 기록하여 너희 후손에게 전하며,
그 후손이 선택된 그 조상을 둔 것을
영광으로 생각하며 거의 무너지지 않
는 그와 같은 백성으로 만들기 위해,
33 또한 너희 스스로 다 책으로 기록하
여 너희 각자의 족보가 이루어져야
함이니,
34 지금 나의 아들을 따르는 선택된 백성
너희가 그 족보가 될 것이며, 그 족보
의 조상이요, 근본이 너희이니,
35 그때서부터 이 세상은 너희 족보에
따라 백성이 서로 사랑하고 의지하며
너희가 하나라는 것을 알게 되어, 천
년 후에는 그들의 후손이 이 세상을
덮게 되니,
36 하늘의 천국이 지상에서 이루어지는
것같이 그와 같이 역사의 뿌리가 내려
짐을 너희는 잊지 말아야 할 것이니
라.
37 그러니 너희가 어떠한 형태로써 살아
가는 것이며 어떠한 마음 자세로 살아
가야 하는가?
38 너희가 어떠한 사악함 앞에서도 흔들
리지 아니하며 어떠한 욕심 앞에서도
그를 놓을 수 있는 그와 같은 너희로
먼저 변함이 중요하니라.
39 나의 아들이 세상 모두의 삶을 마치고
그가 모든 지파를 만들어 너희에게 그
명을 내릴 때까지,
40 그때 선택되는 백성이 바로 천 년의
왕국을 이루는 후손이요, 너희가 조상
의 족보요, 조상의 뿌리가 되는 것이
며,
41 너희 후손의 조상의 뿌리가 너희가
된다는 그 엄연한 사실을 잊지 말라.
42 새로운 족보의 역사가 이루어지게 됨
이니라.
43 그리하여 날짜와 시간이 기록되어 있

음이니,
44 너희가 그 족보의 역사하는 것도 순서
가 있을 것이며, 누가 나의 아들로부
터 먼저 족보를 만들어 너희에게 전
하는 그 역사를 받을 것인가 그것으로
써 너희의 서열이 정해질 것이니,
45 너희 스스로 변하는 데 게을리하지
말며 태만해서는 아니 될 것을 알라,
사랑하는 나의 아들딸들아!

6,380 번째 하나님 말씀

2003년 6월 9일 11시 59분

1 사랑하는 나의 아들아!
2 "네, 아버님! 말씀하옵소서."
3 수천 년 동안 굳어지고 다져진 그 모
든 종교 집단이요, 하늘에 오르는 길
이라 오고 있는 그들이 정녕 사탄의
후예로서 오늘까지 굳어졌음이니,
4 그들은 그를 돌리려 하지 아니하며 바
꾸려 하지 아니함이니,
5 그들을 너희가 무너트리고 다시 역사
하고자 하는 오늘의 그 역사는 너희
말로 계란이라는 것으로써 바위를 깨
려는 그와 같은 것보다도 더 어렵고
힘들며 무모한 행동을 하는 것이라 너
희는 그리 비칠 것이며 그리 생각될
것이니라.
6 그러나 너희는 여기서 주저하거나 두
려워하지 말라.
7 너희가 있는 곳에 나 여호와가 있으
며, 나 여호와가 너희와 항상 같이하
고 있다는 것을 알아야 할 것이니라.
8 소리 없이 떨어지는 빗방울이 움직이
지 않는 바위를 뚫는다는 그 역사의
힘을 알지 않는가?
9 바위를 뚫는 그 물방울은 과연 어떠하
던가?
10 그는 살아 있지 아니하며, 그저 그대
로 떨어지는 그 물방울은 떨어지면서
보지도 못함이니라.
11 그리고 그는 움직이지도 못하며 걷지
도 못함이니라.
12 그리고 그는 들을 줄도 모르며, 또 제
생각대로 할 수가 없으며,
13 어떠한 감각이요, 어떠한 형태에서 움
직이지 못하는 그 물방울이 바위를 뚫
지 않는가?
14 너희는 지금의 모든 종교 집단이요,
지도자가 움직이지도 못하는 그 바위
와 같은 형국임을 이제는 알아야 할
것이니라.
15 그들이 극에 달했으며, 그들의 사악한
행위가 더 이상 두고 볼 수 없을 만큼
극에 달한 형국이니,
16 그들은 더 이상 펴져 나갈 수 없으며
더 이상 역사할 수 없는 그와 같은 형
국이니라.
17 그들은 이제 움직이지 못하는 바위가
되었으며, 축소되어 있는 그와 같은
조직의 형태로 이루어질 것이니, 너희
는 그를 바로 보도록 그리하라.
18 그를 바로 본다면 너희는 움직이지
못하는 바위와 같은 것이 무엇이 두렵
겠는가?
19 너희야말로 어떠한 것이던가?
20 움직이는 물방울이니라.
21 바위를 뚫는 그 물방울은 생각이 없으
며 보지도 못하며 걷지도 못하며 달리
지 못하나, 그 물방울이 그 바위를 뚫

듯이,
22 너희는 지혜가 있는 물방울이요, 생각
할 수 있는 물방울이요, 능력이 있는
물방울이니라.
23 그리고 실제를 알며 공격을 할 줄 아
는 지혜가 있는 물방울이니,
24 너희는 과연 지금 움직이지 못하는 그
바위를 깨지 못한다 생각하는가?
25 전혀 두려워하지 말라.
26 너희는 나의 뜻에 따라 그 모두를 역
사할 것이니라.
27 너희가 무능력하다, 무능하다는 생각
을 지워 버리라.
28 나 여호와가 너희와 같이하고 있으며,
29 내가 이루고자 하는 역사를 너희가
앞에서 이루어 가는 자들이니라.
30 너희가 다만 두려움을 가슴에서 지워
버릴 것이며,
31 아무리 단단히 굳어져 있는 바위보다
더한 종교 집단이라 해도 그들은 무너
지게 되어 있음이니라.
32 그들은 더 이상 견딜 수 없으며 더 이
상 팽창할 수 없으며 더 이상 저희가
역사할 것이 없느니라.
33 새로운 말씀이요, 새로운 성경이 아닌
지금의 그 믿음을 가지고 저희가 그
리 뻗어 나가나, 그들은 이제 시들어
지기 시작하는 것이니라.
34 가을을 맞이하여 낙엽이 떨어지듯이
서서히 떨어지기 시작하는 그와 같은
모든 종교 집단의 형태로 변해 가고
있음이니라.
35 나의 법전이 세상에 내려왔으며, 심판
의 기준인 '하나님! 말씀하옵소서', '하
늘에 오르는 길'이라는 나의 160권의
법전이 세상에 나왔음이니, 이가 곧
모두를 다 단죄하고 다스리니,
36 찬바람이 불기 시작하여 그를 견디지
못하고 떨어짐을 준비하는 가을의 낙
엽과 같이 그들이 지금 퇴색해 가고
있음을 너희는 그리 알라.
37 너희는 이를 믿어야 할 것이며, 이를
너희는 확신하도록 그리해야 할 것이
니라.
38 오로지 나의 법전을 전하겠다는 그 용
기요, 법전으로써 세상을 다스리겠다
는 너희의 그 굳은 결의와 용기가 필
요한 때임을 너희는 알아야 할 것이
니라.
39 너희가 너희 자신을 버려 만백성을
구하는 데 마음의 총력을 다했을 때,
그 뜻이 이루어지는 것을 빨리 볼 수
있으며, 내가 역사한 그 영광의 축복
된 것을 볼 수 있음이니라.
40 오로지 육을 가진 인간 세상에서는 육
을 가진 너희가 그들을 대항하며 그
들을 깨우치며 그들을 인도할 수 있기
때문이니라.
41 육을 가지고 있는 백성은 나 여호와
가 이루고자 하는 영의 세계요, 하늘
세계를 보지 못함이니,
42 오로지 그들은 육에서 주고받는 것을
인정하며 듣는 것을 인정함이니,
43 육을 가진 너희로 하여금 육을 가진
백성을 내가 깨우치고 다스리고자 함
이니,
44 너희는 나의 법전을 진정한 나 여호와
의 뜻이요, 만백성을 구하는 길이요,
45 오로지 너희가 남을 위해서 사는 자
요, 만백성을 구하는 데 일꾼으로서

그 책임을 다할 수 있다는 용기를 가
지고 자신이 있다 생각할 때 모두가
다 이루어짐이니,
46 지금은 너희의 용기 있는 그 마음을
굳건히 하는 것이 필요할 때임을 너희
는 알아야 할 것이니라.
47 이제는 내가 항상 너희와 더불어 역
사함을 잊지 말라.
48 나 여호와가 너희와 같이하고 있으며,
49 너희는 너희로서 움직이는 것이 아니
요, 나의 뜻을 위하여 모두가 존재하
고 역사한다는 것,
50 내가 새로운 시대의 천 년에 걸쳐서
하늘의 천국을 지상에서 이루는 데 그
임무를 맡은 자들이요, 그를 검사하는
데 각자 쓰일 수 있도록 내가 차출한
자들이며 부른 자들이며, 초청장을 보
내 불러 모은 너희이니 두려워하지
말라.
51 이 세상의 구약의 시대요, 신약의 시
대 그 모두를 역사했으며 이 세상 만
물을 창조한 나 아버지요,
52 이 세상을 만들고 모두를 주관하는
나 여호와가 너희를 주관하며 너희와
더불어 내 시대요, 내 역사요, 내가 역
사하는 백성이요, 하늘의 천국을 지상
에서 이루는 곳에 필요하여 불러 준
너희이니,
53 너희는 다 책무가 있으며 너희는 보
이지 않는 능력이 있음이니, 두려워하
지 말라, 사랑하는 선택된 나의 아들
딸들아!

6,381 번째 하나님 말씀

2003년 6월 9일 12시 34분

1 사랑하는 나의 아들아!
2 "네, 아버님! 말씀하옵소서."
3 나의 피조물 만백성 중에 나를 따르는
자들이요, 나의 법전을 읽고 깨우친
백성이요,
4 그리고 하나의 겨자씨를 세상에 내려
보내어 그와 성장하며 그와 더불어 살
아가는 그 제자들,
5 너희는 태양이 되어야 하며, 바람이
되어야 하며, 만백성을 숨 쉬게 하는
산소가 되어야 하며, 하늘에서 내리는
단비의 빗방울이 되라.
6 그것이 너희가 가는 길이며 나의 아들
을 따라가는 선택된 백성이 가야 하
는 길이며 너희가 역사하는 길이기
때문이니라.
7 너의 제자들에게 그리 전하라.
8 하늘에서 비추는 태양이 과연 무엇을
골라서 비추며, 때에 따라서 비추며,
그가 비출 곳과 비추지 아니하는 곳을
구분하며 미운 자와 고운 자를 구분하
여 태양빛이 비추던가?
9 그들은 구분하지 아니하고 비춰 줌이
니라.
10 산소라는 것이 미운 자는 공급하지 아
니하며 예쁜 자만 공급하며 악한 자는
공급하지 아니하며 선한 자만을 공급
하던가?
11 하늘에서 내리는 빗방울이 골라서 떨
어지더냐?
12 악한 백성이 사는 곳과 선한 백성이
사는 곳을 구분하여 떨어지던가?

13 그들은 다 모두를 구분하지 아니함이
니라.
14 구분하지 아니하고 그들은 행하며 그
들은 떨어지느니라.
15 그들은 그리 내리면서 나의 피조물 만
백성 너희에게 그와 같이 크나큰 은
혜를 주면서 과연 대가를 바라며 무엇
을 요구하고 있던가?
16 너희에게 무엇을 바치라 하며 무엇을
거둬들이고자 하는가?
17 그리하지 아니하느니라.
18 그러나 수천 년 동안 흘러온 종교 집
단이요, 지도자 그들은 수없이 거둬들
이고 받아들이며, 저희가 강론을 하며
한 시간의 설교를 하는 그 대가를 말
할 수 없이 거둬들이니,
19 이 세상에 한 시간을 강론하며 거둬들
이는 인건비요, 그 수고비를 그들만큼
받아들이는 자들이 세상에 아무도 없
을 것이니라.
20 그들이 얼마나 사악한 자들이더냐?
21 모든 백성이 축하하는 자리에 가서도
말로써 축하하며 뒤로 재물을 거둬들
이는 것이 그들이라 하였음이니,
22 한 시간이요, 그 짧은 시간에 강론하
고 설법을 하고 그들이 거둬들이는 그
재물은 이 세상 어떠한 재벌도, 어떠
한 인격자도 그보다 더 많은 수입을
짧은 시간에 거둬들이는 그와 같은 사
악한 자는 없음이니라.
23 말없이 비추는 태양이 역사하는 것보
다도 저희가 지금 나의 피조물 만백
성을 하늘로 오른다 가르치는 것이 더
위대한 역사를 한다던가?
24 그 태양보다 더 위대한 역사를 하면
그들이 재물을 거둬들여도 내가 말하
지 아니할 것이니라.
25 태양이 비추며 태양이 지상에 역사하
는 것보다 공이 못한 자라면,
26 태양이 그 큰 역사의 은혜를 내리면서
도 대가를 바라지 아니하며 거둬들이
는 것이 없음이니,
27 그보다 큰 역사를 하지 못하며 그보다
큰 공을 이루지 못하면 종교 지도자들
을 보고 감히 그 대가를 거둬들이려
하지 말라 하라.
28 그를 받아들이고 거둬들이려거든, 나
의 아들 이름을 빼며 나를 경배한다는
말을 빼고, 사악한 자의 앞잡이로서
거둬들이는 것은 내가 용납하나,
29 저희가 우리 부자의 이름을 팔아 가면
서 태양만큼도 수고로움이요, 역사의
은혜를 베풀지 못하는 자들이 거둬들
이는 행위를 하지 말라 그리 말하라.
30 산소보다도 더 위대한 일을 하고 위대
한 역사를 하는가?
31 산소보다도 더 위대한 역사를 하며,
만백성이요, 모든 동식물에 역사하는
것보다 나의 피조물 만백성을 가르치
는 종교 집단이 더 위대하며 더 큰 은
혜를 내린다면 그들이 재물을 거둬들
여도 나 여호와가 말하지 아니할 것이
니라.
32 그러나 만백성에게 없어서는 안 되는
산소가 역사하는 것만큼 저희가 역사
하지 못하면서 그 대가를 받아들이나
니,
33 산소가 그 역사를 하면서도 대가를 받
지 아니하거늘,
34 그보다 못한 자들이 나의 피조물 만백

성에게 역사의 은혜를 이루었다며 재
물을 거둬들이니,
35 그것이 사탄이요, 사악한 자라 내가
그리 말함이니라.
36 하늘에서 골고루 떨어지는 그 빗방울
이요, 단비가 내리는 그 물보다 더 위
대한 역사의 소중한 일을 했다면, 그
들이 나의 사랑하는 피조물 만백성에
게서 재물을 거둬들이며 저희가 군림
하며 궁궐과 같은 것을 지으며 사악한
행위를 한다 해도 나는 그들을 벌하지
아니할 것이니라, 사랑하는 나의 아들
아!
37 너를 따르는 제자들과 만백성 너희는
들어야 할 것이며 그리 전하라.
38 모든 종교 집단이 태양이 비추는 것,
내리는 물방울의 단비요, 그리고 산소
요, 그 모든 공기요, 그보다 더 거룩한
은혜를 내렸다 하면 너희가 받을 수
있으나,
39 그보다 은혜를 역사하지 못한 자라면
나의 피조물 만백성에게서 받아들이
는 것은 나로부터 선택된 지도자가 아
니며 나로부터 선택된 너희가 아니라
는 것, 사탄의 자식이요, 욕심을 두고
하는 자라는 것을 알라.
40 나로부터 선택된 백성은 대가를 바라
지 않고, 그저 부는 바람보다도 위대
한 것이며, 비추는 태양보다도 더 위
대한 것이며, 너희에게 지금 공급하는
산소요, 빗방울보다도 더 몇천 배 위
대한 것이 나로부터 선택된 목자요,
인자가 가는 길이며 역사하는 것이라
는 것을 잊지 말라.
41 그러니 나로부터 선택되지 아니한 자
들은 너희가 지금 그들보다 위대하지
못하며 그들보다 큰 역사를 이루지 못
하며 만백성에게 그 은혜를 베풀지 못
하거든,
42 너희는 재물과 금화를 거둬들이며 재
물 앞에 제 욕심을 채우는 그와 같은
행위를 하지 말라 그리하라.
43 너희가 다 사탄이요, 사악한 자임을
잊지 말라.
44 위대한 은혜요, 역사를 베풀면서 너희
에게 아무런 대가를 거둬들이지 아니
하고 바라지 않는 그 바람과 태양과
단비처럼,
45 그를 거역하는 자는 사탄이요, 사악한
뿌리의 후예니, 그들의 말에 현혹되어
너희가 소중한 다시 태어나는 그 역
사요, 나에게 오를 수 있는 그 길을 버
리지 말라.
46 이제 나의 아들을 따르는 선택된 백성
너희는 바람과 태양과 단비보다도 더
위대한 마음으로 살아야 할 것이며,
47 그들보다 더 베풀며 베풀면서도 대가
를 기다리지 아니하며 베풀면서 원하
지 않는 그와 같은 삶을 살도록 그리
하라.
48 그리 노력하는 자, 모두를 다 이루고
거둬들임이니라.
49 내가 성서에 기록하여 전하기를, 너희
노력하는 자, 땀 흘려 수고로운 만큼
그 기쁨이요, 즐거움이요, 영광을 내
가 너희에게 내린다 하였음이니,
50 너희가 바람이 되며 태양이 되며 단
비가 되어 내리며 세상에 바라는 것이
요, 대가를 바라지 않는 것만큼 대가
의 지급함을 너희가 요구하지 않는

것,
51 너희가 그와 같은 마음으로써 살아가
는 것이 나의 뜻이라는 것을 전하라,
사랑하는 나의 아들딸들아!

6,382 번째 하나님 말씀

2003년 6월 10일 09시 33분

1 사랑하는 나의 아들아!
2 "네, 아버님! 말씀하옵소서."
3 내가 세상에 한 사람의 의인이 있으면
이 세상을 다 주고 바꾼다 해도 아깝
지 아니하며 바꿀 수 있다 말하지 아
니하였느냐?
4 너희 많은 사람의 지금 마음이 과연
어떠하다 생각하는가?
5 네가 나의 법전에 나의 성령을 받아
160권의 법전을 역사하며 네가 천사
처럼 아름답게 변화되며 한 점의 부끄
럼이 없는 삶을 살아가는 것이 얼마나
위대하고 소중한 것이며,
6 너희 제자들 또한 변해 가는 모습이
얼마나 소중한 것인가를 아느냐?
7 많은 사람이 지나가는 길에 크나큰 쓰
레기요, 주워서 버려야 할 것, 그리고
사람들이 밟아서 넘어질 것, 노인들이
지나가다 밟으면 넘어져 상처를 입을
것, 이와 같이 잘못된 것이 있다 해도,
8 거기를 지나는 사람 중에 그걸 치우는
사람들이 과연 얼마나 있고 얼마나
너희 눈으로 보느냐?
9 거기에 지나가는 사람이 수백 명이요,
많은 사람이 지나갈 때 그걸 하나 주
워서 치우는 사람은 몇 사람밖에 되지
아니할 것이니, 그것이 오늘의 너희
형태요, 너희 마음의 자세이니라.
10 그러나 너희가 그것을 버림으로 인하
여 그걸 밟고 넘어져 노인이 다치며
어린아이가 다치며 또한 젊은이도 그
리 밟아 미끄러지며 넘어져 다칠 수
있다면, 아마 너희 제자들은 그것을
주워서 갖다 버리고 갈 것이니라.
11 그러니 거기에 수많은 사람이 지나가
면서도 그것 하나 치워 주는 아름다운
마음을 가진 사람이 없다 하면, 이것
이 바로 이 세상 너희가 가지고 있는
마음이며 오늘의 그 형태이니라.
12 그러니 지금이 잘못되었기에 내가 바
로잡으려 한다는 것이 과연 거짓이며
너희가 사탄이요, 사악한 자가 한다
생각할 수 있겠는가?
13 많은 사람이 지나가는 곳에 밟아 미끄
러질 만한 쓰레기가 있다 하자.
14 그것을 수백 명, 수천 명이 지나가면
서도 그대로 지나가며 그것 하나 치워
주는 사람이 없을 때, 그 치워 주는 사
람이 그 지나가는 사람들의 비율에 대
하여 얼마나 역사한다고 생각하는가?
15 그것이 지금에 너희가 버리지 않는
사람이 나쁜 사람이요, 버리는 마음이
착한 마음이라 한다 하면, 그것이 착
한 마음과 악한 마음의 비례의 대비표
라면 너희는 과연 믿겠느냐, 그것뿐이
더냐?
16 그걸 버린 자가 있느니라.
17 그저 아무런 관계없이 이 자연이 자기
것인 양 그저 쓰레기요, 모든 것을 던
져 버리는 자, 너희가 기호품으로 피
우는 담배라는 것을 피우다 말며 불도
끄지 않고 집어던져 버리는 자, 그걸

보고 주워 치우는 자가 과연 얼마나
되는가?
18 그걸 모르고 그냥 지나가는 자, 그걸
함부로 던지는 자, 이와 같이 너희 인
간의 마음이 그리되었음이니, 그 속에
서 주워 버리는 자가 과연 얼마나 되
느냐?
19 나의 법전을 읽고 깨우친 너희 제자들
은 대부분이 남들이 넘어지고 위험한
상황이라면, 그것을 치우고 버리고 가
는 것이 너희 제자며 나의 법전을 읽
고 깨우친 백성이 하는 길이 아니던
가?
20 어쨌든 최소한 그와 같은 것을 행하는
것이 나의 법전을 읽고 깨우친 백성이
니, 그리하여 너희가 소중하다 함이니
라.
21 세상이 밝다, 곱다, 악하다, 말세다 하
는 말을 하지 말라.
22 너희 마음이 그러하니라.
23 그것이 바로 너희가 보고 평가할 것
이니라.
24 과연 그것을 노인이 밟으며 어린아이
가 밟으며 또한 젊은이도 밟아 넘어질
수 있는 그와 같은 쓰레기를 그저 방
심하고 비켜 가는 사람들, 수많은 사
람이 그냥 지나가니 그걸 치우는 사
람이 과연 몇 명이나 있는가?
25 치울 수 있는 사람이 몇 명이나 있느
냐?
26 그러니 그것을 치우는 것이 아름답고
고운 마음이 아니요, 당연히 해야 할
길이 아니더냐?
27 그것이 이 세상 나의 피조물 만백성이
지금에 가지고 있는 마음이니, 내 사
랑하는 너를 따르는 제자들이요, 내가
사랑하는 백성이요, 나로부터 선택된
백성, 그리고 나에게 등지고 가는 백
성, 그들의 지금 마음이 어떠하던가?
28 본성의 마음은 그를 치우고 가는 마
음이 없음이니, 이 세상 너희가 삶을
살면서 그리 험악하게 되었음이니, 그
모두는 무엇이더냐?
29 사랑을 베푼다 가르치는 종교 집단들
이 이기주의요, 저만을 위하는 삶이
요, 저만을 구원받기 위한 삶이요, 부
모요, 형제도 관계없이 그와 같이 이
기주의적인 마음으로 너희를 그리 병
들고 썩게 만들었으며 황폐하게 만들
었기 때문이니,
30 그것을 치우고 가는 자가 없도록 만
든 것이 지금의 세상임을 알라.

6,383 번째 하나님 말씀

2003년 6월 10일 11시 31분

(강론을 마치며)

1 사랑하는 나의 아들아!
2 "네, 아버님! 말씀하옵소서."
3 너희가 아무리 먹고 싶어하며 빨리 그
과일이 익어서 그를 취하고 싶으나 너
희 마음과 뜻대로 그 과일은 익어지는
것이 아님이니라.
4 그 과일은 익을 때가 있으며, 뿌리로
부터 영양의 공급을 받으며 하늘로부
터 태양의 열을 받아 시간이 되어 익
어야 할 때 그는 익게 되는 것이며 그
것을 취하게 되어 있음이니라.
5 너희가 살아가며 변하는 그와 같은 삶
도 너희가 변하는 그 노력이요, 너희

가 바로 설 수 있는 그 기초는 다져 갈
수 있으나, 너희가 마음을 비우고 마
음을 지우는 것도 또한 너희 마음대
로 그리 이루어지는 것이 아님이니라.
6 여기서 내가 너희에게 하나의 하늘의
뜻을 가르쳐 주며 내가 너희에게 하
나의 상을 내리고자 함이니, 이를 잘
들어 기억하도록 그리하라.
7 지금 모든 백성이 이 세상에 이루어
지는 것은 나 여호와의 뜻이라 너희가
다 그리 치부하며 그리 기도한다 하였
음이니라.
8 그러니 하늘의 뜻이요, 내가 역사하는
것을 아는 백성은 모두는 나 여호와
의 뜻이라 해도 그가 생각하는 것이
다르다고 하였음이니, 바로 그러하니
라.
9 지금 모든 백성이 변하고자, 깨닫고자
그 길을 가며, 하늘에 오르고자 영광
된 그 길이요, 저희가 나에게 오고자
모두가 믿음의 길을 가며 그들이 믿
음 속에서 살아간다고 하나,
10 나로부터 선택된 백성 너희는 다름이
하나 있음이니라.
11 너희는 기초만 다지면 되는 것이니라.
12 모든 백성이 하늘에 오르고자 아무리
발버둥치고 몸부림친다 해도 그들은
십계명을 지키지 아니하며 나의 율법
을 지키지 아니하며 그들 자신을 위한
믿음의 길을 가는 사들이요,
13 너희는 너희 자신을 위하는 믿음이 아
니요, 너희 자신이 변해 만백성을 구
하고자 하는 그와 같은 마음의 믿음을
가고 있으며,
14 너희는 나로부터 선택된 백성이니 너
희가 변하겠다는 그 마음의 자리를 굳
건히 시킬 때, 내가 너희 모든 마음을
변하게 하며 역사하게 하며 너희를
바로 서게 할 수 있는 것이 바로 선택
된 나의 백성이 가지고 있는 영광이
요, 사랑임이니라.
15 너희는 그 단계만 세우도록 그리하라.
16 기초만 다지라.
17 너희가 바로 사는 것이 어떠한 것이
며, 하늘에 오르는 길이 무엇이며, 인
간이 살아가는 도리가 무엇이며 나를
경배하는 백성이 어찌 살아가야 하는
것인가,
18 나를 위하는 삶이 아니요, 너희 모든
백성을 위해 삶을 사는 것이 나에게
오르는 길이라는 그와 같은 마음을 다
지고 굳혔을 때,
19 그 마음 위에 바로 성령의 변화의 역
사를 내가 임하는 것이 나로부터 선택
된 너희가 하늘에서 받을 수 있는 은
혜의 영광이요, 축복임을,
20 너희가 반석 위에 서서 하늘에 오르
는 찬란한 빛을 볼 수 있듯이, 너희가
반석 위에 서는 것까지 그리했을 때,
21 너희가 지울 수 없는 마음, 버릴 수 없
는 마음을 나 여호와가 다 다스려 줌
이니, 너희가 지금 머지않았음을 알아
야 할 것이니라.
22 너희는 말하느니라.
23 인간이요, 인간이기 때문에 그 한계가
있으며 그 한계를 넘지 못한다 하였음
이니라.
24 그러니 나로부터 선택된 백성, 네가
반석 위에 섰을 때, 그 기초를 단단히
했을 때 그때부터 모든 백성은 노력

하여 변하는 길을 옴이니,
25 그때 나의 성령으로써 내가 하루아침
에 단 한 순간에 너희가 가야 할 길이
며 너희 마음을 다스려 주며, 오늘의
나의 아들이 바로 설 수 있도록 그 모
두를 놓고 그 마음을 비우고 가는 것
처럼 너희 마음도 그리 역사해 줄 것
이니 그리 알아야 할 것이니라.
26 그것이 너희가 나로부터 선택된 백성
이요, 너희가 오늘의 시련과 고통을
겪고 가는 그 상의 보답이니라.
27 너희가 말하기를 나는 공의의 하나님
이기에 아무에게나 상을 줄 수 없으
며 똑같이 베푼다 하였으나,
28 너희가 기초를 다지는 그 공이야말로
너희 마음을 내가 비워 주며 너희 마
음을 다스려 줄 수 있는 그와 같은 너
희가 기초를 다지며 상을 받을 자격
이 있음이니,
29 너희는 오늘의 그 기쁨과 영광이 너
희에게 있다 함을 알라.
30 너희가 기초를 다졌을 때 내 성령으로
임하여 너희 모든 사악한 무리요, 너
희가 지울 수 없는 그 마음을 다 씻어
준다는 것, 그것이 나로부터 선택된
너희가 받을 수 있는 은혜니,
31 하늘의 나의 뜻이요, 하늘의 비밀을
너희에게 가르쳐 줌이니 단단히 반석
위에 서는 것까지만 그리 가라.

6,384 번째 하나님 말씀

2003년 6월 11일 01시 05분

1 사랑하는 나의 아들아!
2 "네, 아버님! 말씀하옵소서."
3 나의 법전에 기록된 그 내용대로 내가
내리는 너희 심판의 기준인 '하늘에
오르는 길'이요, '하나님! 말씀하옵소
서' 나의 성령을 너에게 내려보내어
그리 전함이니,
4 그를 듣고 기록하는 너는 그 길을 가
려 하며 그 길을 살려고 하며 그대로
역사하려 발버둥치는 것이니라.
5 그러니 네가 그리 살아가고자 하는 것
이 이 세상 모든 백성에게 지식인이라
하는 자, 또는 지도자라 하는 자, 권력
층에 있는 자, 부를 누리고 있는 자,
부를 누리고 사는 자에게 네가 그와
같이 살 수 있으며 살아가야 한다 말
할 때,
6 그들은 네 앞에서 그럴 수도 있을 것
이다 이야기 하나, 그들 마음속에는
절대 그렇지 아니하다, 쓸데없는 소리
를 하고 있다 생각할 것이니라.
7 그리고 절대 그리 살 수 없는 것이라
그리 말할 것이니라.
8 네가 평소에 존경하는 지식인이요, 학
자라는 자들도 그럴 것이니라.
9 그와 같이 살아가는 것이 하늘에 오르
는 길이요, 나 여호와의 뜻이라 하면,
10 그들도 스스로 짓는 그 죄 때문에 인
간이 살아가는 것은 더러는 더불어 살
며 더불어 이해를 하며 인간 세속에서
살아가는 것이 인간이 살아갈 수 있는
길이요,
11 그리 정도의 길을 간다는 것은 세상에
견딜 수가 없으며 정도만 세상에 존재
할 수 있다면 이 세상에 누구도 존재
하지 못할 것이라 그리 말할 것이니라.
12 그들도 다 그리 생각하고 있음이니라.

13 그건 바로 무엇이던가?
14 네가 존경하는 사람이요, 네가 따르는 스승이요, 그와 같은 자들도 나의 법전대로 인간이 살아가야 한다고 하면 그들은 그리 살 수 없다 말할 것이니라.
15 인간은 더불어 살며 더러 실수가 좀 있는 속에서 그 실수를 더러 인정하며 그를 또한 삶의 방편으로 생각하며 살아가는 것이 인간의 도리요, 정의로움이요,
16 완벽하게 사는 것은 이 세상에 존재할 수 없으며 이 세상에 또한 살아갈 수 없다 그리 말할 것이니라.
17 그러니 지식인이요, 권력층에 있는 자요, 부귀와 영화를 누리는 자, 그와 같은 백성이 그대로 살아갈 수 없는 것이라 인식하듯이,
18 모든 종교 집단이요, 지도자요, 구원을 받는다는 백성 그들도 죄를 짓지 아니하고 살 수 없다 그리 말하느니라.
19 그리하니 그들이 바로 무엇이던가?
20 십계명대로 살 수 없으며 율법대로 살 수 없다 그리 말하느니라.
21 그러니 네가 할 말이 무엇이 있으며 네가 과연 그 벽을 어찌 넘겠는가?
22 네가 그들에게 들려줄 수 있는 말은 오로지 남이 용서할 수 없는 것을 용서하는 것이 용서하는 것이요, 남에게 도저히 베풀 수 없는 것을 베푸는 것이 베푸는 삶이라는 그 말밖에는 더 이상 아무런 할 말이 없을 것이니라.
23 그러나 너는 여기서 들어야 할 것이니라.
24 종교 집단이요, 모든 믿음을 오는 백성이 십계명을 지키고 살 수 없으며 인간이기에 죄를 짓지 아니하고 살 수 없다는 그들의 그 고정관념이요, 머릿속에 박힌 그 생각을 바꾸지 못하기에 오늘과 같이 험악한 세상이 되어 있음을 너는 알고 있을 것이니라.
25 그리하여 제3의 시대를 열어 가는 내가 나의 성령을 태워 너에게 내려보내며 160권의 책으로 내려보내 너희를 심판하는 기본이요, 근본이요, 기초가 되는 것을 내려보내니,
26 이를 또한 지키지 못하며 이대로 살 수 없다는 것이 바로 십계명을 지킬 수 없다는 그 백성과 같음이니, 바로 그와 같으니라.
27 그 누구도 이를 믿으려 하지 아니하며 이를 인정하려 하지 아니하며 이리 살 수 없다 그리 말함이니,
28 그것을 바꿔 놓는 것이, 그들을 깨우치는 것이, 그리하여 살 수 있다는 것을 그들의 눈을 뜨게 하는 것이 너희가 해야 할 일이니, 너희가 얼마나 힘들고 어려운 길을 가는 것인가를 너 자신이 알 것이니라.
29 인간은 완벽하게 살 수 없다 그리 말하며 완벽하게 사는 것은 인간의 삶이 아니라 말할 때,
30 너 자신이 과연 지키고 가는 것이 바르며 곧으며 너는 지킬 수 있을 것인가, 과연 지금 하고 있는 네 스승이요, 네가 존경하는 사람이요, 그와 같이 지식인들이 말하는 그것이 맞지 않는가, 너는 그리 마음을 가질 것이나,
31 그와 같은 마음의 생각도 네가 해서는

아니 될 것이니라.
32 남이 용서 못 하는 것을 용서하는 것
이요, 남이 베풀지 못하는 것을 베푸
는 것이 사랑이지,
33 남이 용서할 수 있는 것을 용서하며
남이 베풀 수 있는 것을 베푸는 것은
사랑이 아니라 하였음이니,
34 그 마음의 변함이 없이 너는 살아가
야 할 것이니 그리 알라.
35 그것이 네가 가야 할 길이며, 네 제자
가 가야 할 길이며, 모두가 역사할 수
있는 그와 같은 길이라는 것을 잊지
말며, 잠시도 흔들려서는 아니 될 것
이며 네 마음에 동요도 가져서도 아니
될 것이니 그리 알라.

6,385 번째 하나님 말씀

2003년 6월 11일 01시 12분

1 사랑하는 나의 아들아!
2 "네, 아버님! 말씀하옵소서."
3 예수는 이 세상에 나의 명을 받고 나
왔음이니, 그는 나의 피조물 만백성에
게 무어라 가르쳤던가?
4 그를 따르는 제자들이요, 그 믿음의
길을 가는 모든 백성, 그리고 지도자
라 하는 그 백성, 또한 믿음의 길이라
는 것을 알고 깨우친 백성은 모든 백
성이 하늘에 오르는 그 빛이 되며 그
빛과 같은 역할을 하는 것이 나의 피
조물 만백성이 가는 길이며 행하는 길
이라 내가 그리 가르쳤으며, 또한 나
의 아들 예수도 그리 전하였느니라.
5 그리하니 믿음의 길을 가는 백성은
오로지 나의 피조물 모든 백성에게
하늘을 향하여 오르는 그 빛이 되며
그 빛의 역할을 하는 것이 종교 지도
자요, 또한 믿음의 길을 가는 백성이
해야 할 길이라 내가 성경에 기록하여
너희에게 전하였건만,
6 지금 나를 믿으며 나를 경배하며 수천
년 동안 그 믿음의 길을 오는 백성이
하늘을 향하여 빛이 되어 만백성을 이
끄는 것이 아니요, 하늘에 비추는 그
빛이 되고자 하는 백성까지도 가리고
막는 그와 같은 역할만을 하고 있는
것이 종교 집단이요, 지도자라 말한다
면 너희는 과연 나를 어찌 말하겠는
가?
7 내가 나의 성경에 기록하여 나의 아들
로 하여금 너희에게 무어라 전하였더
냐?
8 하늘의 뜻을 따르는 자, 하늘의 뜻을
역사하는 자, 그와 같은 백성은 이 세
상 모든 백성에게 없어서는 아니 되는
소금과 같은 자가 되라 내가 나의 성
경에 그리 기록하여 너희에게 전하였
건만, 너희는 자신이 소금이 되지 아
니하며 소금의 역할을 하지 못하는 것
이니라.
9 너희 자신이 소금의 역할을 하지 아니
하면 그것으로써 너희가 그 임무를
다하는 것으로 되건만,
10 너희는 소금이 되고자 하는 나의 평범
한 백성까지도 소금이 되지 못하도록
막고 그를 훼방하는 자가 되고 있음
이니,
11 그리하여 너희 자신이 이 세상에 썩은
자가 되며 나의 뜻에 따라 소금이 되
고자 하는 순박한 나의 백성까지도

그 소금의 역할을 하지 못하도록 함이
니, 이 세상이 지금과 같이 썩고 병들
고 황폐하게 되었음이니라.
12 그 모두의 원흉이 너희며 그 죄의 온
상이 지금 모든 종교 집단이요, 나에
게 오른다 하여 금화와 은화를 거둬
들이면서 지금 나의 피조물 만백성을
우롱하고 사기극을 벌이고 있는 너희
집단이 그와 같이 세상을 만들었음이
니라.
13 그러니 소금이 존재하여 모두가 지키
고 견디고 나가야 할 것을, 소금이 되
고자 하는 나의 백성까지도 그리하지
못하도록 너희가 그리하고 있음이니,
지금 나의 피조물 만백성이 어찌 되
는가?
14 그들이 소금이 되고자 하는 그 길을
가지 못하며 사악한 너희 말에 따라
그들 자신이 너희를 따라가는 것이
편안하고 평탄한 길이요, 하늘에 오르
는 길이라 그리 감이니,
15 그 백성까지 지옥으로 떨어지는 그와
같은 형국으로 만들며 이끌어 가는 것
이 너희라는 것을 잊어서는 아니 될
것이니라.
16 이제는 내가 2천 년이라는 너희 인간
세상에 긴 세월의 침묵을 지켰으며 내
가 손을 놓았으며 그리하여 지금 내가
나의 아들을 통하여 새로운 제3의 시
대를 열어 감이니,
17 나의 법전을 읽고 깨우친 백성이요,
나의 아들을 따르는 제자 너희는 정
녕 하늘에 오르는 빛이 되어야 할 것
이며 만백성의 소금이 되어야 한다는
것을 알라.
18 소금은 모든 음식이요, 모든 것의 기
본이요, 근본이요, 기초가 되며 기둥
의 역할을 하나, 그는 저 자신을 녹여
서 모든 역사를 함이니라.
19 그 형체를 찾을 수가 없으며 그 모습
을 찾을 수가 없으며 저 자신을 다 녹
이고 녹여서 역사함이니, 너희는 그와
같이 저 자신을 녹이는 그와 같은 삶
으로 살아가야 할 것이니라.
20 그리하여 소금이 되고자 하는 그 백성
까지도 막으며 황폐하고 썩게 만드는
이 세상을 너희가 다시 살려야 하는
그와 같은 대명을 가고 있는 자들이
니, 너희가 얼마나 힘들고 어려운 길
인가를 알아야 할 것이니라.
21 모든 지식인이요, 모든 백성이요, 종
교 집단에 속해 있는 그 백성까지도
나의 십계명대로 살 수 없다며 나의
율법대로 살 수 없으며 나의 법전대로
살 수 없다 그리 말함이니,
22 그것은 나의 뜻이 아니요, 나를 능멸
하며 나와는 관계없는 길을 가는 백성
이 이 세상을 지배하고 있음이니,
23 오로지 십계명을 지키는 것이 너희만
한다는 것이며, 정도의 삶을 산다는
자는 십계명이 두려울 것이 없으며,
율법이 두려울 것이 없으며 나의 법전
대로 살아가는 것이 두렵지 않다 말하
는 것은 바로 나의 아들을 따르는 제
자 너희뿐이니,
24 바로 썩어져 가는 호수에 내가 작은
생명줄을 내려보내어 새로운 물을 공
급하는 그와 같은 역할을 하고 있다
그리하였음이니, 그 뜻을 너희는 깊이
새겨들어야 할 것이니 그리 알라.

6,386 번째 하나님 말씀

2003년 6월 11일 01시 20분

1 사랑하는 나의 아들아!

2 "네, 아버님! 말씀하옵소서."

3 너희가 살아가면서 선행이요, 아름다운 그와 같은 행위는 남이 용서할 수 없는 것을 용서하며 베풀 수 없는 것을 베푸는 것이 진정한 선행이라 그리 하였음이니라.

4 그러니 너희가 살아가면서 작고 큰 그와 같은 선행의 아름다운 행위를 하는 것, 남에게 베풀고 사는 것, 그 모두는 겸손한 마음에서 왼손이 하는 것을 오른손이 모르며 오른손이 하는 것을 왼손이 모르도록 너희가 그렇게 겸손한 자세로써 모두를 살아가야 한다 하였음이니라.

5 그러나 지금 나의 피조물 만백성이요, 모든 종교 집단이요, 구원을 받았다는 백성 너희가 어찌 살아가는지 아는가?

6 너희는 하지도 아니한 것을 자랑으로 삼으며 남들이 이룬 선행을 너희가 이룬 것처럼 그와 같이 둔갑시켜 저 자신을 자랑하는 그와 같은 시대로 변하지 아니하였던가?

7 그리고 작은 공이라 해도 너희가 그를 하나 역사했을 때 그를 확대하고 또 확대하여 너희 자신을 보이며 자랑하는 그와 같은 지금의 마음 자세가 아니었던가?

8 작은 선행을 함으로 많은 사람에게서 박수를 받으며 많은 사람의 입에 올라 칭송을 받고자 하는 그와 같은 마음에서 너희가 지금 선행을 베풀며 그와 같이 살아가고 있음이니,

9 너희는 작고 보잘것없는 어떠한 선행을 했다 해도 입이 마르도록 남에게 자랑하며 남으로부터 칭찬을 받으며 그와 같은 속에서 너희가 보람을 느끼고 사는 자며,

10 그리하여 너희는 나에게 와 공을 받으며 나로부터 은혜를 받으며 내가 기억해 주는 그와 같은 백성이라는 착각 속에서 살아가는 것이니라.

11 나 여호와의 복음이요, 나 여호와의 참진리를 가르치는 모든 종교 집단이요, 지도자들이 바로 서지 못하기에 이와 같이 험악한 세상이 되었음이니라.

12 내가 너희 그 추한 모습을 어찌 기록하여 전했던가?

13 너희는 너희 자신이 참진리요, 잘못 가는 나의 백성을 바로 세우고 가르치는 지도자가 아니라 성전이라는 곳에 나오는, 너희 교회에 나오는 신도라는 그 백성의 비위를 맞추기에 급급하며 그들의 욕심을 채워 주기 위해 최선의 노력을 다하며 그 눈치를 보며 살아가는 것이라 하였음이니라.

14 그는 너희가 재물을 거둬들여 편하고자 함이니, 너희가 주는 것이 없으며 대가도 없이 거둬들이고자 하니,

15 너희 자신이 부끄러움이요, 너희 자신이 죄스러워 그래도 일말의 양심을 가지고 있기에 너희는 그들에게 지금이라도 편안한 마음, 즐거운 마음이라도 주기 위하여 그들이 죽어 나의 천국에 오거나 지옥에 가거나 그와 같은 것은 관계없이,

16 그저 오늘의 그들이 즐거운 마음이요,
편안한 마음으로써 재물과 금화와 은
화를 너희에게 바치게 하려고 그들의
비위를 맞추는 그와 같은 형국으로 가
고 있는 것이 너희가 아니던가?
17 그리하여 너희가 신도라는 백성에게
비위를 맞추며 그들의 욕심에 맞추는
행위를 하며 살아가는 것도 부족하여
지금 어찌 말하는가?
18 절대 상대하지 말며 겸상하지 말라,
그리고 대화도 하지 말라, 그들이 바
로 이방인이니라.
19 이방인들과 너희는 절대 상대하지 말
라 그리 설교하며 그 신도들에게 가르
치느니라.
20 그러나 그 가르치는 지도자 너희는
과연 어찌하는가?
21 너희는 이해득실에서 너희에게 이득
이 된다면 이방인 앞에 가 고개 숙여
그들의 비위를 맞추며 그들에게 청산
유수와 같은 말로 비위를 맞추는 기도
를 드리며 너희가 취할 것, 얻을 것을
거둬들이는 그와 같은 지금의 종교 집
단들이니,
22 과연 너희가 얼마나 더 전락하고 얼
마나 더 지옥으로 가야만 하겠는가?
23 저희 신도들에게는 말하느니라.
24 절대 믿음을 갖지 않는 이방인이니 그
들과 상대하지 말며 그들과 거래하지
말라 하면서 저희에게 득이 되는 일
이 있다 하면 그 이방인들의 비위를
맞추며 그를 받드는 종교 지도자요,
지금의 너희 종교 집단이 가는 길이니,
25 그 추한 모습을 바라보는 나 여호와가
과연 너희를 어찌 단죄하려 하는지
너희는 알겠는가?
26 사랑이 으뜸이라 그리 말하며 사랑으
로써 모든 것을 역사해야 되며 사랑으
로써 실천하는 것이 나에게 오르는 길
이라 너희는 그리하면서 저 자신밖에
모르는 나의 백성으로 전락시켰으며
저 자신만을 위해 살아가는 백성으로
지금 만들어 가고 있음이니라.
27 그리하여 저희가 험악한 죄를 짓는
것을 죄인 줄 모르며 그 죄는 또한 저
희가 말로써 용서를 빌며 구원의 기도
를 드린다면 그 모두가 다 면죄부를
받는다 함이니,
28 너희가 죄를 짓고 그 죄에 대한 심판
을 받는 그 두렵고 무서운 마음마저도
그들의 비위를 맞추며 그들의 욕심을
채워 주는 그와 같은 방향으로 지금
너희가 이끌어 가며,
29 죄를 짓고도 재물을 바치며 회개의 기
도를 드리면 그 죄가 떨어져 나간다
그리 가르침이니, 그것이 바로 무엇이
더냐?
30 나의 피조물 만백성이 지은 죄로 하여
금 나에게 와 심판을 받아 그들이 지
옥과 천국의 갈림길에 서게 됨이니,
31 죄가 많으면 지옥이요, 죄가 없으면
천국의 내 품에 오르거늘, 너희가 죄
를 지으면 용서를 받는다 그리 가르침
이니, 그들은 너희의 허황된 말에 의
하여 죄를 짓고 또 죄를 지으면서도
그 죄가 무서운 줄을 모르며 그 죄가
험악한 줄을 모르느니라.
32 그러면서 너희는 나에게 무엇을 원하
느니라.
33 그리고 너희는 너희 자신을 위한 기도

를 드림이니라.
34 '여호와 하나님, 제가 아버님의 품에
있으며 아버님 뜻대로 살고자 하며 아
버님이 원하는 그 역사함을 따르고자
하니, 저에게 명예를 주시며 저에게
부귀와 영화를 주시며 저의 자식들에
게도 축복과 부귀영화를 주옵소서.'
그리 기도하는 자,
35 내 품에 와서 너희가 존재하고자 하
는 것, 나를 따르겠다는 것, 나를 믿는
다는 것, 그리고 나 여호와에게 기억
해 달라는 그와 같은 너희의 추하고
더러운 기도를 하지 말라.
36 그 모두가 지상을 오염시켰으며 하늘
까지 오염시키고자 하니, 그 오염된
말이 구름을 뚫고 나에게 올까 나 여
호와가 괴로워함을 잊지 말라.

6,387 번째 하나님 말씀

2003년 6월 11일 01시 28분

1 사랑하는 나의 아들아!
2 "네, 아버님! 말씀하옵소서."
3 나의 피조물 만백성 너희는 한 곳에
빠지기 시작하면 거기서 헤어나지 못
하며 너희가 가지고 있는 것이요, 주
변의 역경이요, 환경이요, 그 모두를
바라보지 못하는 것이니, 너희가 바로
이성을 잃게 됨이니라.
4 그리하여 너희가 한 곳에 집착하다
보면 너희가 가야 할 길, 너희가 역사
해야 할 길, 너희가 이루어야 할 것까
지도 잊어버리며 너희가 거기에 빠져
너희 인생의 그 모든 삶의 결정이 거
기서 이루어짐이니,
5 그것이 너희가 가지고 있는 하나의 잘
못된 단점이며 너희 잘못된 습관이니
라.
6 너희가 한 곳에 빠지면 그와 같이 헤
어나지 못하는 너희 그 습성 때문에
너희가 고귀한 백성이라 했으며 소중
한 나의 아들딸이라 하였거늘,
7 인간 세상에서 저주받는 폐인이 되는
그와 같은 역사를 하는가 하면, 많은
사람으로부터 존경받는 학자요, 지도
자요, 선생으로서 지탱하는 자가 있는
가 하면,
8 잘못 빠진 자로 하여금 건달이요, 주
먹잡이요, 살인을 하며 이와 같이 잘
못된 삶을 사는 그와 같은 형국으로
너희가 변화됨이니,
9 그것이 너희가 지금 가지고 있는 특성
인 것이니라.
10 너희는 어찌하여 나로부터 받아 나간
너희만이 가지고 있는 특성이요, 너희
만이 가지고 있는 아름다운 특기를 살
리지 못하며 나로부터 받아 나간 그
삶과 인생의 길을 살지 못하고 어찌하
여 잘못된 곳에 빠짐으로 인하여 그
근본의 자세요,
11 나 여호와가 개개인에게 내려 준 그
고귀한 특성을 살리지 못하고 무너져
감이니,
12 이를 보는 나 여호와의 마음이 얼마나
아픈지 과연 너희는 알고 있는가?
13 너희 스스로 내가 내린 특성을 계발하
지 못하며,
14 그것을 위하여 살아가는 것이 아니요,
너희가 그와 정반대의 길을 선택하는
것이며,

15 너희가 습관과 습성에 스스로 빠져 그
를 헤어나지 못하여 바른 삶을 살지
못하기에 육의 세상에서 너 자신이
고통과 시련 속에 살아가는 것임을
알아야 할 것이니라.
16 그러니 너희가 하나의 습관과 습성을
잘못 들이는 것이 얼마나 무서운 줄을
알겠느냐?
17 내가 나의 아들에게 일찍이 깨우쳤느
니라.
18 너희가 선행의 그 끈을 잡기 시작하면
그 끈은 계속 선행을 낳게 되며 악의
끈을 잡으면 너희가 악으로써 계속
악에 의하여 빠져든다 하였음이니,
19 그게 바로 너희가 한 곳에 습관과 습
성에 빠지는 것이니라.
20 나의 사랑하는 피조물 만백성 너희가
처음부터 죄인이 어디에 있으며 악한
자가 어디에 있더냐?
21 너희는 살아가면서 처음에 죄를 범했
으며 남에게 부끄러운 행위를 했을
때, 악행을 했을 때 너희는 그 행위에
대해서 너 자신이 잘못 가고 있다는
것을 알며 그를 바로잡아야 한다 생각
하며 그 행위를 부끄럽게 생각하며 두
렵게 생각하며 무섭게 생각하느니라.
22 그리하여 너희가 바로잡는 백성이 되
고자 그와 같은 마음으로 노력하나,
너희가 그 죄를 한 번 짓고 또 두 번
지음으로 인하여 너희가 첫 번째 그
죄를 지었던 너희 자신을 증오하며 너
를 미워하며 죄지은 것을 후회했던 그
마음이 서서히 변하기 시작함이니,
23 그 죄악에 대하여 너희가 죄라는 것
을 느끼지 못하게 되며 너희가 뼈저
리게 후회하고 아프게 반성했던 그와
같은 것은 너희 머리에서 지워지며
죄가 죄인 줄을 모르며 그 속에 점점
빠지니,
24 두 번, 세 번 너희가 죄를 짓기 시작하
면 그것은 당연한 것이요, 그것이 너
희에게 당연한 길이요, 너희가 갈 수
있는 길이라 그리 빠져 버리니,
25 이것이 바로 잘못된 습관이요, 습성에
발을 디뎌 놓음으로 인하여 너희가
그와 같이 얼마나 무서운 형국으로 변
하는 것인가를 알아야 할 것이니라.
26 내가 오늘, 이 깊은 밤 나의 아들을 통
하여 이리 전하는 것은, 너희가 2천
년 동안 믿음의 길이요, 하늘에 오르
는 길이라 달려온 것이 지금 종교 집
단이요, 지도자들이 세상에 내려가 나
의 뜻을 전하고자 하는 나의 아들을
죽게 함으로 그때부터 단추를 잘못 끼
우기 시작하였음이니,
27 너희가 단추를 잘못 끼웠으니 너희가
걸친 옷의 형태가 엉망으로 되었던 것
이니라.
28 그리하여 그것을 바로잡지 못하고 그
것이 아름다운 모습이요, 좋은 것이라
는 생각과 습관과 습성에 지금 빠져들
어 그를 고치려 하지 아니하며 바로잡
지 못하는 것이 너희이니,
29 아무리 그를 바로잡으려 해도 그를 듣
지 아니하며, 나의 성경에 기록한 것
은 한 자도 빼도 더해도 아니 된다 하
여 지켜야 한다 하며 내가 지키라는
십계명을 감히 지킬 수 없다 말함이니,
30 이는 바로 첫 단추를 잘못 끼운 너희
믿음의 형국이기 때문에 그와 같이 무

서운 짓을 하고 있음이니라.
31 너희가 짓고 짓는 그 죄가 두려운 줄
을 모르며 무서운 줄을 모르며 그리
내리 달려가기만 하니, 너희가 재물이
요, 금화를 거둬들이는 그 즐거움이
있다 보니 거기에 빠지니,
32 그것이 죄인 줄을 모르고 더 많은 것
과 더 큰 것을 거둬들이는 것을 진정
한 지도자요, 위대한 지도자요, 그리
고 나로부터 축복을 받으며 영광을 받
는다는 그와 같은 착각을 하고 있으며
그 악습을 죄라 생각하지 아니하는 것
이 너희이니라.
33 모든 믿음의 길을 가는 자들이 사랑
을 베푼다면서도 사랑을 베풀지 아니
하고 살며, 저를 위하여 기도하며 저
만을 위하여 살아가는 너희가 저 자
신이 무엇인가 얻고자 기도하는 그것
이 지금 무엇이라 생각하는가?
34 그것이 죄가 되는 것인 줄 모르며 두
려운 것을 모르고 너희가 살고 있음이
니라.
35 나 여호와가 이 세상에 너희를 만들
때 선한 것 천 개와 악한 것 천 개를
만들어서 세상에 내려보냈다 하자.
36 너희가 그 선함을 버리고 악한 것을
차지하고자 하는 자, 그리고 너희가
선함이 정해져 있는 그 숫자를 그리
행하지 아니하며 악함을 행하고자 하
는 자,
37 너희는 악함을 행한 만큼 그 대가를
받게 되어 있음이니라.
38 그리고 선이라는 그 속에서 천을 행하
는 자는 그 천을 행한 만큼 나에게 축
복을 받는 것이 너희가 살아가는 형
태임을 알아야 할 것이니 이를 잊지
말라.

6,388 번째 하나님 말씀

2003년 6월 11일 01시 37분

1 사랑하는 나의 아들아!
2 "네, 아버님! 말씀하옵소서."
3 내가 이 깊은 밤 너에게 나의 뜻을 전
함이니, 너는 너의 제자들에게 이를
전해야 할 것이니라.
4 너희가 지금 나의 아들을 통하여 나의
성령을 직접 들으며, 내가 내리는 모
든 그 성령은 나를 태워서 내려보내는
것이라 그리하였음이니라.
5 그를 받아서 기록하고 전하는 백성,
그를 듣고 깨우친 백성 너희는 과연
어찌해야 하겠는가?
6 2천 년 전 예수가 세상에 태어나 만백
성을 구하고자 전했을 때 그 제자들이
배운 것, 들은 것을 그대로 실천하고
자 했더라면 지금과 같은 험악한 세상
은 이루어지지 아니하였을 것이니라.
7 그들이 가장 잘못된 것이 무엇이던가?
8 나의 아들 예수가 너희에게 인간이 살
아가는 도리와 너희가 역사하는 것이
무엇인가를 그들에게 가르쳤으며 그
들에게 전하였음이니,
9 그를 듣고 배운 그 백성이 그대로 실
천하여 그와 같은 역사를 이루겠다는
각오와 생각으로써 그 한목숨 다 바
쳐 지키고 행하였더라면 오늘과 같이
험악한 세상은 이루어지지 아니하였
으며 이와 같은 역사는 결코 없었을
것이니라.

10 그들은 그를 실천하지 못했으며, 그리
역사하지 못했으며, 듣고 버렸으며,
깨달음을 얻은 것을 스스로 저희 자신
이 버렸으며, 그를 실천하지 못했으며
만백성에게 전하는 그 역사를 하지 못
하였음이니라.
11 그리하여 오늘과 같은 험악한 형국이
되었음이니,
12 이제 나의 아들을 따르는 제자요, 나
의 법전을 읽고 깨우친 만백성 너희는
알아야 할 것이니라.
13 나의 성령을 들으며 나의 법전을 읽고
접하며 이를 깨달은 백성 너희가 그
와 같은 역사를 하지 못하며 그리 이
루지 못한다면, 너희는 나로부터 크나
큰 죄인이라는 것을 잊지 말라.
14 너희는 받은 것만큼, 나의 성령을 들
은 것만큼, 나의 성령이 너희 몸에 임
한 것만큼, 나의 법전을 직접 접하여
읽은 것만큼 너희는 그를 역사해야
되며 이루어야 하며 그와 같이 너희
가 행해야 하는 것이니,
15 그와 같이 이루지 못한다면 너희는
나에게 죄인이라는 것을 잊지 말라.
16 아무리 듣고 배운 백성이 그를 역사
하지 아니하며 행하지 아니한다면, 나
의 성령으로써 충만한 너희가 그 충
만함을 만천하에 전하는 그와 같은 역
사를 하지 아니한다면 그 모두는 아무
런 가치가 없으며 의미가 없음이니,
17 예수를 따랐던 그 제자들이 행하지 못
한 것과 너희와 무엇이 다르던가?
18 이제 너희는 제3의 시대의 내가 직접
선택한 나의 백성이니라.
19 그러니 내가 나의 성령으로써 너희에
게 충만하며 나의 아들을 통하여 너
희에게 깨우쳐 주고 전한 그 모두를
그대로 행하고 실천하는 그 역사를 너
희가 이루어야 한다는 것을,
20 그를 이루지 못할 때 너희는 나에게
죄를 짓는 것이며 나를 너희가 버리
는 것이며 나에게 오고자 하는 생각을
너희가 정녕 깊이 가슴속에 새기지 못
한 자들이니라.
21 그저 형식적인 믿음이요, 모든 종교
집단들처럼 기복 신앙에 젖어 흘러가
는 자들이니라.
22 그러니 나의 뜻이요, 나의 성령을 너
희가 듣고 배웠다면 그대로 실천해야
하는 것이 가장 중요함이니라.
23 실천하지 못하는 자, 나의 자식이 아
니며, 나의 아들딸이 아니며, 내가 너
희를 거둬들이지 아니한다는 것을 알
아야 할 것이니라.
24 나의 성령이 충만되었으며 나의 성령
의 가르침을 들었으며 내가 너희에게
전하는 나의 법전을 읽은 백성 너희는
그대로 행하면 되느니라.
25 어떠한 훼방이 따른다 해도, 어떠한
방해가 따른다 해도 그 모두를 극복하
며 너희가 살아서 그를 역사해야 될
것이니라.
26 지금 너희가 그를 역사하지 아니한다
면, 너희는 나의 성령으로써 충만된
자격이 없으며 나로부터 선택된 자격
이 없다는 것을 잊지 말라.
27 나의 뜻을 알며 하늘의 뜻을 알며 나
에게 초청장을 받아 내가 베푸는 만찬
에 참석한 너희 백성은 같이 즐기며
같이 기뻐해 주듯이,

28 나의 성령을 받으며 하늘에 오르는 길
이요, 나의 법전을 너희가 접한다면
그대로 행하는 그 역사를 이루는 것밖
에 없음이니라.
29 아무리 훼방꾼이 너희 가는 길을 막
는다 해도 그를 헤치고 너희가 역사
해야 될 것이며, 나의 아들 예수를 따
랐던 그 제자들이 역사하지 못했던 것
을 너희는 반드시 역사해야 될 것이
니 그리 알라.
30 그것이 너희 소명이요, 너희가 해야
할 일이며 너희가 가야 할 길이니라.
31 배운 만큼 실천하라.
32 배운 만큼 너희가 세상에 전하라.
33 내가 나의 아들에게 무어라 말하였느
냐?
34 나로부터 듣고 배운 그 모든 역사의
기적은 무상으로 전하며 무상으로 깨
우쳐 주라 내가 그리 전하지 아니하였
던가?
35 그리하여 너희가 그 뜻을 이제는 알
아야 할 것이니라.
36 너희가 나로부터 무상으로 받은 그 모
든 성령의 가르침이요, 나의 교훈을
너희는 듣고 배운 그대로 실천하며 만
백성에게 전하여 깨우치는 그 역사가
너희 소명임을 잊지 말라.
37 그리하지 않는 자 너희는 나를 버리
는 자라는 것을 잊지 말라, 사랑하는
나의 아들딸들아!

6,389 번째 하나님 말씀

2003년 6월 11일 01시 47분

1 사랑하는 나의 아들아!
2 "네, 아버님! 말씀하옵소서."
3 2천 년 전에 내가 나의 아들 예수를
세상에 내보내어 너희를 깨우치고자
하였음이니라.
4 그러나 너희는 그에게 고통과 시련만
을 안겨 주었음이니, 그는 바로 지금
처럼 믿음의 길을 가는 백성이었음이
니라.
5 그리하여 나 여호와는 너희에게 호소
하였으며 너희에게 진리의 길을 깨우
치도록 내 모두를 다 전하여 너희에
게 이루고자 하였음이니라.
6 그러나 그를 따르지 아니하며 그를 거
절한 그 백성의 후예가 오늘의 너희이
니라.
7 그리하여 나의 아들 예수를 통하여 이
루고자 했던 그 모두를 내가 너희 가
슴속에 진리를 심어 너희에게 바른
삶을 살게 하기 위하여 내가 나의 아
들을 세상에 내려보냈으나,
8 그와 같이 너희가 나의 아들을 죽음
의 길에까지 이르도록 하였음이니, 내
마음이 너희에게 얼마나 호소를 하였
으며 너희가 진리를 바라보기를 나
여호와가 얼마나 갈구했는가를 너희
는 생각해 보지 않겠는가?
9 여기서 너희는 그와 같은 나 여호와의
뜻을 깨달아야 할 것이니라.
10 사랑하는 나의 아들 예수를 보내어 그
믿음을 간다는 백성으로부터 그가 거
부당하여 죽게까지 하기 전까지 너희
가 그 길을 가지 아니하여 나의 피조
물 만백성이 참진리를 깨닫고 깨달아
하늘에 오르는 길을 볼 수 있도록 나
여호와가 너희에게 얼마나 애원했으

며 얼마나 너희에게 호소했으며 너희
에게 그와 같은 역사의 변화를 바랐는
가?
11 너희는 그와 같은 의미를 알아야 할
것이니라.
12 나 여호와의 호소요, 나의 바람이요,
나의 간곡하고 애절한 마음을 너희가
들어주지 아니하고 외면했으며 그를
들으려 하지 아니하기에 나는 나의 아
들의 죽음으로써 너희에게 그 역사를
하고자 하였음이니라.
13 그러나 너희는 어찌 말하였는가?
14 나의 아들이 그와 같이 역사하고 죽음
으로써 그와 같이 역사한 그 모두를
다 마귀가 하는 것이요, 사탄이 하는
것이요, 잘못된 자가 하는 것이라 너
희는 그리 매도하여 그와 같이 역사를
이루지 아니하였던가?
15 너희 조상이 그러하니라.
16 지금에 그와 같은 역사를 이룬 것 자
체가 무엇이던가?
17 너희 자신이 욕심을 버리지 못하였기
때문이니라.
18 아담과 이브가 욕심으로써 모두를 다
잃었듯이 그 욕심의 사악한 뿌리를 너
희가 버리지 못하고 지우지 못하였기
때문에, 너희가 그 욕심 때문에 또 그
와 같이 사악한 짓을 저질렀음이니,
19 그리하여 그때 그와 같이 저지른 그
백성이 과연 선과 악을 구분할 수 있
는 능력을 갖췄다 생각하는가?
20 그러니 너희는 선을 악으로 보며 악
을 선으로 보는 그와 같은 믿음의 길
을 가고 있으면서 그것이 나 여호와의
성령이요, 나 여호와의 뜻이요, 그게
나의 아들 예수의 보혈로써 구원을 받
았다 그리 부르짖고 있음이니,
21 2천 년이라는 길고도 긴 세월이 흘러
오면서까지도 너희는 지금 악과 선을
구분할 수 있는 능력을 잃어버리게 되
었으며 그 모두를 상실하게 되었음이
니,
22 그리하여 내가 나의 아들을 통하여 나
의 성령을 태워 지금 너희를 심판하는
기초요, 근본이요, 법전이라 하여 만
들어 이를 내려보내나, 너희가 이를
거역하며 이를 범죄시 하며 이를 죄인
을 다루듯이 그리 생각하며, 사탄이
요, 이단이라 그와 같이 밀어붙이고
있는 그것이 지금의 형국이니라.
23 과연 내가 지금 또 너희를 용서하며
용서받지 못하는 그와 같은 사악한 죄
를 저지르고 있는 너희를 이해하며
용서하며 너그럽게 인내하며 받아가
야만 한다 너희는 생각하는가?
24 이제는 더 이상 그를 용서할 수 없으
며 더 이상 사악한 그와 같은 형국의
역사를 볼 수가 없음이니라.
25 너희가 회개하며 반성한다 해도 그것
이 진정한 회개와 진실한 반성이 아니
요, 너희가 지은 죄를 갖다가 두렵고
무서운 마음에 면죄부를 받기 위하여,
너희가 마음을 편안하게 하고자 하여
회개하며 기도하는 그 자체도 너희 자
신만을 위하여 아직도 너희가 저 자
신을 모르며 저 자신이 어떠한 형국
인 줄을 모르며 욕심을 버리지 못하는
그와 같은 형국에서 하니,
26 너희는 정녕 불가능한 그와 같은 상태
로 되어 있으며, 너희가 지옥 불로 가

는 길을 달려가는 자요, 너희가 머지
않아 지옥 불에 떨어지는 그와 같은
상태 직전에 있는 것을 아직도 깨닫지
못하는 것이 너희임을 알아야 할 것
이니라.
27 너희가 왜 그와 같이 지옥 불로 가는
가?
28 너희는 악을 선으로 보며 선을 악으로
보니 그 선택의 능력이요, 깨닫는 능
력이 상실되어 있음이니, 너희는 모두
를 다 잃은 자들이니라.
29 선에 대한 매력이요, 선에 대한 아름
다움은 너희가 고통스럽고 힘들기에
다 털어 버리며, 악에 대한 매력이요,
악에 대한 즐거움이요, 악에서 얻는
인간의 욕심의 행복에서 너희가 벗어
나지 못함이니,
30 그를 가슴에 안고 아무리 회개하고 용
서를 빈다 해도 너희는 나로부터 용
서를 받지 못함이요, 너희가 나에게
심판을 받아 지옥으로 간다는 그 자체
는 결국 너희가 나로부터 용서를 받
지 못하는 길이며 나 또한 너희를 용
서할 수 없는 것임을 너희는 알아야
할 것이니라.

6,390 번째 하나님 말씀

2003년 6월 11일 01시 52분

1 사랑하는 나의 아들아!
2 "네, 아버님! 말씀하옵소서."
3 의인에 대해 너희가 거역하는 것은
용서받을 수 있으며 그를 훼방하는 것
도 용서받을 수 있다 하였음이니라.
4 그러나 너희가 성령을 거역하는 것은
정녕 용서받을 수 없음이니, 그는 곧
만백성의 구원의 길인 그 진리를 훼방
하는 것이기 때문이니라.
5 그러니 너희가 성령을 거역하는 가장
큰 뜻의 근본이 무엇이던가?
6 사랑을 베풀며 사랑이 으뜸이라 말하
는 나의 피조물 만백성 지금까지 믿음
의 길을 가는 집단이요, 종교 지도자
요, 그리고 그 사랑으로써 실천하며
구원을 받았다 하는 백성,
7 너희가 인간 자신의 너희 문을 걸어
두었으며 마음의 문을 닫은 것이 바로
성령을 거역하는 가장 큰 죄임을 너희
는 깨달아야 할 것이니라.
8 마음의 문을 닫은 자가 어찌 사랑이
있으며 나의 진리를 볼 수 있으며 하
늘에 오르는 뜻을 알 수 있다 하는가?
9 너희가 자신의 마음을 닫은 것이 바로
성령을 임할 수 없는 것이니, 곧 이는
무엇이던가?
10 선함을 받아들이지 못하며 나의 참진
리를 받아들이지 못함이니, 너희가 바
로 절대 용서받지 못할 나 여호와의
성령을 거역하는 죄를 짓는 것이며 가
장 무서운 죄임을 알아야 할 것이니라.
11 너희가 지금 어떠한 삶을 살고 있는가?
12 너희는 아직도 욕심에 젖어 있으며
그 마음의 문을 열지 못하고 있으며,
오로지 욕심의 그 한계를 벗어나지 못
하고 있기 때문에 너희가 성령을 거
역하는 가장 무서운 죄를 짓는 것이
너희가 마음의 문을 닫음이요,
13 사랑의 문을 닫은 그것이 가장 무서운
것인 것을 알면서도 그 죄에 대한 것
을 느끼지 못하며 죄인 줄도 모르며,

14 그와 같은 문을 열어야겠다는 그 감각
도 모르며 깨달음도 모르는 것이 지금
나의 피조물 만백성의 믿음의 길을 가
는 자들이니라.
15 오로지 저희는 전통적으로 흘러온 나
의 아들 예수의 보혈로써 구원을 받아
모든 죄에 대한 용서를 받으며 사함을
받으며 그것으로써 지은 죄 또 다 면
죄 받으며 또 죄를 짓고 회개하고 반
성하면 된다는 그와 같은 믿음의 길
을 가는 자며,
16 사랑의 마음이요, 참진리를 보는 마음
이요, 이 세상을 아름답게 보는 마음
의 문을 너희는 닫았음이니라.
17 욕심이라는 그 열쇠로써 굳게 잠가 놓
고 있는 것이 가장 용서받지 못할 성
령이요, 나의 뜻을 거역하는 것이라는
것,
18 너희는 이것에 대한 두려움을 알아야
할 것이며 그것이 얼마나 큰 죄라는
것을 알아야 할 것이니라.
19 이제 나의 아들을 따르는 제자요, 나
의 법전을 읽고 깨우친 백성 너희는
모두를 다 놓을 수 있는 것, 모두를 아
름답게 볼 수 있는 것, 모두를 사랑으
로 볼 수 있는 것, 그와 같은 너희 마
음의 문을 열라.
20 그 마음을 여는 것이 성령을 너희에게
임하는 것이며, 가장 이 세상에서 용
서받지 못하며 죽어 와서도 용서받지
못하는 그 성령을 거역하는 그 무서운
죄, 그것은 바로 너희가 마음의 문을
열지 않는 것이니,
21 너희는 마음의 문을 활짝 열고 세상을
보도록 그리하라.
22 그리하면 나의 성령을 거역하는 죄를
짓지 아니하는 것이며, 어떤 것이 하
늘에 오르는 참진리요, 나에게 오는
길인가를 너희가 스스로 깨달아 행할
수 있는 그 길을 보게 되는 것을 잊지
말아야 할 것이니라.
23 인간이 인간으로서 마음을 다스려 가
둬 놓으며 그 마음을 닫아 놓아 버려
나의 성령이 너희에게 임할 수가 없음
이니,
24 임하지 못하는 것이 바로 나를 거역하
며 나를 받아들이지 아니하며 나를 버
리는 너희이니,
25 그는 지금의 세상이요, 사후의 세계에
와서도 용서받지 못할 가장 무섭고 두
려운 죄라는 것을 절대 잊지 말라, 사
랑하는 나의 아들딸들아!

6,391 번째 하나님 말씀

2003년 6월 11일 07시 49분

1 사랑하는 나의 아들아!
2 "네, 아버님! 말씀하옵소서."
3 나의 피조물 만백성이 지키고 지켜야
하며 영혼의 생명이요, 하늘에 오르는
그 기본의 기초가 무어라 말하였더냐?
4 내가 그들에게 십계명이라 그리 말하
였으며, 그를 지키고 행하지 않는 백
성은 절대 나에게 심판을 받을 수 없
으며 오를 수 없는 백성이라 내가 그
리 말하였느니라.
5 십계명 중에 과연 무어라 기록되어 있
는가?
6 '네 부모를 공경하라.' 그리 기록되어
있음이니라.

7 그러니 너희가 십계명을 인간이기 때
문에 지킬 수 없으며 그를 행할 수 없
으며 그대로 지킬 수 없다 하는 것은
'거짓 하지 말라, 도둑질하지 말라, 다
른 신을 네게 있게 하지 말라.' 그와
같은 내 뜻은 그래도 어떤 변명이 통
할 수 있으며 어떤 이유를 너희가 댈
수 있을 것이니라.
8 그러나 그중에 '네 부모를 공경하라.'
는 그 대목도 거기에 있음이니,
9 '네 부모를 공경하라.'는 것이 무엇이
던가?
10 낳아 주고 길러 준 부모에게 감사한
마음을 가지고 살라 하니, 그 마음도
갖고 살 수 없다 그리 말하는 너희가
아니던가?
11 그러니 인간이기 때문에 낳아 주고 길
러 준 그 부모의 은혜와 은공에도 감
사한 마음을 가지고 살 수 없다 그리
말하는 자가 어찌하여 나 여호와에게
충성을 다하며 나를 기쁘게 하며 나의
뜻을 따라 만백성을 구하는 길을 갈
수 있는 백성이라며 나에게 축복과
영광과 은혜를 달라 기도하는 백성이
란 말이던가?
12 너희는 그 무서운 이치를 알아야 할
것이니라.
13 감히 너희가 내가 불로 써 만백성을
구하는 그 십계명을 인간이기 때문에
지킬 수 없다 함은 너희가 낳아 주고
길러 준 그 부모의 은혜와 은공도 모
르며 그것도 갚을 것이 없으며 그것도
감사하게 생각할 필요가 없다고 가르
치는 자들과 똑같으니,
14 그러니 지금 오늘에 와 그 대가를 받
는 것이 바로 너희이니라.
15 종교 집단이요, 지도자요, 구원의 길
을 간다는 백성, 나의 아들 예수로써
구원을 받는다 말을 한 너희가 과연
너희 자식으로부터 버림을 받는 자가
없단 말이던가?
16 그와 같은 길을 가는 자들이 자식으로
부터 버림을 받는 자, 자식으로 하여
금 세상 속을 다 썩이는 자, 차라리 자
식이 없는 것만 못하다 말하는 자,
17 그 모두는 너희가 그와 같이 만들었
으며 너희가 그 말로 인하여 너희가
십계명을 지키지 못하는 그와 같은 형
국에서 그리되었으며 그 대가를 받고
있다는 것을 알아야 할 것이니라.
18 그러니 '네 부모를 공경하라.'는 그것
까지도 거절하는 자가 어찌하여 자식
에게 부모의 대우를 받으려 하며 자식
이 너희에게 순종하기를 바란단 말이
냐?
19 부모를 공경하는 것을 그리할 수 없
다 말하며 그리 지킬 수 없다는 종교
집단이요, 지도자요, 믿음의 길을 가
는 자들이 저희 자식으로부터 순종하
기를 바라며 저의 뜻을 따르기를 바라
며 효도하며 효성하는 자식이 되기를
바람이니,
20 그들이 너희에게 슬픔을 주며 고통을
주며 네 뜻대로 성장하지 아니하며 자
라지 아니하는 것은 너희가 그리 그
들에게 가르친 것이며,
21 바로 너희가 그리하는 것이 하늘에
오르는 길이요, 진리요, 내 뜻에 의해
사는 것이라 가르치는 것이 아니던가?
22 '네 부모를 공경하라.'는 것을 그리 지

킬 수 없다는 것은,
23 또한 너희 자식들한테 네 부모를 공경할 필요가 없으며, 네 부모의 뜻을 따를 필요가 없으며, 너희를 길러 주고 낳아 준 너희 자신에게 감사하는 마음을 갖고 살지 말라,
24 인간이기 때문에 그와 같은 감사한 마음을 갖고 살 필요가 없으며 인간이기 때문에 그와 같이 생각할 필요가 없는 것이라 너희가 가르치고 있는 것이 아닌가?
25 지금 이 세상에 자식이 부모를 버리며 부모가 자식을 버리는 이와 같이 사악한 형국으로 된 것은 바로 너희가 그를 자초한 것이며 너희가 수천 년 동안 그리 가르쳐 온 결과이니라.
26 그러니 너희가 얼마나 사악한 자며 얼마나 잘못되었는가?
27 내가 친필로 써 내린 십계명 하나하나를 너희가 지킬 수 없다 하는 그것이 얼마나 무서운 것인가?
28 이 세상에 사탄들을 육성하는 것이며 사악한 자들을 육성하는 것이 너희임이니라.
29 너희 스스로 네 부모를 공경하며 그 감사함을 하고 살 수 없다 말하는 것이 지금의 너희이니,
30 너희가 그리 가르쳤기에 너희 자손들이 지금 이와 같이 험악한 세상 속에서 저만을 알며 저만을 위주로 살아가는 것이니라.
31 그러면서 그 부모의 은혜도 모르면서 나 여호와의 은혜요, 감사한 뜻을 안다 말하는 이것이 얼마나 추한 모습이며 계산된 자들이며,
32 그저 저희에게 이익이 되고 득이 되는 것이 있다면 물불을 가리지 않고 늘어지는 불쌍한 종교 집단이요, 그 믿음의 길을 가는 자들이요, 지도자들이 근본이며 아주 대표적인 자임을 너희는 알아야 할 것이니라.
33 그저 이해관계에 득이 되는 것이면 물고 늘어지는 자, 그것이 바로 너희라 하는 그 무서운 나의 가르침을 너희가 깊이 깨우쳐야 할 것이니라.
34 너희가 구원을 받는다는 것, 하늘에 오른다는 것, 그것을 위해서 너희가 어떠한 짓을 할 수 있으나, 너희가 그리해서 올 수 있는 곳이 아니니라.
35 그리 행하기 전에 너희가 내가 내린 십계명을 먼저 행하고 따르는 것, 그것이 얼마나 소중하고 귀한 것인가를 알아야 할 것이며,
36 그게 모두의 근본이며 기초에서 이루어진다는 것을 너희는 알아야 할 것이니라.
37 오죽하면 내가 너희에게 기도 소리를 하지 말며 내 품에 살겠다는 이야기를 하지 말며 나에게 오르겠다는 그와 같은 이야기를 하지 말라 그리 말하였던가?
38 너희가 하고 있는 것이 너무나 추하고 추한 모습이라 내가 볼 수 없으며 들을 수 없다 그리 말하지 않았는가?
39 그러니 종교 지도자라는 자들이 무어라 말하느냐?
40 너희 신도들에게 가르치기를 이방인과 관계하지 말라 가르친다, 그리고 너희는 무어라 내가 말하였느냐?
41 이방인이라 말하는 자들이 이해관계

의 득이 된다면 너희는 그들 앞에 가
서 기도하며 그들에게 가서 매달리며
그들의 비위를 맞추는 그와 같이 추한
것이 종교 지도자의 집단들이 가고 있
는 형국이라 내가 그리 말하여 내 법
전에 기록하지 않았던가?
42 금화와 은화를 거둬들이는 것이 너희
가 사는 목적이요, 믿음의 길을 가는
목적이요, 믿음의 길을 행하는 것이니,
43 너희는 금화와 은화를 모아 육의 삶을
편안하게 하고자 하는 것이 모든 종교
집단이요, 지도자의 욕심이기에 그를
위해서는 어떠한 행위도 하는 자들이
니,
44 한 입 가지고 두말을 하니, 한 미물이
두 혀를 가진 것만도 못한 자가 너희
며 너희가 대표적인 자라는 것을 잊지
말라.

6,392 번째 하나님 말씀

2003년 6월 11일 09시 30분

1 사랑하는 나의 아들아!
2 "네, 아버님! 말씀하옵소서."
3 나의 법전 만 권이 세상에 나갔음이
니, 그 만 권이 나갔을 때 한 사람의
백성이 깨우쳐 너를 찾는다 내가 그리
말하지 아니하였던가?
4 그 만 권이 나간 것도 전한 사람의 마
음이 선한 천사와 같이 되었을 때 그
책을 받은 자가 책의 뚜껑을 열어 나
의 법전을 읽기 시작할 때 그는 깨달
음을 얻게 된다 하였음이니, 그 얼마
나 어렵고 힘든 길이던가?
5 사람들이 많은 곳에 너희가 밟으면
넘어질 수 있는 그와 같은 쓰레기요,
오물이 있다 하자.
6 거기에 그 많은 백성이 지나가면서
그를 치우고 그를 주워서 버리는 자
가 과연 몇 명이 있던가?
7 그 수와 그 비율과 같이 지금의 나의
법전을 읽고 깨우치기가 그리 힘든 것
이니, 모든 백성이 마음을 비우지 못
하였기 때문이니라.
8 그리고 그들이 마음의 문을 열지 못하
고 꼭꼭 닫고 있기에 나의 성령이 들
어갈 길이 없으며 나의 참진리를 들을
수가 없는 것이라 내가 그리 말하지
아니하였던가?
9 너희가 그 오물을 하나 주워서 버리
는 자, 주워서 버리지 않는 자,
10 주워서 버리지 않고 지나가는 그 숫
자와 주워서 버리는 자의 그 숫자의
비율을 비교해 보도록 그리하라.
11 너희는 그 만 명 중의 한 명보다 더 어
렵고 힘든 것이 그를 주워서 버리는
자가 나올 수 있음이 아니던가?
12 지금의 나의 피조물 만백성의 사랑하
는 마음이 그리 닫혀 있으며 그 마음
이 굳어져 있으니, 과연 그들이 성령
을 받아들일 곳이 어디에 있으며 참진
리를 받아들일 곳이 어디에 있겠는가?
13 모든 종교 집단이요, 믿음이라는 것에
수천 년 동안 세뇌되어 온 그 백성의
마음이 그보다 더 굳어져 있으며 더
단단하게 되어 있음이니, 그 마음을
열기가 그리도 어렵고 힘든 것이니라.
14 그러니 나의 피조물 만백성이 마음을
열지 않고 사는 자, 그 마음을 열어 나
의 법전을 가슴에 안겨 주는 것, 나의

진리요, 나의 참뜻을 보여 주는 것이
얼마나 힘들고 어려운 길이던가?
15 그러니 그 백성 하나를 구하기가 만분
의 일이라 내가 그리하였음이니라.
16 그러나 너희는 가야 할 길이며 또 그
를 역사해야 될 것이니, 너희는 주저
해서는 아니 되며 불안해하며 두려워
해서도 아니 됨이니라.
17 너희가 꾸준히 노력하고 달려가는 그
와 같은 역사를 이룰 때 나 여호와가
너희 마음의 문을 열어 줄 때가 있음
을 알라.
18 내가 너희에게 건강을 다스리는 자
음식으로써 다스리도록 하여 주며, 너
희가 취하지 않는 것, 너희가 독소가
되는 그 음식을 취하지 않도록 내가
너희에게 역사하고 깨우쳐 주듯이,
19 내가 너희를 다스려 주며 너희 그 깨
우침의 역사를, 그리고 너희에게 능력
을 역사할 때가 있음이니,
20 너희가 부단히 노력해야 하는 것이니
라.
21 한 사람을 깨우치기가 힘들고 어려운
고비를 넘겨, 한 사람을 깨우침으로
인하여 너희가 두 사람을 인도하기가
쉬우며,
22 두 사람을 인도했을 때 네 사람을 인
도하기가 쉬운 것이 너희 방법이니
그리 알라.
23 두려워하지 말고 노력하라.
24 그리고 계속 전진하라.
25 그러다 보면 언젠가는 나의 법전이 세
상을 덮는 날이 있을 것이니라.
26 그때를 대비하여 오늘의 너희가 역사
함이니라.
27 너희가 모든 걸 다 이루며 모두를 역
사할 것이라 생각하지 말라.
28 너희가 이루어야 할 몫이요, 너희가
기초를 다져야 할 몫이요, 너희가 지
켜야 할 몫이요, 너희가 행하여야 할
몫이요, 너희가 역사할 몫을 지금 행
하고 있으며 지금 잘 가고 있음이니
두려워하지 말라.
29 내가 너희에게 능력을 부여하여 너희
가 원하는 것을 이룰 수 있으며 너희
가 해야 할 그 역사의 길을 보게 될 것
이니라.
30 지금은 내가 이루고자 하는, 천 년에
이루고자 하는 그 역사 속에 너희 삶
의 시간이 얼마나 남았겠는가?
31 그러니 천 년 후에 남는 너희의 그 역
사만큼 너희는 그 몫을 이루게 될 것
이며 오늘에 너희 몫만큼 이루면 되는
것이니, 그를 지금 너희가 잘 행하고
잘 실천하고 잘 역사하고 있음을 알라.
32 그러니 두려워하지 말라.
33 그 상을 내가 너희에게 내릴 것이니
라, 사랑하는 나의 아들딸들아!

6,393 번째 하나님 말씀

2003년 6월 11일 17시 26분

1 사랑하는 나의 아들아!
2 "네, 아버님! 말씀하옵소서."
3 40년 동안 광야에서 지치고 힘든 생
활을 했으며 너희가 말하는 황혼의
80이라는 나이에 그 백성을 구출하여
모든 역사와 기적을 보였던 나에게 선
택된 모세도 그 자신을 다스리지 못하
며 그 마음을 바로 세우지 못하였음이

니,
4 인간인 너희가 그 마음이요, 그 자세
를 다스리는 것이 그와 같이 어렵고
힘든 길이니라.
5 신약의 시대에 나의 아들 예수를 따랐
던 그 제자들 또한 어떠했던가?
6 그들이 나의 아들 예수를 완전히 믿었
으며, 그는 그리스도요, 또 나 여호와
의 아들이요, 나를 대신하여 세상에
내려온 자라 그리 말하였으나,
7 그들이 정녕 그를 믿지 못한 자들이었
으며, 의혹을 가지고 있던 것이 그의
제자였음이니라.
8 그리하여 그들은 눈으로 보지 아니하
며 몸으로 겪지 아니하면 그를 믿으려
하지 아니하였음이니,
9 그들의 마음속에도 의혹이 있었음이
니, 그것은 바로 무엇이던가?
10 인간의 욕심이요, 인간이기 때문에 그
러하니라.
11 그러니 인간의 형체를 가진 너희가
바로 서며 천사가 되는 길은 어렵고도
힘든 길이니라.
12 이제 내가 제3의 시대를 열어 160권
의 법전을 세상에 전함이니,
13 이를 받아쓰고 기록하는 너 또한 육신
을 가지고 60평생을 세상 속에 살아
왔음이니,
14 네가 천사가 되는 길이요, 바로 서는
길은 하루아침에 역사할 수 없는 것
이나, 인내하고 견디는 그 속에서 또
한 변하고자 노력하는 그 생활 속에서
네가 서서히 변해 감이니라.
15 네 머리가 하얘졌을 때 나의 법전이
세상을 덮으며 네가 깨달음이 있을 것
이며 네가 천사가 되며 모든 역사의
기적을 이룬다 하지 아니하였더냐?
16 그것이 나 여호와가 기다리며 기다리
는 시간임을 알라.
17 "전지전능한 아버님!
18 아버님은 공의의 하나님이요, 만백성
을 똑같이 다룬다 하셨으며 똑같이 은
혜를 주신다 하셨거늘,
19 어찌하여 이 못난 아들에게는 그리도
관용을 베푸시며 그리 사랑을 베푸시
며 그리 용서하시며 그리 저를 기다려
주시옵나이까?"
20 너 스스로 변하는 삶이 모든 백성의
본보기이니라.
21 너의 변하는 모습을 보고 그들도 변할
것이니 그게 네가 가야 할 길이며 또
한 네가 역사하는 길이니라.
22 너는 나의 아들로서 만백성을 구하는
역사를 이룰 것이니 두려워하지 말라.
23 오로지 네가 오늘보다 내일이 아름다
운 삶으로써 변하며 네가 바로 서기
위해서 몸부림치는 것, 그리고 선을
행하여 살아가고자 몸부림치는 것, 그
것이 네가 앞으로 가는 길이며 네가
변할 수 있는 길이니,
24 네가 지난날의 지은 죄에 가슴 아파
몸부림치나, 지금은 네가 나의 성령을
듣고 살아가면서 지난날의 삶의 백 분
의 일도 실수하지 아니함이니, 그것이
네가 변하는 길이며,
25 네가 나의 아들이요, 네가 역사하는
길이니라.
26 이제는 네가 실수하는 것, 잘못하는
것, 그 모두가 네 다섯 손가락 안에 다
들어 있음이니, 네가 네 다섯 손가락

을 보면서 하나씩 그를 지워 버리고
하나씩 지워 버릴 날도 또한 머지아니
하였음이니라, 나의 아들아!
27 두려워하지 말며 겁먹지 말라.
28 그리고 바로 서서 행하여 가라.
29 그러면 네가 바로 설 수 있을 것이며
내가 너를 기다리고 있지 아니한가?
30 내가 너를 기다리는 그 시간을 미리
예약하지 아니하였더냐?
31 네 머리가 하얘졌을 때 모두가 역사
한다는 것을, 그날이 머지않아 올 것
이니라.
32 사랑하는 나의 아들아!
33 너는 지금 얼마나 어렵고 힘든 길을
가고 있느냐?
34 구약의 시대에 그 방주를 만드는 노아
를 과연 그 백성이 얼마나 비웃었겠
는가?
35 그는 온 힘을 다하여 몇 년을 두고 크
나큰 방주를 스스로 만드는 그 역사를
했음이니, 그 고충과 노력이 과연 얼
마만큼 그 고통과 수고로움이요, 그
힘든 것을 알겠는가?
36 모든 사람으로부터 비웃음을 당하며,
저희가 장가가며 시집가며 즐거운 인
생에 향락에 젖어 살아가는 그 모두를
외면하며 귀를 막으며,
37 그저 제가 몇 푼 벌어 모아 방주를 만
들었으며 제가 노력하여 거둔 것으로
써 시도 때도 없이 하나하나 버는 수
입이요, 역사하는 그 모두를 다 거기
하나하나 붙여 만들었음이니,
38 그는 자기 삶이요, 그의 피요, 그 모두
를 쏟아부으며 몇 년 동안 비웃음과
손가락질과 정신이상자 소리를 들어
가면서 그 방주를 만들지 아니하였던
가?
39 그는 바로 나를 믿었기 때문이니라.
40 그리하여 그는 결국에 무엇을 얻었던
가?
41 그들이 구할 수 있는 생명을 얻었음이
니라.
42 노아가 만든 그 방주의 길고 긴 여정
의 고통보다도 나의 160권의 법전을
몇 년에 걸쳐 만드는 너 또한 그보다
더 힘든 길을 가는 것이니라.
43 이 세상의 모든 종교 집단이요, 지도
자들이 비웃으며 이단이요, 사탄이라
너를 짓밟으려 하는 그 속에서 너를
돌아다보며 정신이상자라 하며 사탄
이요, 사악한 자라 하는 자들 속에서,
네가 너를 따르는 나약하고 불쌍한 제
자들과 더불어 방주보다도 더 위대한
역사를 만듦이니라.
44 그 방주는 거기에 탈 수 있는 사람들
의 한계가 있으며 탈 수 있는 짐승들
의 한계가 있으니 그 만든 한계가 있
었음이니라.
45 그러나 너는 이 세상의 모든 백성, 그
들의 피부색에 관계없으며 생활 습관
이 관계없으며 살아가는 방법이 다르
며 이해관계가 다르며 언어가 통하지
아니하는 그 모든 백성에게 나의 법전
을 전해 그들을 다 덮어 깨우치는 그
와 같은 대역사를 이룸이니,
46 네가 얼마나 고달프고 힘든 역사임을
나는 알고 있음이니 두려워하지 말라.
47 노아는 제한된 사람들을 태울 수 있는
제한된 방주를 만들었음이니라.
48 그러니 그는 한계가 있으며, 역사하는

것을 눈으로 보았으며, 만들어지는 것
을 눈으로 보았으며, 그리고 만들어지
는 한계의 제 능력을 알고 있었으며,
49 그 만들어지는 속에서 즐거움과 고통
을 같이 그는 그 모두를 엮어 가면서
인간 세속에서 그리 만들었느니라.
50 그러나 너는 이 세상의 모든 백성의
피부색이요, 그들의 생활 습관이요,
태도요, 언어요, 모두가 서로 죽이고
살리고자 하는 정적들, 그 모두를 다
하나로 만들어야 하는 그와 같은 어려
운 역경에서 역사하는 것이니 정반대
인 것이니라.
51 눈으로 보이는 방주를 만든 것이 노아
지만,
52 너는 세상에 보이지 않는 것을 지금
작은 촛불로써 다 태워 나가는 그 역
사를 이룸이니, 그보다 네가 열배 백
배 더 위대한 역사를 지금 하고 있으
니,
53 노아의 고통과 노아의 시련보다 열배
백배 더 한다 하여도 너는 고통스럽고
힘들고 어려운 길이라 생각하지 말라.
54 오늘에 네가 하나를 실수했으면 내일
에 열 개의 아름다움을 행하며,
55 오늘에 네가 잘못 간 것이 있으면 내
일은 열 개의 깨우침을 얻어 바로 서
만백성이 실망하지 않는 지도자가 될
것이며, 만백성이 존경하는 지도자가
될 것이며, 나의 뜻을 들어서 행하는
지도자가 될 것이니,
56 너는 두려워하지 말며 그리 고통스러
워하지 말라, 사랑하는 나의 아들아!
57 너는 갈 수 있으며 모두를 역사할 수
있음이니라.
58 네 주변에 이루어지는 모두는 나의 프
로그램이요, 나의 주관이요, 나의 뜻
에 의하여 이루어지는 것이니, 두려워
하지 말라, 사랑하는 나의 아들아!
59 다만, 네가 오늘보다 내일이 아름다움
을 사는 것이요, 나 여호와가 너와 더
불어 존재하며 내가 너와 같이한다 하
여 네가 오늘의 악함보다 내일에 더
악함을 행한다 하면 그때는 내가 너를
버릴 것이니라.
60 네가 선함을 그와 같이 더불어 나가야
할 것이니라.
61 오늘에 악함이 열 개 있으면 내일은
여덟 개로 줄여야 할 것이며, 다음에
또 줄여 가는 그와 같은 너의 삶 거기
에만 내가 존재하며, 너와 더불어 가
며 너를 내가 영원히 나의 아들로서
받아들이며 거둬들일 것이니,
62 그와 같은 삶을 사는 것이 네가 지금
까지 왔던 모든 죄요, 지금에 실수하
며 살아가는 그 모두를 지울 수 있는
너의 삶이라는 것을 절대 잊지 말라,
사랑하는 나의 아들아!

6,394 번째 하나님 말씀

2003년 6월 11일 17시 35분

1 사랑하는 나의 아들아!
2 "네, 아버님! 말씀하옵소서."
3 나의 아들을 따르는 제자들이요, 나로
부터 선택된 백성 너희가 미약하며
가난하며 어려운 자들이며 어찌하여
선택되었는가, 너희는 두려워하며 너
희 자신이 의혹하며,
4 너희 자신이 사탄의 길을 가는 것은

아닌가, 정녕 너희가 사탄의 길에 선
택되어 사탄의 역사를 이루는 것이 아
닌가 불안해하며 두려워하는 자들이
있을 것이니라.
5 그와 같은 마음을 버리지 아니한다면
너희는 나를 볼 수 없음이니라.
6 우선 너희가 믿음의 자세요, 내가 존
재함을 믿는 것, 나의 법전이 만백성
을 구하기 위하여 나의 성령 모두를
태워 내려보내는 하늘에 오르는 길이
라는 것을 굳게 믿어야 할 것이니라.
7 나로부터 너희가 왜 선택되었는가?
8 이 지상에 있는 모든 백성은 다 다시
태어나지 아니하고 거듭나지 아니하
면 절대 나에게 올 수 없으며 나에게
구원을 받을 수 없으며 지옥으로 가는
그와 같은 백성이라 내가 그리 말하
지 아니하였던가?
9 지금 이 세상에 모든 믿음의 길을 가
는 종교 집단이요, 지도자요, 저만을
위하는 그와 같이 기도하고 경배하는
것, 욕심에 그득 차 있는 자들, 그 욕
심을 버리지 못하는 것은 사탄이 아담
과 이브에게 심어 주었던 욕심의 뿌리
라 내가 그리 말하였음이니,
10 그 욕심의 뿌리가 이 세상을 다 덮었
으며 그 욕심의 뿌리가 썩고 썩었으니
새로운 씨앗이 그들에게는 없음이니
라.
11 썩은 씨앗이 거듭날 수 없으며 썩은
씨앗이 생명의 은혜가 되는 모든 과일
을 열 수 있는 나무로 성장시킬 수 없
으며 밑바탕이 될 수 없는 것이 아니
던가?
12 썩은 씨앗은 거듭날 수 없기 때문이니
라.
13 지금 이 세상은 모두가 썩은 씨앗이
요, 거듭날 수 있는 씨앗이 하나도 없
다면 너희는 과연 믿겠느냐?
14 나 여호와가 바라보는 이 지상은 내가
하늘과 같이 지상의 낙원을 만들고자
했던 것이 다 썩고 썩어 이제는 썩은
씨앗만이 세상에 존재함이니,
15 거듭나는 새로운 씨앗을 심을 수가 없
으며 그 씨앗을 찾아볼 수가 없음이
니라.
16 그리하여 하늘의 뜻이요, 나의 진리를
가르치는 지도자 그들까지도 지금은
다 썩어져 있으며 욕심의 뿌리에 젖어
있으며 그 욕심의 뿌리가 다 썩어져
있어 그들 자신이 거듭나지 못하는 자
가 나의 피조물 만백성을 거듭나는 길
에 인도한다 그리 가르치는 것이 바로
무엇이더냐?
17 그 씨앗마저도 썩게 하는 것이며 그
씨앗들이 이 세상에 존재하지 못함이
니, 썩은 씨앗이 어찌 거듭나는 역사
를 이룰 수 있겠느냐?
18 그리하여 지금과 같은 종교 집단이요,
지도자요, 신도라 하는 그 백성으로
하여금 다시 태어나며 거듭나는 역사
를 이룰 수가 없으며 이루지 못하기
때문에 내가 지금 선택된 너희로 하여
금 나의 뜻을 이루고자 함이니,
19 지금 나로부터 선택된 백성이요, 나의
아들을 따르는 제자들이요, 나의 법전
을 읽고 깨우친 백성 너희야말로 우선
씨앗이 거듭나는 역사를 얻게 됨이니
라.
20 너희가 나의 법전을 가슴에 안고 정독

하는 그 순간에 썩지 않는 씨앗으로서
거듭남이니, 우선 썩지 않는 씨앗으로
서 거듭남이 중요함이니라.
21 그리하여 나로부터 선택되는 순간, 나
의 아들의 강론을 듣는 순간, 너희가
나의 법전이 진정한 진리라 느끼는 그
순간, 너희가 썩지 않는 씨앗으로서
나에게 선택되었음이니,
22 씨앗은 가꾸는 자가 뿌려서 가꾸면 되
는 것이지,
23 너희 자체에 어떤 능력이요, 어떠한
힘이요, 너희가 남들보다 부귀와 영화
를 누리지 못한다 하여, 그리고 너희
가 재물이 없다 하여, 권력이 없다 하
여 너희가 능력이 없는 것처럼 생각
하지 말라.
24 너희는 썩지 않는 고귀한 씨앗이니라.
25 그 씨앗을 가꾸고 거두는 것은 나 여
호와가 할 일이며,
26 나의 명을 받아 행하는 나의 아들이
그리 다스려 나갈 것이며, 가꾸고 심
어서 또 그가 열매를 열 수 있도록 그
리할 것이니,
27 너희는 두려워하지 말며 선택된 자체
를 의혹하지 말며 나 여호와가 존재하
는 믿음을 의심하는 믿음으로써 가지
말라.
28 모두를 다 의심하며 의혹을 가지고 사
는 것이 지금의 믿음의 길을 가는 모
든 백성이니라.
29 그리하여 내가 존재하면 이 세상에서
악한 자를 쓸어버릴 것이며 사악한
자가 존재하지 못하게 할 것이나 그
게 아니니, 그리하여 내가 존재하지
아니한다 그와 같은 말을 하며 그리
부정하는 자,
30 그와 같은 백성이 정녕 진리를 모르
며 믿음을 모르며 나 여호와가 존재함
을 믿지 아니하기 때문에 감히 그 두
려운 말을 할 수 있다는 것을 알라.
31 너희는 나의 법전을 정독함에 있어서
너희가 지금 새로운 싹이요, 씨앗으로
서 충분히 역사할 수 있는 것을 알아
야 할 것이니라.
32 너희는 소중한 씨앗이니라.
33 그러니 이 세상의 모든 백성은 저희
가 먹기 좋은 단 꿀만을 따라다녔으며
그 꿀맛에 따라 지금까지 살아온 백성
이니라.
34 그러니 꿀을 먹는 즐거움 때문에 저
자신이 어디로 가는 것인지, 저희가
어찌 되는 것 자체도 모르고 오로지
먹기 좋고 빨아먹기 좋은 꿀만을 따라
다니는 백성이 되었음이니라.
35 이제 너희는 꿀을 따라서 꿀을 먹기
위하여 이동하는 그와 같은 백성이 되
어서는 아니 될 것이며,
36 그 단 꿀맛을 보고 그 꿀맛을 너희 것
으로 만들기 위해서 행하는 그와 같은
믿음이 되어서는 아니 될 것이니라.
37 너희가 믿음이라는 그 편안한 길이요,
간단한 방법으로 구원을 받는다는 그
자체가 너희가 단 꿀을 먹는 것이 아
니던가?
38 그 단 꿀을 먹기 위하여 너희는 거기
에 현혹되어 저 자신을 모르며 저 자
신을 다스릴 줄 모르며 이성을 잃고
가는 그와 같은 백성이니라.
39 이제 나의 아들을 따르는 백성이요,
법전을 접한 너희는 나의 법전을 가

슴에 안고 정독하는 자세요, 정독하는 마음이 꿀을 먹는 그와 같은 마음으로써 깨우쳐라.
40 그러면 너희가 그 속에서 즐거움을 알게 될 것이며, 너희 마음이 행복함을 알게 될 것이며, 하늘의 뜻을 알게 될 것이며, 너희가 하얀 마음이 되는 그 기초와 기본이 거기에 다 있음이니라.
41 그리고 너희가 꿀을 먹듯이, 꿀을 접하는 것처럼, 단것을 먹는 것처럼 그보다 더한 마음으로써 나의 법전을 정독하고 읽고 내려갈 때 하늘에 오르는 길을 보게 되며,
42 너희가 나에게 선택된 것이 무엇이며 나로부터 선택된 영광과 기쁨이 어떤 것인가를 너희 스스로 알게 될 것이니,
43 그를 아는 자는 절대 물러나지 아니하며 쓰러지지 아니하며 중간에 포기하는 자가 없을 것이니 그리 알라.

6,395 번째 하나님 말씀

2003년 6월 11일 17시 50분

1 사랑하는 나의 아들아!
2 "네, 아버님! 말씀하옵소서."
3 나 여호와에게 오르는 길이 너희가 가장 소망하는 길이요, 너희가 모두 바라는 길이 아니던가?
4 나 여호와에게 오르는 것은 너희가 진정 어떠한 믿음의 길을 가느냐, 나 여호와가 존재함을 너희가 정녕 얼마만큼 진솔되게 믿으며 그 모두에 대해 너희 전부를 던질 수 있는 그와 같은 마음의 자세와 깊은 믿음이 아니라면 정녕 나에게 오를 수 없다는 것을 너희는 알아야 할 것이니라.
5 나 여호와가 모든 백성에게 골고루 나에게 오를 수 있는 기회를 주고 있으며, 나의 아들딸로서 나의 계명이요, 나의 율법대로 사는 자는 누구든지 하늘에 오르는 영광이요, 축복을 받도록 하였으며, 나의 은혜와 은총이 세상에 다 덮여 있음을 너희는 알아야 할 것이니라.
6 세상에 내리는 그 단비가 골라서 내리던가?
7 모든 세상을 다 적시면서 내리지 않던가?
8 그와 마찬가지이니라.
9 내가 너희를 사랑하며 하늘에 오를 수 있고 내 품에 올 수 있는 기회는 똑같이 내가 골고루 너희에게 주었음이니라.
10 그러나 너희는 저희만이 오를 수 있는 것이며, 한 집단만이 오를 수 있으며, 극소수의 어떠한 집단이요, 어떠한 형태로써만이 오를 수 있다는 생각,
11 저희가 믿는 종교 집단이요, 지도자 밑에 가 강론을 들으며 울고불고 찬송하며 매달리지 아니하는 자들은 구원을 받을 수 없다 그리 말하는 것,
12 그와 같은 것으로써 내가 너희에게 기회를 준 것이 아님을 나의 법전에 기록하여 만백성에게 전하라.
13 하늘에 오르는 길이요, 구원의 길이라는 것은 내가 모든 백성에게 똑같이 그 기회를 주었으며, 나의 은혜 속에서 어찌 계명을 지키고 사느냐가 가장

중요한 것이니라.
14 그러니 나의 계명을 지킬 수 없다 하
는 백성이 아무리 집단이 크며 방대
한 조직을 가지고 있으며 방대한 재물
이요, 방대한 물질을 가지고 만백성을
다 통제하는 것처럼 그리한다 해도,
15 그는 정녕 나의 뜻이 아니라는 그 무
섭고 두려운 사실을 너희가 알지 못
하고 살아가고 있음이니, 이 이치를
너희는 깊이 깨우쳐야 할 것이니라.
16 나 여호와는 누구에게나 하늘에 오르
는 기회를 주었으니 너희가 얼마나
아름답게 사느냐가 가장 중요한 것이
지,
17 너희가 어떠한 집단이요, 종교 지도자
밑에 가 매달려 설교를 들으며 강론을
들으며 그 끈을 잡고 쫓아가는 그와
같은 자들이 구원을 받는다는 생각을
이 시간부터 버려야 할 것이니라.
18 그와 같은 생각에 연연하는 백성은 나
에게 오를 수 없음이니라.
19 나 여호와가 너희에게 내리는 참진리
요, 하늘에 오르는 길이요, 그 진리의
길을 따라오는 자는 누구나 다 구원을
받을 수 있음이니라.
20 그리고 그 진리는 무엇이 되는가?
21 나의 성령이니, 나의 성령은 빛이 되
기 때문이니라.
22 모든 백성에게 비추는 그 빛과 같음
이니, 그 빛을 보고 하늘에 오를 수 있
는 자격이 누구에게나 다 있음이니라.
23 내가 나의 아들을 통하여, 인간 세상
에 한 부모가 여러 자식을 두었다 했
을 때 그 자식이 인간 세상에서 존경
받는 자식이요, 남으로부터 선망받는
자식이라 해서 그는 너희 자식이며,
24 남에게 지탄받으며 사악한 일을 하며
남들로부터 욕먹고 남들로부터 저주
받는 행위를 한다 해서 그가 너희 자
식이 아니라 할 수 있더냐?
25 똑같은 한 부모 밑에서 난, 같은 성씨
를 가진 자식은 같은 형제라 내가 수
천 번 나의 법전에 기록하여 너희에게
깨우쳐 주지 아니하였던가?
26 그와 마찬가지이니라.
27 이 세상의 모든 백성은 다 나의 아들
딸이니 너희가 나에게 오를 수 있는
기회는 다 주었음이니라.
28 다만, 너희가 어떠한 종파요, 어떠한
길을 가든 그는 잠깐 옷을 바꿔 입으
나 언제나 내 품에 돌아올 수 있는 자
들이며,
29 내가 쓰고자 할 때 너희를 불러 쓰며
너희가 진정으로 나의 계명을 지키고
회개하고 반성하고 살아가는 그 삶을
살 때 너희는 내 가슴에 올 수 있으며
내 품에 올 수 있는 자라 그리하였음
이니라.
30 그러니 너희는 내가 똑같은 기회를 준
나의 아들딸이니라.
31 그러니 내가 너희에게 말하기를, 나에
게 오르고자 하는 것은 진정한 진리
요, 그 진리의 뜻을 모르면 나에게 오
를 수 없다 하였음이니,
32 진정한 진리요, 하늘의 빛을 찾는 그
와 같은 노력은 너희 몫이니라.
33 너희가 나 여호와의 존재함을 얼마나
믿으며, 내가 지금 160권의 법전으로
써 역사하여 세상에 내보냄이니, 이를
보고 나의 성령이요, 나의 뜻이라 믿

고 안 민는 그것은 선택의 자유며 너
희에게 달렸음을 너희는 알아야 할
것이니라.
34 내가 오늘 나의 아들을 통하여 기도에
그리 전하여 법전에 기록하라 하지 아
니하였던가?
35 노아의 방주를 만드는 그 몇 년 동안
그가 얼마나 비웃음을 당했으며 정신
이상자라는 대우를 받았겠는가?
36 인간 세상에서 끼워 주지도 않았으며
인간으로서 대우도 하지 않았으나 노
아는 묵묵히 그 역사를 하였음이니,
그 결과는 과연 무엇이던가?
37 지금 노아의 방주와 같은 나의 160권
의 법전이 세상에 내려짐이니라.
38 너희가 160권의 법전을 보고 정독하
며 나의 뜻이요, 나의 성령으로써 만
백성을 심판하고 구하는 나의 법전이
라 생각하지 아니하는 자는 바로 노아
가 방주를 만드는 것을 비웃다가 어느
날 그를 탈 수 없으며 물속에 죽어 가
는 백성이 되는 그와 같은 형국이니라.
39 내가 마지막 시대라 하였음이니라.
40 노아가 방주를 만들 때도 마지막 시대
요, 인간 너희 종말의 시대라 내가 그
리하였음이니라.
41 너희가 이를 만들어 타지 않는 자 영
원히 구원을 받지 못한다 그리 말하
였음이니,
42 바로 노아의 방주는 심판의 배이니라.
43 지금 나는 160권의 법전으로써 내가
뭐라 말하였느냐?
44 나 여호와의 말씀이요, 하늘에 오르는
길이요, 마지막 시대에 너희를 심판하
는 것이며 차후에 이와 같은 역사가
있을 수 없으며 새로운 성경이 내려올
수 없다 하였음이니라.
45 그리하여 이것이 마지막 시대의 심판
이라 내가 그리 말하였으니,
46 노아의 방주를 만들 때도 내가 마지막
심판이라 했듯이 지금 나의 법전 160
권을 세상에 내려보낸 것이 마지막
너희 심판이니라.
47 그러니 너희는 나의 법전을 보고 웃으
며 사탄이요, 사악한 자요, 미친 자요,
정신박약아가 하는 짓이요,
48 잠깐 세상에 왔다 반딧불처럼 꺼질 것
이니 귀 기울일 것 없으며 그 법전을
읽을 것도 없으며 들여다볼 것도 없으
며,
49 이를 읽는 자는 사탄이요, 지옥으로
간다 가르치는 종교 지도자들의 그 말
이 두려워 나의 법전을 높이 들고 읽
는 자, 접하는 자, 지옥으로 가며 사탄
의 자식이 된다 말하는 그 말이 두려
워 이 세상에 내가 필요하여 내린 너
희에게 구원의 마지막 빛인 법전을 읽
지 못하는 백성 너희가 얼마나 불행
하고 불쌍한 백성인지 알라.
50 마지막이라 하였음이니라.
51 나의 법전이 마지막이고 마지막 시대
에 너희를 심판하는 것이며,
52 이 법전을 읽지 않는 자 심판을 받을
수 없으며, 나에게 오를 수 없으며, 심
판대에 설 수 없으며 구원을 받지 못
한다 하였음이니,
53 내가 노아에게 방주를 만들 때 그리
명하였느니라.
54 이 방주를 타지 않는 자 구원받을 수
없으며, 이 방주를 타지 않는 자 생명

을 잃을 것이며, 이를 타는 자만이 구원을 받을 것이며,

55 이를 타는 자만이 생명이 보존되며, 이를 타지 아니하는 자 죽음이라 하였음이니라.

56 나의 법전을 만들고 전하여 이를 읽는 자, 이를 보고 깨닫는 자, 정독하여 꿀보다도 더 단 마음으로 이를 보고 깨우치는 자는 심판대에 서서 저희가 구원을 받고 또 구원을 받지 못하는 심판을 받게 되는 영광을 얻게 되며,

57 이를 접하지 아니하는 자는 심판을 받을 수 없다 말하였음이니,

58 방주에 타지 않는 자 심판을 받을 수 없으며 살아날 수 없듯이 그와 같은 역사함을 알라.

59 160권의 법전이 바로 노아의 방주처럼 이를 보고 접하지 않는 자는 그 방주에 타지 않는 백성이요, 오만한 백성이요, 교만한 백성이요, 하늘의 뜻을 모르는 자들이니라.

60 방주와 똑같은 것이 나의 법전임을 잊지 말라.

61 160권의 나의 법전이 방주임을, 이를 보고 접하지 않는 자는 타지 않는 자와 똑같음이니 바로 죽음이요, 이를 접하지 않는 자는 그를 깨닫지 못함이니, 지옥으로 가는 것은 당연한 것이며 너희가 거기에서 벗어날 수 없음이니라.

62 어떠한 백성이든 권위와 재물과 능력을 가지고 있고 한 시대를 통제하는 백성이라 해도,

63 나의 법전을 읽고 접하지 아니하는 자는 심판대에 설 수 없다는 그 무서운 사실을 내가 나의 아들을 통하여 이리 전함이니,

64 이건 나 여호와만이 명할 수 있는 길이라는 것을 알라.

6,396 번째 하나님 말씀

2003년 6월 11일 18시 02분

1 사랑하는 나의 아들아!

2 "네, 아버님! 말씀하옵소서."

3 지금 수천 년 동안 흘러온 믿음의 계통이요, 그 계열을 따라온 백성, 그리고 그 믿음의 관습에 젖어 있는 지금의 종교 집단이요, 지도자들,

4 그리고 너희가 말하는 예수의 보혈로써 믿기만 하면 구원을 받았다 하여 손으로 지은 죄의 온상에 가 울고불고 기도하는 백성, 그들이 과연 나 여호와가 존재함을 얼마나 믿으며 내가 역사하는 것을 얼마나 믿는가?

5 그리고 그들이 죽어 나에게 와 심판을 받는다는 것을 얼마나 믿는가?

6 그를 믿는다는 백성 그 자체가 내가 존재함을 믿지 아니하고 있다 하면, 그들의 생각이 다른 곳에 있으며 그들이 편안한 곳에 가고자 하는 것이며, 그들이 죄를 지은 것이 두려워 그를 사면한다는 그 말에 저희가 고통에서 벗어나고자 하는 그와 같은 믿음의 길을 가는 자라 한다면 너희는 믿겠는가?

7 나 여호와가 존재함을 믿는 그 자체가 너희가 진정한 믿음의 길이니, 너희가 지금 가고 있는 마음의 자세가 정녕 나를 얼마나 믿고 있는가?

8 내가 너희에게 그를 물어보기 전에
너희 마음을 아느니, 진정 나를 믿고
따르며 내가 존재함을 믿고 가는 종교
집단이요, 지도자요, 그 백성이 지금
없음이니라.
9 없다 하면 너희는 뭐라 말하겠느냐?
10 정녕 그와 같이 진심으로 나를 믿으며
내가 존재함을 역사하는 길을 위하여
모두를 다 바치고자 하는 그러한 백성
이 하나도 없음이니라.
11 그 하나도 없는 것이 무엇이던가?
12 내가 직접 써 내린 십계명을 지킬 수
없다 말하는 것이 너희는 내가 존재
함을 믿지 아니하는 것이요,
13 모든 종교 지도자들이 그와 같이 믿지
아니하기에 저희를 따르는 신도들에
게 비위를 맞추며 그 욕심을 맞춰 주
고자 저희가 그와 같은 설교요, 그와
같은 가르침의 길을 가는 것이 바로
너희가 나 여호와가 존재함을 믿지 아
니하는 것이니, 너희가 가고 있는 길
임을 알아야 할 것이니라.
14 모든 신도라 하는 자들 너희는 계명
을 지킬 수 없다는 종교 지도자의 말
에 따라 그를 지키려 하지 아니하며,
15 너희가 죄를 짓고 눈물로써 회개하면
그 죄가 다 떨어진다 하여 회개하며
재물을 바쳐 그 죄를 면죄받고자 하는
자, 그리하고 돌아서서 죄를 짓고 가
는 자,
16 그와 같은 삶을 사는 그 자체가 너희
가 나 여호와가 존재함을 믿지 아니하
며 너희가 진심으로 믿음의 길을 가
지 아니한다는 증거임을 알아야 할
것이니라.
17 모든 종교 집단이요, 지도자, 신도 너
희가 내가 존재함을 의혹하며 나를 향
하는 그 믿음의 자체를 불안해하며 믿
지 못하는 길을 가고 있는 것이니라.
18 지금 그와 같은 마음을 버리지 못하고
가는 자들이 진정한 믿음의 길을 가고
있다 그리 생각함이니, 그것을 바라보
는 나 여호와의 마음이 어떠한지 알겠
는가?
19 너희는 진정한 믿음의 길을 가지 아
니하며 믿음을 위한 것이 아니라, 너
희가 자신의 그 안일을 위하여 그저
형식적으로 가는 믿음이요,
20 그저 육의 세상에 사는 동안에 너희가
편안히 살다 죽으면 된다는 그와 같은
안일한 생각으로써 믿음의 길을 가는
자들이라 말함이니,
21 너희는 분개할 것이니라.
22 이는 사탄이요, 사악한 자라 말할 것
이니라.
23 너희는 나를 믿고 경배하며 예수의 보
혈로써 구원받음을 믿으며, 너희는 내
품에서 기도하며 내 품에서 살아가며
나의 뜻에 순종하며 살아가는 백성이
라 그리 말할 것이니라.
24 그러면서 너희는 그리 말할 것이니라.
25 정녕 너희가 속을 뒤집어 보일 수도
없으니 그 속에 있는 것을 꺼내서 보
일 수도 없으니 답답하다 그리 말하며
외칠 것이니라.
26 그러나 너희 믿음은 진정한 믿음이 아
님을 알라.
27 너희가 아무리 무엇이라 말할지라도
너희는 아직 진정한 믿음이요, 참진리
의 믿음이 무엇인가를 거기에 근접도

하지 못한 자들이니,
28 형식에 외형의 흐름에 따라서 관습적
인 것에 더 젖어서 그 형식의 틀에 맞
춰 가는 것이 너희이니라.
29 지도자는 지도자로서 재물을 거둬들
이기 위하여 비굴한 짓을 서슴지 아
니하며 저희가 그 비위를 맞춰 주는
데 연연하며 그들로부터 재물의 숫자
에 따라서 기도해 주며 그들을 챙겨
주는 그와 같은 짓을 하고 있음이니,
30 이것은 인간 세상에서 거래하는 자도
단골손님에게 과일 하나 더 얹어 주
는 자보다도 더 비굴한 짓이며 더 사
악한 짓을 하며 더 야비한 짓을 하는
것이 지금 재물을 거둬들이는 종교 지
도자의 믿음이니라.
31 과일을 열심히 사가는 자에게 하나 더
얹어 주는 것은 정이요, 사랑이요, 감
사의 표시라 하나,
32 너희는 재물을 거둬들이기 위해서 그
들에게 베푸는 것은 비위를 맞추며 추
하고 더러운 행위를 하는 것이니,
33 과연 그러고서 너희가 믿음의 길을
갈 수 있다 말하느니라.
34 내가 오늘 나의 아들을 통하여 너희에
게 전하느니라.
35 나의 아들 예수가 사랑하는 제자에게
물었느니라.
36 '베드로여, 너는 정녕 나를 어찌 생각
하느냐?' 말했을 때, 그 베드로는 무
어라 말하였는가?
37 '주는 그리스도요, 살아 계신 하나님
의 아들이라' 그리 그는 말하였음이니
라.
38 그러나 그와 같은 고백을 한 베드로도
완벽한 믿음이요, 완전한 믿음이요,
완전히 믿지 못하였다는 것을 너희는
알고 있는가?
39 그도 의혹하는 마음이 있으며 불안한
마음을 갖고 있었음이니, 그리하여 예
수가 죽어 갈 때 그가 대신 죽어 가고
자 하는 그 역사를 못 하지 아니하였
던가?
40 그리고 그 모든 대답은 베드로 스스로
나의 아들 예수를 기쁘게 하기 위한
계산된 생각에서 그와 같이 말을 했다
면 너희는 믿겠는가?
41 그 모든 기적의 역사를 본 베드로도
그를 믿지 못하였음이니라.
42 그러니 과연 너희의 믿음이 그보다
더하다 할 수 있는가?
43 나의 아들 예수를 따르는 그 제자는
어찌하였는가?
44 나의 아들 예수가 죽었다가 다시 부활
하여 세상에 태어난 그 아들을 보며
그는 무어라 말하였는가?
45 나의 아들이요, 나를 대신하여 세상에
온 그도 부활했을 때 그 따르는 제자
가 그를 믿지 못한다 했으며 그를 인
정하지 못한다 그리했음이니라.
46 그 제자도 뭐라 말하였는가?
47 예수의 못 박힌 그 상처요, 그 모든 것
을 보고 그를 인정할 수 있다 그 제자
도 그리 말했으니, 과연 그들이 진정
한 믿음 속에서 진정한 믿음으로 갔다
생각하는가?
48 그 제자들도 그리 갔음이니라.
49 그러하니 지금 믿음의 길을 가는 자들
이 그보다 더한 믿음으로 갈 수 있다
생각하는가?

50 그와 같은 믿음으로 더 이상 가지 못
하며,
51 그보다 더 강한 믿음으로 가지 못한다
면, 너희 한쪽의 마음에는 나를 믿는
것이 아니요,
52 의혹하는 마음이 있으며, 불안한 마음
이 있으며, 진정한 믿음이라는 것을
너희가 갖지 못함이니라.
53 나 여호와가 존재함을 진심으로 믿는
다면 너희가 어찌 험악한 짓, 그리고
사악한 짓을 할 수 있으며, 오늘에 회
개한 죄를 다음에 또 행할 수 있단 말
이던가?
54 누구든지 나 여호와가 존재함을 진정
으로 믿는다면 그와 같은 반복된 생활
을 할 수 없는 것을 너희는 알아야 할
것이니라.
55 그리하여 지금의 종교 집단, 믿음의
길을 가는 너희 누구도 진정한 믿음
의 길을 가는 자가 없다는 것이 나의
뜻임을 너희는 알라.
56 이제 나의 법전을 읽고 따르는 너희는
믿음의 자세부터 변해야 할 것이며,
57 너희가 믿음의 자세가 무엇이며, 나
여호와가 존재함에 두려움을 알며, 정
녕 나 여호와가 존재하여 너희가 심
판을 받는 것을 확실히 마음으로 굳건
히 믿고 갈 때,
58 바로 너희가 그와 같은 굳건한 마음
의 자세로 변할 때 너희는 천사가 되
는 길을 알게 될 것이며, 하늘에 오르
는 백성이 가는 길을 알게 될 것이며,
59 천사의 길이요, 천사와 같이 될 수 있
는 그 역사함을 너희는 알아야 할 것
이니라.
60 이제 내가 나의 법전에 기록하여 전하
니, 인간은 천사가 될 수 없다 말하는
자, 그는 믿음이 없는 자요,
61 인간은 진정 나로부터 선택된 지혜와
은혜를 받았음이니, 인간은 계명을 지
킬 수 있으며 천사가 될 수 있다 말하
는 자, 그와 같은 자는 바로 나를 믿는
자들이니,
62 이것이 얼마나 무섭고 엄청난 차이인
지 너희는 알라.
63 천사가 될 수 없다는 자와 천사가 될
수 있게 노력하여 가겠다는 자, 그 차
이는 너희가 죽어 내 앞에 왔을 때 하
늘과 땅보다도 더 멀고 어려운 것이니,
64 육의 세상과 천국을 보는 그 어려움의
차이이니라.
65 도저히 넘을 수 없는 그 관계가 지옥
이요, 천국이라는 그 갈래가 갈라짐이
니,
66 그때 가서 너희가 통곡하고 발버둥쳐
도 돌이킬 수 없는 것이 그날의 현실
이라는 것을 잊지 말라.

6,397 번째 하나님 말씀

2003년 6월 11일 18시 12분

1 사랑하는 나의 아들아!
2 "네, 아버님! 말씀하옵소서."
3 수천 년 역사 속에 흘러온 그 많은 종
교 집단이요, 지도자들, 그리고 그 길
이 천국의 길이라 믿고 와 지옥으로
가는 그 많은 백성, 지금도 모든 종교
집단이요, 지도자들이 다 이 세상을
다 덮고 있으며,
4 그 신도들 또한 힘을 자랑하며, 그 집

단의 힘이요, 재물의 힘을 가지고 저
희가 가는 길만이 하늘에 오는 길이라
그리 말하고 있으며, 어렵고 힘든 진
정한 믿음의 길을 그들은 외면하고 있
느니라.
5 그리고 진리의 길을 위해서 가는 것이
아니요, 진리의 길을 가는 것이 아니
라,
6 진리의 길을 가는 그 마음을 멈추고
그들은 다 중단시켰음이니라.
7 그리하여 너희는 사랑을 베풀며 살라
는 나 여호와의 뜻을 저버렸으며 나를
향하여 하늘에 오르는 믿음이라는 그
자체가 위선적이며 형식적인 믿음이
라 내가 너희에게 말하였음이니,
8 이는 너희가 믿어 다시 깨우쳐야 할
무서운 현실임을 알아야 할 것이니라.
9 너희가 정녕 하늘에 오르고자 하는 길
이며 나에게 오르는 길을 역사한다면,
10 너희는 어렵고 힘든 삶 속에서 변화되
는 어렵고 힘든 그 고통의 고비를 하
나하나 넘기지 아니하면 진정 하늘에
오르는 길을 알 수 없음이니라.
11 악습을 하나 버릴 때 그 고통이요, 너
희가 잘못된 습관을 하나 버릴 때, 그
고통이요, 그 힘든 역경의 어렵고 힘
든 길을 바늘구멍을 통과하는 것보다
도 더 어렵고 힘든 너 자신을 다스리
는 고통과 고통의 시련의 길을 가지
아니하며,
12 그저 저희는 나의 아들 예수의 보혈
로써 구원을 받았다 말하며 저희 손
으로 지은 교회에 와 기도하고 경배하
며 재물을 바치면 구원을 받았다 생각
하는 자,
13 그와 같은 자들이 과연 하늘의 뜻이
무엇이며 하늘의 역사하는 것이 무엇
이던가?
14 저희는 아무것도 모르는 자들이니라.
15 그리하여 저희는 죄를 짓고 용서를
빌며 재물을 바치면 구원을 받으며 그
죄가 다 떨어져 나간다는 그 착각 속
에서 그들은 지금에 그를 위한 믿음의
길을 가고 있으니 그것이 무엇이던가?
16 저희가 지금까지 지어 온 죄의 두려움
과 무서움에 저 자신이 몸 둘 바를 모
르며, 그리고 제가 그대로 살아가면
지옥에 간다는 것은 당연하며,
17 사탄의 세계에서 너희가 허덕인다는
것을 알기 때문에,
18 너희는 그와 같은 나의 피조물 만백성
의 마음을 교묘히 이용하여 그 죽음의
길이요, 지옥의 길을 피해 갈 수 있는
방법이 있다 말하며,
19 그리하여 너희가 육에서 지금 죄지은
것을, 두렵고 고통스러운 것을 다 피
해 갈 수 있으며 그를 너희가 용서받
을 수 있으며 그 고통에서 벗어날 수
있으며 다 털어 낼 수 있다 가르치고
지금 나의 피조물 만백성을 그리 이끌
어 감이니라.
20 모든 종교 집단이요, 지도자들은 너희
가 하나의 악습을 버리는 그 고통이
얼마나 힘들며,
21 십계명을 지키고 살고자 하는 그 고통
이 얼마나 힘들며, 거짓 하지 아니하
고 세상에 사는 것이 얼마나 힘들며,
남의 재물을 탐내지 아니하며 남을 욕
보이지 아니하며 부모에게 효도하며
십계명대로 살아가는 것이 하나하나

지키기가 얼마나 힘들고 고통스러우
며 그것이 좁은 길인가를 깨우쳐,
22 고통을 이기고 가는 것이 하늘에 오르
는 길이라 가르치지 아니하며,
23 그저 교묘히 너희가 나의 피조물 만
백성이 불안하고 공포에 떠는 그 마음
을 편안히 구원을 받을 수 있다는 그
를 궁리하고 또 궁리해서 만든 것이
바로 나의 아들 예수의 보혈로써 저희
손으로 지은 교회에 와 재물을 바치고
설교를 들으면 너희가 구원을 받는다
그리 말함이니라.
24 그건 바로 무엇이던가?
25 도저히 너희가 구원을 받을 수 없으
며 삶에 지은 죄가 너무 두렵고 무서
워 몸부림치는 그들, 그리고 어찌할
줄 모르는 자, 그 백성을 그리 이용하
고 있으며,
26 그들로부터 고통을 덜어 준다 하여 불
안에 떠는 그들에게 너희가 교묘한
방법으로써 재물을 거둬들이며 이끌
어 가는 것이니라.
27 그리하여 너희는 궁리와 궁리를 거듭
하여 그 불안한 마음이 있는 백성에게
편히 하늘에 오를 수 있는 길이라는
낚싯밥을 던져 그들로 하여금 재물을
거둬 너희 육의 삶을 유지하며,
28 성전이라는 것을 더 방대하게 더 힘들
게 지어 너희가 그곳에 한번 몸을 담
은 그 백성의 코를 꿰어,
29 그곳을 버릴 수도 없으며 떠날 수도
없으며 그저 너희를 따라가는 방법이
요, 너희 재산을 모으며 너희 자신을
보호하는 방어 수단이요, 그와 같은
방어막으로써 나의 피조물 만백성을
이용하고 있음이니,
30 그것은 구원의 길이 아니요, 천국의
길이 아니요, 너희가 나와는 아무런
관계도 없는 지옥으로 가는 길이라는
것을 알아야 할 것이니라.
31 너희가 진실을 모르며, 하늘에 오르는
길이 무엇이며 나 여호와의 뜻을 모르
니,
32 너희가 성서를 가지고 나의 피조물 만
백성에게 다람쥐 쳇바퀴 돌듯이 또 가
르치고 또 전하고 또 그를 변질하여
가르침이니,
33 그 속에서 나 여호와의 뜻을 모르며
재물을 거둬들이는 것에만 연연하는
그와 같은 너희가 그 악행을 더 이상
버티지 못하니,
34 너희가 그와 같은 방법을 숨기고 연막
을 치는 방법으로써 또 그 연막 치는
방법을 연구하며 그 연막을 만들어 내
며 그리하여 숨기고 또 숨기고, 숨기
고 또 숨기는 그와 같은 방법으로써
나의 사랑하는 피조물 만백성을 너희
가 그리 이용하고 악용함이니,
35 너희가 이제 죽어 육신은 흙으로 돌아
가며 영혼은 나에게 심판을 받는 날이
머지않았으니,
36 그와 같이 속인 종교 집단이요, 지도
자들이 그 죄가 얼마나 두려운가를 모
르며, 너희가 욕심에 어두워 악의 연
막을 피우고 너희를 숨기고 또 숨겨
세상사를 보지 못하도록 끌고 가는 자
들에 대하여 그들이 그 사악한 행위
를 보지 못함이니,
37 그리고 그들에게 교묘한 방법으로써
저희 고통을 덜어 주는 것처럼 궁리

와 궁리를 연구하여 그 무서운 교리라
는 것을 듣는 그것이 정녕 구원을 받
는 길이라 재물을 바치며 시간을 바치
며 모두를 바치는 자, 그들이 바로 나
에게 와 심판받을 때 얼마나 통곡하는
그 길이 남아 있는가?
38 돌아갈 수도 없으며 돌이킬 수도 없
으며 저희 지도자를 원망하며 그를
갈기갈기 저희가 헤쳐 보고 싶으나
그 또한 그들보다 더 사악한 고통 속
에 있음이니,
39 그를 보는 그들이 그때에 앞은 얼마
나 참담할 것이며, 얼마나 공포에 떨
것이며, 얼마나 저희가 잘못 살아온
것을 후회할 것인가?
40 그때 가서는 아무리 후회해도 발버둥
쳐도 너희가 돌이킬 수 없다는 것을
명심하라.
41 오로지 나의 법전을 지금 너희가 살
았을 때 이를 보고 접하며 십계명대로
지키며 살며 나의 법전대로 행하고 사
는 그것만이 너희가 심판대에 설 수
있으며, 나에게 오를 수 있는 그 빛의
기회를 보게 된다는 것을 내가 나의
법전에 기록하여 이리 전하고 전하였
건만, 너희가 이를 듣지 아니함이니
이는 너희 복이니라.

6,398 번째 하나님 말씀

2003년 6월 12일 07시 25분

1 사랑하는 나의 아들아!
2 "네, 아버님! 말씀하옵소서."
3 내가 불로 써 직접 내린 친필인 그 십
계명이 얼마나 위대하며 소중하던가?
4 아무리 소중하고 위대하면 너희는 무
엇하겠느냐?
5 그를 지키지 아니하며 그를 행하지 아
니하면 아무런 의미가 없으며 가치가
없는 것이니라.
6 성서에 기록된 그 내용을 너희가 읽
고 또 읽어 암송하면 무엇하던가?
7 너희가 그대로 행하지 아니하면 아무
런 의미가 없으며 가치가 없는 것이
아니던가?
8 그러니 내가 지금 너를 통하여 내리는
나의 성령이요, 하늘에 오르는 길이
요, 이 160권의 법전을 세상에 내려보
냄이니, 이를 받아 기록하는 네가 첫
째 해야 할 일이 무엇이던가?
9 "네, 아버님! 그렇사옵니다.
10 아버님께서 내리신 그 계명이요, 아버
님께서 성령을 태워 내려보내 기록하
여 만든 이 160권의 법전에 기록되어
있는 내용대로 감히 제가 행하고 사는
것이, 바로 서는 것보다 또 법전을 만
드는 것보다 더 소중한 것이며,
11 저는 그 길을 가야 하는 것이라는 것
을 이제야 깨달았사옵나이다.
12 더러는 그를 용서받을 수 있으며 더러
는 제가 그와 같이 인간 세속에 살아
가는 속에서 모두를 더러는 지워 버리
며 또는 잊어버리며 살아가는 것이 그
리해도 되는 것같이,
13 그저 좀 더 편안한 모습으로 남들과
조금씩 차별화되는 모습으로 살아가
야 한다는 것으로써 모두는 다 역사하
는 것으로 알았사옵나이다.
14 더러는 모르고 있었으며, 내용을 소중
히 생각하지 못했으며,

15 무엇을 명하신 것인가를 항상 잊어버
리고 사는 그와 같은 삶을 살았사옵나
이다.
16 이제 지도자 반에 있는 저를 따르는
그 제자들로 하여금 아버님께서 내리
신 이 '하늘에 오르는 길'이요, '하나
님! 말씀하옵소서' 이 심판의 법전에
제가 지키고 가라 하는 그 내용이 기
록된 것을 모두 발췌하여 그대로 행하
고 살아가겠사옵나이다.
17 그것이 제가 해야 하는 길이며 그 무
섭고 두려운 것을 모르고 알다가도 지
키다 때로는 넘어지며 때로는 유혹에
넘어지며 때로는 감정에 의하여 잊어
버리며 그와 같이 흔들리는 마음으로
써 지금까지 살아왔으며,
18 아버님께서 내리신 명령인 그 말씀이
얼마나 무서운 것인가를, 십계명은 친
필이요, 그를 따라 지켜야 한다는 것
은 그리 강조하며 그리 가야 한다 하
면서도 아버님께서 직접 모두를 태워
마지막 내린 법전에 기록되어 있는 우
리가 지켜야 할 것,
19 우리가 지키고 살아가야 할 그 내용은
소홀히 하였으며 그를 잊어버리고 산
것이 한두 가지가 아닌가 하옵나이다.
20 그리고 그를 지키기가 너무나도 힘들
고 어려워 그를 모르는 체하고 넘어
갔으며, 알며 실수하며 알며 그저 넘
어가는 그와 같은 제 생활을, 이제는
제가 얼마나 어리석은 자며 얼마나 불
쌍한 자인가를, 그리하면서 아버님께
서 역사하시는 그 뜻을 이룰 것이라
생각하는 제가 얼마나 어리석은 백성
인가를,
21 오늘 이후 저는 저의 제자들에게 명
하여 160권의 법전에 기록되어 제가
지키고 행해야 할 것을 낱낱이 그들로
하여금 받아 제가 그와 같이 행하고
지키도록 그리하겠사옵나이다.
22 일식 삼찬을 지키고 온 것만큼 그 모
두를 그리 지키며 그 길을 가겠사옵나
이다.
23 제가 알면서 하나도 지키지 못하는 것
이 없으며 하나도 그저 그리 넘어가는
것이 없으며,
24 그저 명에 따라 그대로 살아가는 짐승
보다도 더 강하게, 훈련된 짐승보다
도, 조련사에게 훈련된 물개보다도 더
철저하게 그저 명하신 대로 그대로만
지키고 살아가겠사옵나이다.
25 죽은 자를 살려 주셨으며 제 목숨이
다한 것을 연장해 주셔 그 모두를 이
루라는 은혜를 다른 사람보다도 두 번
씩 받은 제가 그를 지키지 못하고 가
는 그 사악한 행위를 용서해 주옵소서.
26 그게 얼마나 사악한 행위며 그게 얼마
나 무서운 것인가를 그 무서운 죄를
몰랐습니다.
27 아버님께서 내리는 그 성령의 대임을
받고 들은 제가 그대로 하나하나 기
록하여 전하지 못하고 행하지 못하는
저의 죄를 이제야 알았사오며 두렵고
무서움을 알았사옵나이다.
28 법선대로 살아가겠사옵나이다.
29 제 목숨을 바쳐서라도 그리 살아가는
길을 가겠사옵나이다.
30 지난날에 제 생명을 연장해 주셨으며
제 죄를 용서받을 수 있는 그 길은 그
것밖에 없사옵나이다.

31 아버님, 제가 지금까지 잘못 살며 제
가 때로는 속이며 저 자신이 또 모르
며 저 자신이 나약하여 그를 행하지
못한 작고 큰 죄를 짓지 않고 이제는
엄격히 행하여 가겠사옵나이다.
32 법전에 내리신 그 내용대로 살지 못하
며 그리 행하지 못하며 그러면서 무엇
인가를 역사하며 아버님의 법전이 세
상에 하얀 눈이 덮듯이 그 역사를 이
룰 것 같은 생각은 그 죄가 얼마나 오
만하며 잘못된 것인가를, 그 모두 법
전에 기록한 내용대로 제 목숨을 바
쳐 그대로 지키고 행하는 것이 얼마나
소중한 것이며 그것이 가장 제가 해
야 할 대명이라는 것을 모르고 있었
사옵나이다.
33 그 오만한 죄를 용서하여 주옵소서.
34 이제는 목숨을 바쳐 그 길을 가겠으며
제가 목숨을 끊어 던지는 일이 있다
하여도 그를 행하여 가겠사옵나이다.
35 그것이 제 욕심이요, 사악한 마음이
니, 제가 제 욕심을 육의 향락을 위해
버리지 못했다면, 저는 사탄의 자식이
요, 아버님의 자식이 아님을 이제 알
겠사옵니다.
36 모든 종교 지도자들이 욕심을 버리지
못하는 것은 사탄의 자식이라 그리 말
씀하셨으니,
37 저 자신이 육의 욕심을 버리지 못하여
실수를 거듭하고 가는 그와 같은 삶을
이제는 피를 바쳐서라도 지키고 가겠
사옵나이다, 아버님!
38 저의 기도를 받아들이고 거두어 주옵
소서."

6,399 번째 하나님 말씀

2003년 6월 12일 11시 30분

1 사랑하는 나의 아들아!
2 "네, 아버님! 말씀하옵소서."
3 너를 따르는 제자들이요, 나의 법전을
읽고 깨우친 백성 너희는 두려워하지
말라.
4 내가 나의 아들을 통하여 너희에게 깨
우치고 가르치는 것이 무엇이던가?
5 너희는 십계명을 지키고 살라 하였음
이니라.
6 그 십계명은 영혼을 살리는 양식이요,
그 십계명을 기초로 하여 너희가 지키
고 행하지 아니하였기에 너희가 지키
고 행할 것을 누구나 다 보고 듣고 읽
고 깨우칠 수 있도록 그 모두를 풀어
160권의 법전으로써 세상에 내려보냄
이니,
7 내가 십계명을 지키지 않는 백성은 나
와는 관계없는 백성이요, 나를 능멸하
는 백성이요, 나를 욕되게 하는 백성
이요,
8 십계명을 지켜야 한다 하며 지키고 살
아가겠다 하는 백성은 나로부터 선택
된 백성이라 그리 말하였음이니,
9 나의 십계명이 그와 같이 소중하다 함
은 너희가 그 속에 있는 구절이 무엇
이 있는가?
10 너희에게 기록하여 전하기를 '네 부모
를 공경하라.' 하였음이니, 십계명을
존중하고 십계명을 지키는 것은 '네
부모를 공경하라.'는 것을 실행하라는
것이 아니더냐?
11 네 부모가 과연 무엇이던가?

12 육으로써 인연을 맺어 너희의 생명을
태어나게 했음이니, 그 생명이 태어나
너희가 성장할 수 있도록 온갖 정성을
다하여 길러 준 것이 너희 부모니라.
13 그 부모의 은혜에 감사하며 그 부모의
공에 감사하라는 것이 바로 십계명에
기록된 내용인데, 그것을 지키라 하는
나의 법전이 무엇이 잘못되었으며,
14 그를 먼저 행하고 사는 것이 인간이
해야 할 도리며, 부모를 공경하는 자
가 그 작은 사랑의 싹이 틈으로 인하
여 나 여호와를 사랑하며 나 여호와를
공경하는 마음이 생긴다 하였거늘,
15 '네 부모를 공경하라.'는 것이 무엇이
잘못되었느냐?
16 그것이 잘못되지 아니하였다면 나의
법전이 잘못된 것이 아니요, 나 여호
와의 뜻이 진리임을 너희는 알아야 할
것이니라.
17 '거짓 하지 말라.' 그리하였음이니라.
18 거짓 함으로 너희가 이웃이 받는 피
해가 얼마나 크며 그 상처받음이 어떤
가?
19 거짓 하고 잘못함으로 생명을 잃는 자
가 있으며,
20 거짓 하는 자로서 그 모두를 다 잃어
버리며, 거짓 하는 자로서 세상을 불
신하게 되며 같은 형제요, 인간을 두
려워하는 그러한 형국이 되었음이니
라.
21 '남의 것을 도적질하지 말라.' 하였음
이니라.
22 남의 것을 도적질하지 말라 가르치는
것이 무엇이 잘못되었단 말이던가?
23 '네 이웃을 탐내지 말라.' 하였으며 '네
이웃 것을 넘보지 말라.' 하였음이니
라.
24 그리고 '나 여호와가 존재함을 믿는
그 자체가, 그 믿음만이 너희가 구원
에 오를 수 있는 길이요, 너희가 나에
게 오를 수 있는 길이라 가르치는 것
이 무엇이 잘못되었는가?
25 너희가 십계명이 위대하며 계명 하나
하나를 지키는 것이 나에게 오르는 길
이라 가르치는 나의 아들이요, 나의
법전이 과연 잘못되었는가?
26 지금의 모든 백성 너희는 믿음이 없
느니라.
27 너희는 믿음이요, 진정한 믿음이요,
하늘에 오르는 길이라 믿음의 길을 가
나, 너희는 믿지 아니하고 사는 백성
이요, 진실한 믿음을 모르느니라.
28 너희는 계산된 믿음이니라.
29 나의 아들 예수를 따랐던 베드로가 그
를 믿지 못하였으며, 그를 믿던 제자
가 그의 상처를 봄으로 인하여 부활을
믿겠다 하였으니, 과연 그들이 나를
믿지 못하였거늘 너희가 나를 믿는다
생각하는가?
30 나를 믿는다 하는 자, 진심으로 믿으
면 나 여호와가 존재함이 두려우며 그
두렵고 무서움에 의하여 감히 십계명
을 지킬 수 없다 말하는 자는 지킬 수
없다 말하는 그것으로써 너희는 나를
믿지 못하며 내가 존재함을 믿지 못하
며 진심으로 믿지 않는 자들이니,
31 그러니 너희가 형식적인 믿음이요, 허
울 좋은 믿음이요, 그와 같이 역행하
는 믿음의 길을 가고 있느니라.
32 그러기에 나로부터 구원받은 자가 없

다 내가 말하며 나에게 올 자가 없다
그리 말함이니,
33 이제 나의 아들을 따르는 제자 너희는
내가 존재함을 먼저 믿으라.
34 이 세상에 무엇보다도 내가 존재함을
믿으며 너희가 죽어 와 나에게 심판
을 받는다는 것을 믿으며 그 심판에
따라 너희가 죄의 대가를 치른다는
것을 확실히 믿을 때,
35 마음을 굳건히 심을 때, 감히 십계명
이 두려워 행하지 못하며 나의 법전의
내용이 두렵고 무서워 행하지 못한다
는 소리를 할 수 없을 것이니 그리 알
라.

6,400 번째 하나님 말씀

2003년 6월 12일 11시 47분

1 사랑하는 나의 아들아!
2 "네, 아버님! 말씀하옵소서."
3 나의 피조물 만백성이 이 세상에 살아
가면서 너희 모두가 지금 죄를 가슴
에 안고 있다 내가 그리하였으며 죄
없는 자가 없다 내가 너희에게 그리
말하였음이니라.
4 과연 그 의미의 뜻이 무엇인지 너희는
알고 있는가?
5 그게 바로 인간으로서 너희가 나에게
생명을 받아 세상에 태어나갔을 때,
그 성령의 마음 자세는 천사와 같이
곱고 아름다운 심성으로써 너희가 나
로부터 받아 세상에 나갔음이니라.
6 그러나 너희가 세상에 살아가면서 너
희 마음속에 너희 자신도 모르는 그
욕심이라는 것이 자리를 잡으며 그 욕
심의 뿌리가 내리기 시작함이니,
7 너희가 태어나 죽을 때까지 그 욕심의
뿌리를 뽑아 버리는 자가 세상에 없음
이니, 그게 바로 너희가 나에게 오를
수 없는 근본이요, 너희가 나에게 역
사할 수 없는 것이라는 것을 알아야
할 것이니라.
8 그러니 너희 마음속에 가지고 있는 그
욕심이야말로 너희가 다른 신을 두지
말라 하며 우상을 섬기지 말라 한 그
근본을 위배하고 있으며, 너희가 다른
우상을 가슴속에 깊이 섬기고 있는 것
이니라.
9 그러니 욕심을 버리지 못하고 믿음의
길을 가는 자 너희가 아무리 울고불
고 찬송하며 설교를 들으며 강론하며
회개를 한다 해도 그 우상을 가슴에
안고 있음이니,
10 우상을 가슴에 둔 자요, 나의 십계명
중에서 제1계명을 어기는 자들이 과
연 나에게 오를 수 있겠는가?
11 그리하여 너희는 시작도 하지 못한
백성이라 내가 그리 말하는 것이니라.
12 너희가 욕심을 가지고 있는 것은 무엇
을 이루고자, 더 갖고자 하는 것이요,
내가 우상이라는 것은 너희가 눈으로
보이는 것이 아니요, 보이지 않는 그
속에서 너희가 마음에 욕심이 더 강한
것이라 하였음이니라.
13 그리하니 너희가 마음에 욕심을 가지
고 있는 것은 더 갖고자, 더 이루고자,
더 소중한 것을 챙기고자 하는 것이
너희 마음이니, 욕심의 그 자리에 그
것보다 더 큰 우상이 없다는 것을 너
희는 오늘 깨우쳐야 할 것이니라.

14 욕심을 비우지 못한 자, 욕심을 가진
자, 그 욕심의 뿌리보다 더 위대하고
큰 우상은 없음이니, 그게 바로 너희
가 다른 우상을 섬기고 있는 것이니라.
15 그러니 너희가 나에게 오르고자 하며
천국에 와 내 품에 올 수 있는 길은 욕
심을 버리기 시작함이니라.
16 욕심이 없는 상태에서 너희가 선행을
베풀고 살아갈 때 그 모두는 진정한
선행이라는 것을 알아야 할 것이니라.
17 욕심을 가지고 있는 그 욕심의 바탕
위에서 너희가 어떠한 일을 역사하는
것, 너희가 선행을 베푼다 하는 것, 그
모두는 선행이 아니요, 너희가 욕심의
씨가 되어서 이룬다는 것을 알아야 할
것이니라.
18 욕심이라는 그 뿌리를 버리지 못하고
너희가 선행하는 것, 아름다운 일을
하는 것, 아름다운 역사를 하는 것, 그
모두는 다 욕심의 바탕 위에서 이루어
짐이니,
19 욕심을 채우기 위해서 너희가 이루어
지는 것은 형식적인 것이라는 것을 알
아야 할 것이니라.
20 그러니 욕심이라는 그 우상을 섬기는
자는 아무리 너희가 선행이요, 아름다
운 일을 해도 계산적이요, 생각 속에
서 하는 일이니, 그리하여 욕심이 역
사하는 것이라 하였음이니 얼마나 무
서운 이치인가를 너희가 깨달으라.
21 너희가 아무리 선행을 베풀고 착한 일
을 한다 해도 그것이 너희 마음을 비
우며 욕심을 비운 자가 하는 것은 작
은 것도 큰 상이 되며, 욕심을 버리지
못하는 자가 아무리 큰 역사를 이룬다
해도 그것은 너희가 은혜와 사랑이
아니요, 나에게 점수가 없음을 알라.
22 그는 욕심의 바탕에서 이루어지기 때
문이니라.
23 이 이치를 깨달았다 하면 너희는 그
욕심을 버리는 것이 얼마나 위대한 것
이며 욕심이 얼마나 무서운 것인가를
알 것이니,
24 나의 아들을 따르는 제자들이요, 나의
법전을 읽는 백성 너희는 선행이 그
욕심의 바탕에서 이루어지면 그것이
악이라는 것을, 그러니 너희가 욕심을
버리도록 그리하라.
25 욕심을 버리는 마음이요, 욕심을 버리
는 훈련을 너희가 독하게 그리하라.
26 피를 쏟는 아픔보다도 더 강하게 너희
가 욕심을 버렸을 때, 그 욕심을 버린
바탕 위에서 이루어지는 작은 하나의
선행도 그것은 너희가 이 세상에서
이룰 수 없는 선행보다도 위대한 것이
니라.
27 욕심을 버리지 아니하는 속에서 이루
어지는 어떤 선행도 너희가 욕심을
버리고 이루어지는 작은 선행만도 못
하다는 것을 명심하여 욕심을 버리는
데 최선을 다하라, 사랑하는 나의 아
들딸들아!

6,401 번째 하나님 말씀

2003년 6월 12일 11시 51분

1 사랑하는 나의 아들아!
2 "네, 아버님! 말씀하옵소서."
3 지금의 모든 종교 집단은 어떠한 형태
이든 저희가 가고 있는 그 종교의 집

단이요, 그 믿음 외에는 절대로 믿으
려 들지 아니하며 남의 것을 보려 하
지 아니하며 남의 가르침을 들으려 하
지 아니하며,
4 아무리 진리요, 진기한 것이요, 고귀
한 것을 가르친다 해도 그들은 귀를
막고 들으려 하지 아니하며 눈을 막고
보지 아니하는 것이 지금의 종교 집단
이니라.
5 그러니 새로운 성경이요, 새 시대의
새 역사가 이룬다 하여도, 참진리를
아무리 저희에게 깨우쳐 준다 해도 그
들은 들으려 하지 아니하며 깨우치려
하지 아니하느니라.
6 그들은 나 여호와가 새로 내리는 모든
성령이요, 나의 법전이 진실한 나 여
호와의 뜻이라 깨달았다 해도 그를
받아들이지 아니하며 그를 믿으려 하
지 아니하며 저희 신도들에게 그를 보
라 하지 아니하며 보지 못하게 하는
것이니라.
7 그들은 나의 참진리가 세상에 내려져
그 신도들이 그를 보고 깨우칠 때 저
희가 지금까지 이끌고 왔던 그 모든
공든탑의 기득권이 하루아침에 무너
지는 것이며 저희의 생활까지 무너지
는 것이니,
8 지금까지 쌓아 놓은 그 모두가 무너지
며 무너지는 그 앞에서는 저희 자신
자체가 대혼란의 역사를 하는 것을 수
습할 수 없으며 다스릴 수 없는 것이
며, 그 파장은 이루 말할 수 없으며,
9 참진리라 지금까지 저희가 왔던 믿음
이 잘못된 것이며, 거짓 선지자에게
재물을 바치며 모든 시간을 다 바치며
그것이 하늘에 오르는 길이 아니요,
지옥으로 떨어지는 길이라는 것을 깨
달아 그 대혼란이 야기되었을 때,
10 그 파장은 저희가 감당할 수 없으며
수습할 수 없기 때문에,
11 나의 법전이 아무리 옳은 참진리라 해
도 이 세상에 전해지는 것을 절대 보
지 못하게 하며 듣지 못하게 하며, 저
희 신도들까지도 이를 접하게 하지 아
니하는 것이 그들이니라.
12 그러니 그들은 나의 법전이 지금 세상
에 나와 뿌리를 내려가고 있으나, 그
들은 지금 대수롭지 아니하며 몇 권의
책이 세상에 나와 혼란케 하다 말겠지
그와 같이 생각을 하기에 그들은 아직
너희에게 핍박하지 아니하며 너희에
게 압박을 가하지 아니하니라.
13 그러나 나의 법전이 1권이요, 2권이
요, 10권이요, 50권이요, 60권이요,
100권이라는 그와 같은 법전의 수가
세상에 나와 그를 전하기 시작하면 그
들은 긴장할 것이니라.
14 그들은 그때부터 더 이상 이가 존재해
서는 저희 뿌리요, 저희 기득권이 무
너진다는 것을 느꼈을 때,
15 그들은 진실로 어떠한 형태나 어떠한
방법이든지 이를 뭉개려 할 것이며 이
가 세상에 존재하지 못하게 할 것이니
라.
16 저희 집단이 위협을 받는다고 느낄
때, 저희가 가르치고 있는 것이 백일
하에 잘못된 것이 드러나기 시작할 때,
17 저희가 기득권이 무너질 정도로 이 법
전이 쓰러지지 아니하며 계속 세상에
전해질 때,

18 그들은 어떠한 방법과 수단을 가리지
아니하고 나의 법전이 세상에 나오지
못하도록 할 것이며,
19 나의 아들을 죽음으로써 몰고 갈 것을
연구와 연구를 할 것이며,
20 많은 연구비를 들여서도 그들은 법전
을 거둬들이며 법전이 세상에 뿌리를
내리지 못하게 하며, 나의 아들을 세
상에 존재하지 못하는 그 방법을 강구
할 것이니라.
21 그리하여 나의 참진리를 전했던 나의
아들 예수를 믿었던 믿음의 길을 가는
그 백성이, 나를 찾는 그 당시 백성이
나의 아들을 그리 죽게 했던 것이 바
로 무엇이던가?
22 저희가 기득권이 무너지며 기득권이
무너짐으로써 저희가 그 처참한 형국
을 저희 스스로 다스릴 수 없으며 감
당할 수 없기 때문에 나의 아들 예수
를 그리 죽게 하였음이니라.
23 그보다 더 사악한 후손들이요, 지금의
백성은 더 무서운 형국으로 나의 아들
을 제거하는 방법을 연구하고 또 연구
하여 가증스러운 방법으로써 그를 행
할 것이니라.
24 그러나 나 여호와가 존재하며 내가 그
를 지키고 있으며 나의 법전 160권이
세상에 나오는 것은 그 누구도 막을
수 없다는 것을 너희는 알아야 할 것
이며,
25 그를 방해하는 자, 그를 저주하는 자,
그를 태워 버리고 찢어 버리려 하는
자, 그 대가를 제가 먼저 치른다는 것
을 잊지 말라.

6,402 번째 하나님 말씀

2003년 6월 12일 12시 01분

1 사랑하는 나의 아들아!
2 "네, 아버님! 말씀하옵소서."
3 지금의 이 세상의 모든 종파가, 몇천
년 동안 흘러오는 너희는 나의 백성이
요, 나에게 오르고자 경배하며, 나에
게 오르고자 하여 나의 뜻에 의하여
살아가며,
4 오로지 나에 대한 믿음으로써 너희가
철저히 무장되어 나에게 오르는 길의
믿음의 길을 가고 있으며, 만백성을
구원하고자 하는 것이 너희며,
5 너희만이 하늘에 오를 수 있는 그와
같은 선택된 백성이요, 지도자라 그리
말하느니라.
6 그리하여 나의 아들 예수를 통하여 너
희에게 깨우쳐 전하고자 했던 나의 뜻
을 너희만이 계승해서 전하는 자며,
7 거기에 따라 살아가며, 수천 년 동안
흘러온 종교 집단이요, 지도자요, 그
모든 풍습이 다 나의 아들을 경배하며
나에게 오를 수 있는 진정한 그 정통
의 길을 가는 것이 너희라 그리 착각
하고 있음이니라.
8 너희가 오고 있는 믿음은 정녕 나의
뜻과는 관계없는 것이며, 나의 아들을
따른다 하나 나의 아들을 통하여 너희
에게 깨우쳐 가르치고자 한 나의 뜻과
는 관계도 없는 길을 가고 있는 것이
너희라면 너희는 과연 어찌하겠는가?
9 너희는 그 말을 부정할 것이며, 이는
사탄이요, 사악한 자가 하는 말이라
그리 말하니,

10 창조주 나 여호와가 나의 아들을 통하
여 너희가 가고 있는 믿음이 잘못되
었다 전하거늘, 그를 너희는 부인할
것이니라.
11 오로지 너희 외에는 이 세상에 진정
한 믿음의 길을 가는 자가 없다 그리
말할 것이니,
12 너희는 나와 전혀 관계없는 그와 같은
믿음의 길을 가는 자라는 것을 잊지
말라.
13 지금 너희가 믿음의 길을 가는 것은
너희 조상의 신앙의 풍습에 따라, 그
리고 너희가 만들어 놓은 그와 같은
형국으로 지금 이어지고 있다는 것을
알라.
14 나의 아들을 통하여 전하고자 했던 그
원초의 믿음이 그대로 전해 왔더라면
오늘과 같이 이처럼 험악한 세상은
되지 아니했을 것이니라.
15 나의 아들이 전하고자 한 것을 너희
조상의 그 믿음이 풍습을 바꿨으며 그
리하여 변질하고 변질한 것을 갖고
나의 뜻이요, 나에게 오르는 길이라
지금 너희가 가르치고 있는 것임을
알아야 할 것이니라.
16 너희는 모두가 나를 숭배하며 나를 따
르는 것이 아니요, 너희는 다른 우상
을 섬기고 있으며 다른 신을 섬기고
있는 것이니라.
17 그리하여 너희가 다른 신을 따라서
가르치니 나 여호와의 뜻이 아니고 다
른 신의 뜻을 따른다면 너희는 과연
무엇이던가?
18 사탄의 자식으로서 너희가 지금까지
존재하고 역사했다는 것을 알아야 할
것이니라.
19 너희는 다른 우상을 섬기고 있음이니
이를 알아야 할 것이니라.
20 그러기에 내가 나의 성령을 태워 내리
는 나의 법전을 너희가 사탄의 것이
라 말하며, 사악한 자라 말하며, 마지
막 오는 거짓 선지자가 세상을 혼란케
한다 그리 말함이니,
21 너희가 얼마나 잘못된 자인가를 내가
여기서 나의 아들을 통하여 너희에게
전하고자 함이니라.
22 나의 성경을 가지고 한 길의 믿음의
길을 가는 자들이 어찌하여 수십수백
가지의 종파가 각종 종파로써 너희가
갈라져 놓았던가?
23 너희가 지금 각종 명칭을 가지고 있는
종파가 생긴 것은 동시에 그리 생긴
것이 아니니라.
24 하나의 신흥 종교라 하여 너희 인간이
만들어 놓은 그 종파가 하나 생김으로
인하여 너희가 연구하고 연구하여 그
앞에 종파의 이름을 붙인 것이 바로
지금 수백수천 개의 종파가 생긴 것이
아니던가?
25 그러니 너희가 그 종파의 이름을 가지
고 있는 그 자체가 무엇이던가?
26 인간인 너희 조상이 만든 것이며 너
희가 만들어 낸 그 이름이요, 종파이
니라.
27 너희가 종파가 하나 생길 때마다 새로
운 종파가 생기니, 종파가 생기는 것
은 새로운 우상이 생기는 것이며, 새
로운 우상이 생기는 것은 바로 너희가
그 우상을 섬김이니,
28 너희가 나를 섬기는 것이 아니요, 그

사악한 우상을 섬기는 우상의 집단이
하나하나 생기고 늘어나는 것이니,
29 그와 같은 형국으로 너희가 수많은
종파의 이름을 앞에 붙여 너희만이
구원의 길에 오르는 길이라 그리 말하
며 착각 속에서 구원을 받겠다 믿음의
길을 가는 것이 지금 나의 어리석은
백성이니라.
30 교파가 만들어지며 하나의 종파가 만
들어질 때마다 너희는 그 만들어진
종파가 새로운 우상을 섬기는 집단으
로서 새로운 형국으로써 잊혀짐이니,
31 너희는 새로 생기는 그 교파의 그 교
리를 놓고 너희가 그를 따르며 그를
위하여 하늘에 오르는 길이라 감이니,
32 너희가 원초적인 근본의 나 여호와가
이루고자 하는 그 역사는 어렵고 힘들
기에 그를 보지 아니함이니라.
33 너희가 하나의 종파가 생기는 것은,
하나의 신흥 종교 집단이 생기는 것은
하나의 교파가 생기는 것이라 하였음
이니라.
34 그러니 그 교파가 생기는 것은 그 교
회의 교리를 만들며 그 교회의 법규를
만들며 그 교회의 운영하는 방법을 너
희가 만들어 인간에게 적용하여 그를
가르침이니, 그것이 바로 우상의 집단
이요, 우상을 섬기는 너희 집단의 형
태이니라.
35 지금 모는 종교 집단이요, 믿음의 길
을 가는 백성은 하나의 종파가 생기
는 곳에 너희가 몸을 던질 때, 너희 스
스로 우상을 섬기는 길에 들어가는 것
이며,
36 그로 하여금 너희 자손들까지도 대대
손손 우상을 섬기는 그와 같은 형국으
로써 흘러가는 것이 지금에 너희 형국
이니라.
37 그와 같은 모든 종파가 생기는 것, 그
모두는 너희 조상이 만든 것이며, 너
희 조상은 바로 인간이 만든 것이니라.
38 인간이 만든 그 종파요, 새로운 우상
을 섬기는 종파에서 너희가 구원을 받
겠다 말함이니,
39 그를 보는 내가 다 죽은 자요, 썩어져
있는 너희 모습을 보는 나 여호와의
마음이 얼마나 아픈지 너희는 알겠는
가?
40 그러니 종파가 생기는 것도 그때그때
너희 인간이 만들어서 수백 개의 종
파가 생겼으니, 그게 다 새로운 우상
을 섬기는 신흥 종교의 집단으로 생긴
것이니라.
41 그러니 그 모두가 썩은 자들이며 나의
진리요, 참뜻은 묻어졌으며,
42 너희 인간이 만든 종파에 이름이요,
신흥 종교가 생김으로 인하여, 나의
아들 예수를 죽음으로까지 몰고 가면
서 너희를 깨우쳐 하늘에 오르고자 하
는 진정한 나의 진리요, 뜻은 지금 어
느 곳에 있는지 찾을 수가 없으며,
43 짓밟혀 있으며 뒷전에 밀려 그저 먼
지가 쌓여 있는 그와 같은 형국이 되
어 있음이니라.
44 그걸 내가 2천 년 만에 나의 아들을
통하여 다시 찾아내어, 너희가 어렵고
힘들다는 그 깨달음의 길을 누구나 다
읽고 깨우칠 수 있도록 160권의 법전
에 상세히 풀어 너희에게 마지막 기
회를 내림이니,

45 너희가 노아의 방주를 만들 때 그를
타지 아니하면 죽는다 하였으나, 너희
는 시집가고 장가가며 광란의 짓을 하
며 노아를 비웃었으며 그를 욕되게 하
였으며 그를 비방하였으니,
46 막상 너희가 타지 아니하고 재앙을
만났을 때 너희가 죽음의 순간에 통
곡했을 것이니,
47 지금 나의 법전을 읽지 않는 자는 심
판을 받을 수 없으며 천국과 지옥 그
자체를 바라볼 수 있는 길이요, 빛을
보지 못한다 하였으며, 절대 심판을
받지 못한다는 이 무서운 말을,
48 노아를 비웃은 자, 노아를 갖다 비방
했던 자, 그와 같은 행위를 지금도 너
희가 하고 있음이니,
49 그 어리석은 짓을 하는 자 구원을 받
지 못하며 지옥으로 갈 것이며, 노아
가 만든 그것을 보고 그를 동조하여
그를 따르며 그를 믿는 자, 나의 법전
을 읽고 깨우친 백성 너희가 하늘에
오를 것이니라.
50 이제 나의 법전을 읽고 만들어 전하는
백성 너희에게 내가 뭐라 말하였느냐?
51 그를 따르는 제자들은 베틀에 앉아 명
주실을 곱게 짜서 나 여호와에게 하나
의 깨끗한 명주실로 옷 한 벌을 만들
어 바치는 마음으로 나의 법전을 정독
하여 읽고 깨우쳐 그 정성으로써 접하
라.
52 그리하면 너희가 나에게 와 심판을
받는다 내가 가르친 그 뜻을 가슴 깊
이 명심하여 새겨 두도록 그리하라,
사랑하는 나의 아들딸들아!

6,403 번째 하나님 말씀

2003년 6월 12일 12시 07분

1 사랑하는 나의 아들아!
2 "네, 아버님! 말씀하옵소서."
3 내가 너에게 일러 깨우쳐 전하기를,
지금의 모든 종교와 모든 종교 집단들
은 너희 인간의 조상에 의하여 만들
어졌으며, 그들의 연구에 그들의 머리
에 의하여 만들어졌으며,
4 하나의 인간의 수업을 위하여 너희가
연구하여 만들어 내고 만든 그 종파가
가지가 그리 늘어났다 내가 말하였음
이니라.
5 그리하여 지금 수없는 이름을 가지고
있는 그 수없이 늘어난 종파들이 거기
에 진실한 것이 없으며 나를 따르는
자가 없으며 다 곁가지인 자들이라
내가 그리 말함이니, 너희는 이를 깊
이 믿고 이를 그리 알아야 할 것이며,
6 그 모든 곁가지를 이제는 너희가 쳐낼
때가 되었으며 다스릴 때가 되었음을
알라.
7 그리하여 원래의 나의 뜻이요, 나의
참진리를 내가 160권의 법전에 기록
하여,
8 수없이 그 이름을 붙여 인간의 머리로
써 연구하고 연구하여 만들어 낸 그
옆길로 빠진 잘못된 종파들의 가지를
다 치고자 함이니, 너희는 나의 뜻을
알아야 할 것이니라.
9 그리하여 너희가 나의 뜻이요, 나의
진리와는 전혀 관계없는 길을 가면서
수많은 가지의 종파들이 나의 뜻이요,
진정한 길을 가는 종교 집단이라 저희

가 그리 가르치고 있는 것은, 너희가
나의 뜻에 의한 것이 아니요, 인간인
너희 머리로 만든 교리요, 교회의 법
규를 가지고 나의 피조물 만백성을 묶
어 놓고 있으며,
10 그를 중심으로 하여 신앙의 생활을 하
고 있으며, 믿음의 길을 가고 있다 말
하며, 그것이 구원의 길이라 하여 그
리 가고 있는 것이 너희이니라.
11 그것이 즉 나의 뜻이요, 나의 십계명
이요, 나의 율법대로 살 수 없다 말하
는 것이니라.
12 너희가 어떠한 종파가 생겼다 해도 나
의 십계명을 지키고 사는 것이 도리며,
13 율법대로 지키고 사는 것이며 그를 행
하기 위하여 너희가 뼈를 깎는 고통의
길을 간다면, 그는 내가 더 이상 말하
지 아니할 것이니라.
14 그러나 하늘의 법도요, 하늘의 진리를
너희가 지키고 나에게 오르는 길은 너
무나 어렵고 힘들고 고통스러운 길이
기에,
15 너희는 그 시련의 고통을 다 접어 버
렸으며 그들을 다 버렸음이니라.
16 그리하여 인간 너희의 취향에, 욕심에
맞도록 만든 인간의 교리를 믿고 따
르는 것이 너희가 당연히 가는 길이
고 오늘에 너희가 행하는 것이니라.
17 너희가 당연하다 하는 그 길의 역사는
무엇 때문에 생겼는가?
18 너희는 욕심이라는 것에 눈이 어두운
백성이 되었기에, 너희가 하늘에 오르
는 고통스럽고 힘들고 어려운 길을 선
택하지 아니하며,
19 인간이 만든 교리에 현혹되어 너희가
지금에 교회라는 곳에 가 몸을 담으며
그곳에 가 쉽게 깨우치는 것, 쉽게 가
르치는 것, 쉽게 천국에 갈 수 있는 표
를 산다는 그 어리석은 말에,
20 너희가 있는 재산이요, 시간과 그 모
두를 다 바쳐 그 허황한 속에 너희가
바람에 젖어 있음을 알아야 할 것이
니라.
21 너희 가슴속에는 진정한 믿음이요, 진
정한 하늘에 오르는 진리가 아니요,
허황된 그 바람이 방대하게 너희를
띄워 놓게 되어 있으며 너희를 바람
들게 하였다는 것을 알아야 할 것이
니라.
22 그리하여 지금의 모든 종교 집단이 오
늘과 같이 견고한 것처럼, 그와 같이
방대한 것처럼 그 성역이 이루어졌음
이니,
23 성역화하도록 만든 모든 백성 너희가
다 공범자며 같은 죄인이라는 것을 잊
지 말라.
24 이제는 너희가 그 방대하고 방대한 성
역이 영원히 지속할 것 같으나,
25 그 바람으로 이루어졌으며 바람으로
채워진 그 성역은 이제 나 여호와의
참진리의 불 칼로써 그 풍선이요, 바
람 주머니를 너희가 가르기 시작함이
니,
26 그는 견디지 못하고 무너질 것이며 주
저앉을 것이니라.
27 그때 가서 너희가 울고불고한들 때가
늦음이니, 너희는 그때 이미 죽어 와
나에게 심판을 받게 되며,
28 그리고 너희가 지은 죄를 나에게 심판
을 받기 전에 너희가 스스로 알아 그

죄의 점수에 따라 지옥으로 통곡하며
가는 그 길을 가고 있을 것이니, 그때
는 늦음을 알라.

6,404 번째 하나님 말씀

2003년 6월 12일 12시 17분

1 사랑하는 나의 아들아!
2 "네, 아버님! 말씀하옵소서."
3 너희가 이 세상을 살아가면서 눈에 보
이는 것, 귀에 들을 수 있는 육의 삶에
만 연연하며 살아가는 것이니라.
4 그 모두는 너희가 보이는 것만이 존
재하는 것으로 알고 있으며 너희는
보이는 것만을 인정하며 세상에 살아
가려 하는 것이니라.
5 그러나 너희는 눈으로 보이지 않는
세상이 있으며 너희가 눈으로 보지
못하듯이, 너희가 눈으로 보지 못해도
아름다운 것이 이루어지는 것이 있으
며 아름답게 펼쳐지고 이루어지는 이
세상의 아름다운 것을 너희는 눈으로
볼 수 없는 것이 한계이니라.
6 너희가 귀로 들을 수 없는 것이니라.
7 수없는 소리요, 아름다운 멜로디가 스
쳐 가나, 너희가 그 귀로 다 잡을 수
없으며 그 귀로 들을 수 없는 것이니
라.
8 너희가 이 세상에 있는 그 아름다운
소리를 알 수 없으며 듣지 못하는 것
이니라.
9 너희는 아름다운 꽃향기를 맡을 수 있
는 것은 맡으나, 육의 세상에 있는 향
기를 너희가 맡지 못하는 그와 같이
위대한 세상이 이루어지고 있음이니
라.
10 너희가 아무리 보지 아니한다 해도 찬
란한 무지개의 세계요, 그보다도 아름
답고 더 화려한 색이 세상에 펼쳐지고
역사하는 것을 너희가 눈으로써는 그
를 보지 못함이니라.
11 너희가 나이가 먹어 감으로 몸이 변함
이니,
12 너희가 눈이 잘 보이지 아니하며 듣지
못하는 것처럼 아무리 밝은 눈이요,
아무리 밝은 귀를 가지고 있으며 아무
리 냄새를 잘 맡는 코를 가지고 있는
너희라 해도 너희가 그를 보지 못하
며 듣지 못하며 맡지 못하는 세상에
마음의 세상이 있다는 것을 알아야 할
것이니라.
13 나의 법전을 읽고 깨우친 백성 너희는
육이 존재하며 이 지상에서 너희가
듣지도 못하며 보지도 못하며 맡지도
못하는 이 세상에 얼마나 아름다운 것
들이 이루어지며 아름다움이 역사해
주는 것인가를, 그 세상의 모두를 바
라보는 너희가 마음의 눈을 떠야 함
을 잊지 말라.
14 마음의 세상이요, 너희 육을 지배하는
영혼의 세상이 너희와 같이 존재한다
는 것을 알아야 할 것이니라.
15 너희가 육의 세상에서 이루어지는 그
모두는 너희가 보고 들을 수 있는 한
계가 있으나,
16 너희 마음의 세상이요, 너희 육을 지
배하는 영혼의 세상에서는 이 세상의
모두가 이루어지는 것을 다 보고 있음
이니라.
17 이 아름다운 색상을 너희는 눈으로 볼

수 없음이니라.
18 나이가 먹어 나이 든 자 그 눈으로써
는 점점 어두워 보지 못하듯이,
19 아무리 밝은 자도 보지 못하는 그 섬
세하고 위대함이 너희 마음의 세상이
요, 영혼의 세상에서는 그와 같은 것
이 지금 육의 세상에서 이루어짐이니,
20 육의 세상에 이루어지는 영혼의 세상
이요, 마음이 보는 것을 보지 못하는
것이 너희이니라.
21 너희는 영혼의 몸이 귀와 눈과 코보다
더 섬세하며, 너희가 육에서 아무리
섬세하고 밝고 밝은 좋은 눈을 가졌다
해도, 좋은 귀를 가졌다 해도,
22 영혼의 세상에서는 너희가 육에서 듣
고 보지 못하는 것을 다 보고 들음이
니, 영혼의 세상이 얼마나 섬세하게
되어 있으며 너희 마음의 세상이 얼
마나 섬세하게 이루어진 그 이면이 있
는가를 너희는 알아야 할 것이니라.
23 너희가 육의 세상에서 보이는 것만을
보는 것보다도 마음의 세상에서 육의
세상에서 보이지 않는 것을 보는 것이
얼마나 귀하고 소중한 것들이 세상에
존재하는지 알겠느냐?
24 마음의 세상은 육에서 보는 것보다 넓
고 깊은 세상이 마음의 세상이요, 육
의 세상의 삶임을 알아야 할 것이니
라.
25 너희가 육의 세상에서 복잡한 삶이요,
힘들고 어려운 삶이요, 온갖 고통과
시련 속에서 사는 것이 고통스럽고 복
잡하다 하나,
26 너희가 마음이요, 영혼의 세상에서는
그보다 더 복잡하고 힘들고 어려운 고
통의 세상을 견디고 다스려 나가는 것
이니라.
27 그리고 어렵고 힘든 마음의 세상이 존
재하는 것, 그 세상에서는 때로는 지
워 버리고 싶은 것, 그리고 던져 버리
고 싶은 것, 때로는 뜨거워지는 것, 때
로는 식는 것,
28 때로는 마음의 상처를 받아 너희가
스스로 쓰러지며 또한 마음이 소생하
는 역사를 이루며 이와 같이 역사를
이루는 너희 마음의 세상을 모름이니,
29 보이는 육의 세상의 삶과 보이지 않는
마음의 세상을 같이 살아간다는 것을,
너희가 같이 존재한다는 것을 잊지 말
라.
30 그러하기에 너희가 그 마음의 세상에
서 악과 선을 선택하는 그 길에서 마
음의 고통은 너희가 육의 고통보다
수십 배 더 시달리며,
31 고통 속에서 너희가 마음의 악을 버
리며 선한 것을 잡아가고자 하는 그
세상이 존재한다는 것을, 너희는 이
이치를 깨달아야 할 것이니라.
32 너희가 보이는 육의 세상의 삶이요,
지금의 육 속에서 마음만이 보고 있는
세상이 있으며, 그 세상을 넘어 너희
가 하늘에 오르는 하늘의 세상을 알게
됨이니,
33 너희가 마음이 이루어지는 세상을 모
르는 나의 백성이 어찌하여 한 단계
를 더 뛰어넘어 하늘의 세상이 이루
어지는 것을 알겠는가?
34 육의 세상의 고통보다도 마음의 고통
이요, 마음의 세상이 더 마음이 천 갈
래 만 갈래 어렵고 힘든 것이 존재한

다는 것,
35 그러니 너희는 이 마음의 세상과 육
의 세상을 같이 다스리는 그와 같은
깨달음을 알게 될 것이며, 그 이치를
아는 백성이 되어야 할 것이니라.
36 이제 나의 아들을 따르는 백성이요,
나의 법전을 읽는 백성은 육의 세상
이 존재함을 알고 있으며, 이제는 너
희가 육의 세상에서 마음의 세상이 더
복잡하고 어렵고 힘든 길을 가고 있다
는 것, 그 모두를 다 통제하고 다스려
야 한다는 것을 잊지 말라.
37 마음의 세상이 육의 세상보다도 더 복
잡하다는 것, 그리고 그 마음을 잘 다
스려야 한다는 것, 행하고자 하는 육
의 행동의 충동보다도 너희가 그 마
음의 세상을 다스리는 것이 더 소중함
이니,
38 그 마음의 세상에 있는 욕심의 뿌리를
다 뽑아냈을 때 너희가 하나가 된다
는 것을 잊지 말라.
39 육은 생각이 없음이니라.
40 너희는 이와 같은 이치를 깨달아야
할 것이니라.
41 그러니 너희가 욕심이라는 것을 버리
며 마음의 세상이요, 육의 세상을 다
보고 통제할 수 있는 것은 부드럽고
유하며 선한 행동을 하며 살아가는 것
이니라.
42 그와 같이 육의 세상과 마음의 세상을
들여다보는 눈을 떴을 때 하늘에 오를
수 있는 빛을 보게 되며 구원의 길을
보게 되며 마음의 세상의 화려함을 알
게 될 것이니라.
43 눈으로 보이지 아니하는 이 색채의 아
름다움이 이 세상에 수없이 흘러가며
역사함이니, 너희 눈으로써는 그를 보
지 못함이니,
44 마음이 열리는 자 그 아름다운 색상을
볼 수 있으며, 그 아름다운 향기를 맡
을 수 있으며, 듣지 못하는 그 아름다
운 소리를 들을 수 있는 것이니라.
45 눈으로 색깔을 구별하지 못하나, 마음
의 색깔은 그 찬란하고 방대함을 아느
니라.
46 이제 마음의 눈을 뜨라.
47 그는 욕심을 버리며 부드러운 마음으
로써 너희가 살아가는 것이니,
48 너희의 부드러운 마음이요, 너희의 육
신의 눈을 뜨게 하는 것은 내가 나의
아들을 통하여 내리는 나의 법전160
권을 정독하는 것, 그리고 그대로 행
하고 지키는 것만이 너희가 그 모두
를 볼 수 있음이니라.
49 육의 세상에서 볼 수 있는 모두를 볼
수 있으며 마음의 세상에서 이루어지
는 그 모두를 보고 있음이니,
50 나의 아들이 꽃과 대화를 하며 무생물
과 대화를 하며 모든 동물과 대화하는
것은 무엇이더냐?
51 마음의 문이 열려 있기 때문이니라,
사랑하는 나의 아들딸들아!
52 너희가 마음의 문이 그리 열려야 함을
잊지 말라.

부 록

【하나님께서 가르쳐 주신 운동】

천재지변이 일어날 때, 동물이나 미물들은 미리 알고 대피하지만, 인간은 알지 못하고 큰 화를 당합니다. 하나님께서 인간에게 가장 높은 지혜를 주시고 완벽하게 창조해 주셨기에 동물들보다 더 잘 알 수 있지만, 욕심으로 마음이 혼탁해져서 한 치 앞을 보지 못하는 것입니다.

마찬가지로, 인간은 누구나 스스로 필요한 운동을 해서 건강을 지킬 수 있도록 하나님께서 만들어 주셨습니다. 우리의 머리에서 우리 몸에 필요한 동작을 해 달라고 끊임없이 신호를 보내지만, 인간이 혼탁하게 살아서 그 신호를 알아채지 못합니다. 그러니 자연스럽게 자기 몸이 원하는 그 신호를 따라서 운동하는 것이 하나님께서 가르쳐 주신 운동 방법입니다. 바로, 우리의 영이 육을 이끄는 운동입니다.

▶ 하나님 운동법

1. 눈을 감고, 발을 어깨너비로 벌리고 바르게 선다.
2. 몸에 힘을 풀고, 허리를 숙이면서 손과 머리를 아래로 내린다.
3. 허리를 펴고 싶을 때, 천천히 펴면서 하고 싶은 동작을 하면 운동이 시작된다. (사람마다 다르다.)
4. 멈추지 말고, 어떤 동작이든지 자기 몸의 느낌대로 계속 이어서 한다.

▶ 참고 사항

① 눈을 감은 상태로 아무 생각 하지 않고, 자기 몸의 느낌대로 움직입니다.
② 마음을 비우고, 욕심을 버리고, 지난날의 잘못을 반성하면서 몇 차례 시도하다 보면, 자기도 모르게 하고 싶은 동작이 끊임없이 생깁니다.
③ 운동 장소는 방 안이든 운동장이든 관계없으며, 걷거나 달리고 싶을 때는 눈을 떠도 됩니다.
④ 매일 40분 이상, 주 4회 이상, 3개월 이상 하면 음식 조절에 들어갑니다.
- 음식으로 생긴 병은 음식으로 치료하게 되며, 어떤 음식을 먹어야 하는지 스스로 알게 됩니다.
(자기 몸에 필요한 음식만 먹고 싶어집니다.)
⑤ 사랑하는 사람과 함께 운동하면 서로 치료해 주기도 합니다.
⑥ 운동을 하다가 몸의 어느 한 부분을 계속 손으로 자극한다면 그쪽에 이상이 있는 것이니, 의사에게 상담을 받고 적절한 치료를 받으면 됩니다.
⑦ 다이어트 및 기타 건강 관리에 효과적입니다.
⑧ 꾸준히 운동하여 영이 맑아지면, 자신의 과거와 미래를 스스로 보게 됩니다.

누구나 스스로 하실 수 있습니다.

간 행 사

《새로운 성경》은:

· 새로운 성경은, 하나님께서 선량하고 선한 자를 선택하여 십계명을 암송하도록 하시고, 십계명을 암송한 다음에 음성으로써 들려주시는 말씀을 듣고 그대로 카세트테이프에 녹음해서 받아쓴 책입니다.

· 90분짜리 녹음테이프 700여 개에 달하는 말씀으로, 1999년 8월부터 2004년 7월까지 총 160권(권당 288쪽)을 완성하였으며, 그 이후에도 현재까지 계속 말씀을 내려 주고 계십니다.

· 새로운 성경은 "하늘을 두루마리 삼고 바닷물을 먹물 삼아 쓰고 써도 다 못 쓴다"는, 끝없이 방대한 하나님의 말씀이 두루마리로 직접 내려오는 것입니다. 이러한 새로운 성경은 구약과 신약을 폐하려는 것이 아니라 "인봉된 성서의 비유의 뜻"을 상세히 설명하여 완성하고자 하나님께서 직접 내려 주신 말씀입니다.

《새로운 성경》의 구성:

· 제 목: 2013년, 160권 모음집을 발간하면서, 본 도서의 제목을 "하나님! 말씀하옵소서"에서 《새로운 성경》 으로 명해 주셨습니다.

· 단행본: 각 권당 288쪽(신국판) 책이 160권까지 시리즈로 출판됩니다.
(모음집은 단행본을 16권씩 묶어서, 총 10부로 구성됩니다.)

《새로운 성경》의 성경적 근거:

· 신약 성경 [요한복음] 16장 13절에 "진리의 성령이 오시면 그가 너희를 모든 진리 가운데로 인도하시리니 그가 자의로 말하지 않고, 오직 듣는 것만을 말하며" 하신 말씀처럼 하나님의 음성을 들은 것만 기록하였으며,

· "장래 일을 너희에게 알리시리라" 하신 말씀과 같이 개인, 나라, 인류의 "장래"일을 하나님께서 알려 주시는 것만 기록하여 책으로 만들었습니다.

《새로운 성경》의 기록 방법:

· 1999년 8월부터 하나님께서 저에게 들려주시는 음성을 기록하였습니다. 처음에는 제가 들은 말씀을 불러 주면 저의 아내가 기록하여, 2000년 1월 29일에 1권 초판이 세상에 나왔습니다. 2000년 4월부터는 주시는 말씀을 받아 녹음기에 기록하여 시리즈로 출간하기 시작하였습니다.

· 녹음을 시작하면서 하나님의 말씀을 받는 데 가속도가 붙었고, 2001년 5월 3일에 1부(1~16권까지)를 인쇄하여 출판하였으며, 2004년 7월까지 총160권 분량의 말씀을 받아 기록하였습니다.

하나님께서 저에게 주신 것은:

· 첫째, 만백성을 상대로 내려 주시는 "기도", 둘째, 수시로 내려 주시는 "묵상", 셋째, 개인의 과거, 현재, 미래를 알려 주시는 "개인 기도", 넷째, 개인의 건강을 위해서 내려 주시는 "음식 처방", 다섯째, 하나님께서 가르쳐 주신 "운동"등이 있습니다. 이 중에 첫 번째, "기도"를 책으로 편찬하였습니다. 사람의 생사, 개인의 미래에 관한 천기는 수록하지 말라 하셨습니다.

강론 안내:

· 하나님께서는 지금도 매일 저에게 새로운 하늘의 비밀의 말씀을 내려 주고 계십니다. 수시로 내려 주시는 말씀을 정리해서 제자를 육성하라는 말씀에 따라 매주 강론을 하고 있습니다. 누구나 무료로 들으실 수 있습니다. (book160.com)

《새로운 성경》을 읽는 분들에게 드리는 선물:

· 개인 기도: 개인의 과거, 현재, 미래에 관하여 말씀을 내려 주십니다.

· 음식 처방: 사람은 음식을 먹고살다가 건강을 잃으니, 음식과 운동으로 건강을 되찾는 방법을 알려 드립니다. 단, 하나님이 계심을 믿고, 십계명을 지키겠다고 진실로 서약하는 분들께 알려드립니다.

《새로운 성경》의 은혜와 기적:

· 새로운 성경 전160권은 16권씩 묶어서 총 10부의 모음집으로 구성됩니다. 모음집 한 부를 읽고 깨우치는 자에게 하나님께서 다음과 같은 기적이 있다고 하셨습니다.

· "첫째, 그가 죽어 하늘에 갔을 때 그의 죄를 묻지 아니하며, 구원을 받는 위대한 은혜가 있으며, 둘째, 그의 소원과 소망이 이루어지고, 셋째, 죽은 자(부모, 형제, 자식, 사랑하고 은혜 입은 분)의 이름으로 구입한 책을 읽고 누군가 한 사람이 깨우칠 때, 그 죽은 자가 지옥에서 천국으로 구원을 받게 되며, 넷째, 유산, 중절 수술 등으로 태어나지 못한 아이를 위하여 구입한 책을 보고 한 명이 깨우쳤을 때, 그 아이가 사람으로 다시 한 번 태어나는 은혜를 받는다."

· "새로운 성경"을 3회 이상 정성을 다해 정독하는 자, 성서의 비밀을 알게 되고, 세상의 이치를 알게 되며, 세상을 지배하고 통제할 수 있는 지혜를 다 얻게 된다고 하셨습니다. 이 책은 만백성이 정독하고 이웃에게 전하여, 평생 가슴에 묻은 슬픔과 고통의 짐을 벗고 미래를 위한 힘찬 삶을 살아가도록 하는 책입니다.

끝으로

· 하나님께서는 흰 눈이 세상을 덮듯이 새로운 성경을 온 세상에 전하라고 하셨습니다. 《새로운 성경》을 각국어로 번역해서 온 인류에게 구원의 길을 깨우쳐 주고, 그 수익으로 가난하고 어려운 백성을 구제하여, 만백성의 영과 육을 함께 구원하는 선지자의 임무를 수행하라고 저에게 명하셨습니다.

· 하늘에서 내려 주신 말씀의 보화를 만백성에게 나누어 주는 것이 선지자의 임무라고 하셨습니다. 새로운 성경을 통해서 얻는 재물을 사용할 곳도 하나님께서 일일이 명해 주십니다. 모든 재물은 저의 자의로 쓸 수 없고, 하나님께서 명하시는 대로만 쓰여집니다.

· 어떤 명분으로든 십일조나 각종 헌금을 거두어들이지 말라 하셨으며, 국내뿐 아니라 각국에 성전과 단독 서점을 운영하며, 한국의 많은 젊은이들을 전 세계에 지도자로 내보내라고 하셨습니다.

· 우리는 세계적으로 새로운 성경을 보급하며 어려운 이들을 돕는 역사를 해 나갈 것입니다. 지금까지 비록 몇 명 안 되는 제자들과 함께 이러한 일을 역사했지만, 앞으로도 계속 하나님께서 기뻐하시는 일들을 해 나갈 것입니다. 부족한 저희에게 여러분들의 지혜와 성원을 보내 주시기를 바랍니다. 많은 분들의 참여와 도움을 간절히 기다립니다. 감사합니다.

한국어로 내려온 《새로운 성경》 단행본을 출간하며
2016년 4월 10일

발행인 **김 용 철**

한국어로 내려온

새로운 **성 경** · 6부 · 제87권

지은이 하나님 말씀
대역자 김용철

ⓒ 김용철, 2017. Printed in Korea
저자와의 협약으로 인지는 붙이지 않습니다.

초판인쇄 1쇄 2017년 4월 3일

펴낸 곳 도서출판 하얀마음
등록번호 제 10-2107호 (2001년 2월 14일)
주소 서울시 노원구 덕릉로86길5, 2층
전화번호 02) 313-1114
팩스 02) 393-5554
전자우편 book160@hanmail.net
편집위원 조나영 김미향 이석교
제작지원 김홍숙 이미숙 이미란

도서상담 1600-7527
ISBN 978-89-5875-187-8 (04230)
978-89-5875-100-7 (세 트)

값 10,000원
잘못된 책은 구입하신 곳에서 바꾸어 드립니다.

※이 책은 10부로 제작되며, 각 부 16권씩 총160권으로 구성됩니다.※

1부	2부	3부	4부	5부	**6부**	7부	8부	9부	10부
1권	17권	33권	49권	65권	81권	97권	113권	129권	145권
2권	18권	34권	50권	66권	82권	98권	114권	130권	146권
3권	19권	35권	51권	67권	83권	99권	115권	131권	147권
4권	20권	36권	52권	68권	84권	100권	116권	132권	148권
5권	21권	37권	53권	69권	85권	101권	117권	133권	149권
6권	22권	38권	54권	70권	86권	102권	118권	134권	150권
7권	23권	39권	55권	71권	87권	103권	119권	135권	151권
8권	24권	40권	56권	72권	88권	104권	120권	136권	152권
9권	25권	41권	57권	73권	89권	105권	121권	137권	153권
10권	26권	42권	58권	74권	90권	106권	122권	138권	154권
11권	27권	43권	59권	75권	91권	107권	123권	139권	155권
12권	28권	44권	60권	76권	92권	108권	124권	140권	156권
13권	29권	45권	61권	77권	93권	109권	125권	141권	157권
14권	30권	46권	62권	78권	94권	110권	126권	142권	158권
15권	31권	47권	63권	79권	95권	111권	127권	143권	159권
16권	32권	48권	64권	80권	96권	112권	128권	144권	160권